新时代与中国企业家精神

闫远凤　于　米◎著

新华出版社

图书在版编目（CIP）数据

追光而行：新时代与中国企业家精神 / 闫远凤，于米著 .
北京：新华出版社，2024. 7.
ISBN 978-7-5166-7460-4

Ⅰ . F279.23

中国国家版本馆 CIP 数据核字第 2024EG2132 号

追光而行：新时代与中国企业家精神

作者： 闫远凤　于　米
出版发行： 新华出版社有限责任公司
　　　　　　（北京市石景山区京原路 8 号　邮编：100040）
印刷： 三河市君旺印务有限公司

成品尺寸： 165mm×230mm　1/16　　　**印张：** 16.5　**字数：** 220 千字
版次： 2024 年 7 月第 1 版　　　　　**印次：** 2024 年 9 月第 1 次印刷
书号： ISBN 978-7-5166-7460-4　　　**定价：** 68.00 元

微店

视频号小店

抖店

京东旗舰店

请加我的企业微信

微信公众号

喜马拉雅

小红书

淘宝旗舰店

扫码添加专属客服

序　言

　　应中国大连高级经理学院闫远凤、于米两位老师的邀请，让我为本书作序。这本书的主题是谈中国企业家精神，上篇用了大量笔墨写中国传统商业文明，内容丰富、旁征博引，其中不乏一些有意思、令人耳目一新的内容；下篇以中国一重、东方电气、中国移动、东风汽车四家中央企业和格力电器、紫金矿业两家混合所有制企业的案例为主，带着丰富的感情、以细腻的笔触，融合新中国成立后国家产业和行业发展变革，对这些企业波澜壮阔的发展、改革、壮大历程进行了较为全面的梳理，特别是对上述几家企业在新时代新征程上，奋力建设世界一流企业的实践经验和改革举措进行了较为详细的介绍，相信也会对广大读者有所启发。

　　党的十八大以来，习近平总书记从党和国家事业发展全局的战略高度，就国有企业改革发展和党的建设发表了系列重要讲话、作出了系列重大部署。总书记指出，国有企业是中国特色社会主义的重要物质基础和政治基础，是中国特色社会主义经济的"顶梁柱"和"压舱石"，不仅是国民经济的脊梁，更是国家发展的重要支撑力量。与此同时，总书记也反复强调完善落实"两个毫不动摇"的体制机制，支持民营经济和民营企业发展壮大，激发各类经营主体的内生动力和创新活力。我国的很多优秀企业曾亲历新中国各个发展阶段的历史变迁，也见证了一代又一代企业家的成长，见证了中国企业家精神从懵懂起步到觉醒和自信昂扬的过程。我的职业生涯一直跟能源有关，在行业的见解之外，这些年在央企工作的经历也让我切身感受到优秀企业和企业家群体对国家参与全球竞争的重要影响。我们应该看到，中国优秀企业积极参与国内外竞争，锐意改革进取，对我国经济社会发展、科技进步、国防建设、民生改善所作的历史性贡献，可谓"功勋卓著，功不可没"！

但我们仍应该看到，站在全新的历史阶段，中国企业、特别是承担"国之大者"重要使命的中央企业，在产业引领、科技创新、公司治理等方面还面临一些现实挑战，比如在发挥引擎功能和辐射带动、产业引领作用方面，央企应该更加主动作为，发挥市场优势和资金优势，与产业链中小企业建立互惠共赢的伙伴关系；在加快推动创新型国有企业建设方面，尚需更加充分发挥创新主体作用，推动新一代信息技术、高端绿色制造、生物医疗、新能源等重大战略性新兴产业领域快速发展；在坚持"两个一以贯之"方面，需要科学规划和更好落实党组（党委）把方向、管大局、促落实，董事会定战略、作决策、防风险，和经理层谋经营、抓落实、强管理的作用，切实把中国特色现代企业制度优势转化为企业治理效能的优势。

如果说企业家群体有些"特殊性"的话，他们确实是新时代最重要的建设者、引领者和"关键少数"之一，他们需要有敏锐的洞察力和不懈的奋斗精神，需要有对行业的深刻理解和对事业的执着追求，需要有对国家、社会和员工的深情与责任，需要有足够的远见和抗风险能力……没有任何一家优秀企业的成长，可以离开优秀企业家的卓越贡献；同样，每一家企业又都为包括企业家在内的各类人才的成长提供了事业平台。企业文化、企业力量和企业家精神都籍此立基和开枝散叶。

船之力在于帆，人之力在于心。本书所涉及的几家企业都是各行业十分卓越的代表。再读这些文字，我看到了中国企业的独特精神和文化底蕴，对各位企业家同行不畏艰难、敢于挑战的勇气，锐意进取、开拓创新的智慧，为实现中华民族伟大复兴的中国梦所做出的不懈努力和卓越贡献深表敬意。每一个企业和每一位企业家的成功都不是偶然的，背后都有不为人知的艰辛与付出。

《追光而行——新时代与中国企业家精神》这本书，通过深入挖掘和展现新时代中国企业和中国企业家的生动实践，诠释了企业家精神。愿这本书能成为激励更多中国企业和企业家奋进的号角，愿大家继续以昂扬的斗志、坚定的信念，再接再厉书写建设世界一流企业新的辉煌篇章！

第十四届全国政协常委、人口资源环境委员会副主任，原国家电力投资集团公司董事长、党组书记 钱智民

目 录
Contents

追光而生

——中华文明与中国企业家精神溯源

"企业家"是一个很年轻的词，在以中国传统农耕文明为底色形成的社会话语体系中，人们对"企业"两个字从陌生到熟悉也不过是近几十年的事。但是，无论是企业，还是企业家，都不是进入近现代以来突然出现在中国的所谓"新鲜事物"，如果深究人类商业文明的萌发和缘起，中国绝对是源远流长且独树一帜的。今天我国很多管理学家谈起企业家和企业家精神，总不免言必称欧、美、澳、日，信手拈来的企业管理案例也大多是这些国家成功的大资本和企业集团，却很少有人深入中国的文化底层逻辑中，去找寻那些真正构建了中国企业家群体精神，那些使他们同现代西方企业家们相同而又不同的文化密码。

　　当然，深入发掘中国文化和中国精神，本身就是一个极具挑战、极有难度、极含价值的事，无论是成体系地剖析中国古代和现代的商业文明内涵，还是为中国过去和现在有典型代表价值的实业家、企业家立传，都绝非一本书所能尽述，也并非本书根本立意之所在。本书的根本立意，是通过对中国传统商业文明的必要回溯，通过讲述新时代中国典型企业和企业家奋斗进取的生动且鲜为人知的故事，传递中国企业和中国企业家的独特精神。

　　讲述将从久远的历史展开……

对我国上古时代商业行为的
追溯与想象

　　我们国人把社会上不直接从事生产、专营买卖的一类人，称为生意人、买卖人、商人等；在中国古代各种文献资料中，往往将这些人称为商贾、市贾、市侩或贩夫。从语义角度来解析，汉语中"商"和"贾"二字各自都有所特指的意思，东汉学者郑玄注《周礼》时，便对"六曰商贾，阜通货贿"注解道："行曰商，处曰贾"，即后人所说的行商坐贾。从字面看两者的区别在于："商"往往指需要亲自参与货物流通、运输贩卖的人；而"贾"则多指在固定店铺里从事商品买卖的人。也就是说，中国古代很早就实现了对商业分工的细致区分。而要追溯中国商业行为的诞生，则大可追溯到上古时期。比如《易·系辞传》有"日中为市，致天下之民，聚天下之货，交易而退，各得其所"的明确记载，大意是说神农氏时在中午前后开办集市，吸引各地民众、交易各地货物。为什么是约定"日中"这个时间，我猜测是因为一来远古先民们没有方便的计时工具，若约晨起和黄昏，显然时间上不够精确，而日中则极有辨识度；二来上午和下午太阳不直晒，人们可以干活，中午则相对有了空闲时间，可以参与集市交易；三来远古时期交通不便利，如果距离集市路途遥远，则可以日出而发、至晚而归。

神农氏时期是中国远古先民刚刚发现谷物、学习种植谷物的时代，从生产方式上来说是"刀耕火种"，从生产力水平上来说是非常低下的原始农业生产，生产工具总体仍处于新石器时代，但在经济成果上仍能产生可以进行交易的产品剩余。这一点大抵颠覆了我们的认知，似乎能够得出一个"结论"——在原始氏族社会就产生了"商品"，而我们大多数人认为商品是在其后很久才出现的事物。

我们知道，马克思主义关于"商品"有非常精辟的见解，认为商品具有两重性，是使用价值和价值的统一，商品是专门用来交换的劳动产品。今天，我们不能简单地将在神农氏时就出现在市场上交换的产品剩余一概称为"商品"，因为，所谓"商品"，根据马克思主义政治经济学的理解，还有一个内涵是"为交换而生产"。但我们也不能否认当时绝不存在专门为与别人交换而生产的商业行为，比如一定有人因为心灵手巧而专门生产"耜"——这种当时发明出来供人们锄地的农具。他们精于木工技巧，经过不断练习让生产"耜"这件事变得熟练和高效，靠专门生产"耜"就能在市场上交易，从而获得让自己和家人生存下去的粮食和兽皮。同样，有的人善于狩猎，有的人善于耕作，有的人善于屠宰，有的人善于缝制衣物，人们因社会生产而自然产生的分工，因分工而产生的交换，以及为交换而出现的"商品"，一切虽距今久远却都是自然而然的。

思考这些久远而细微的东西十分有趣，时常让我们对远古先民有一种莫名的亲切，也许并非只有现代人才有"加班"之苦和"内卷"之累。那些在市场上叫卖自己货物的远古先民们，有与我们同样的压力、困扰和兴叹。他们为了多做几张兽皮衣服、多做几把"耜"而多日辛勤劳作，却未必能在市场上换回足够的粮食，回到栖身之窝棚免不了还要遭到"饭搭子"的白眼和抱怨。此处所戏言之"饭搭子"，也跟现在职场所流行的意思不同。根据学者考证，神农时代已经进入父系氏族社会。商鞅《商君书》言："神农之世，公耕而食，妇织而衣，刑政不用而治，甲兵不起而王。"虽然先民们尚未完全脱离群居和群体性劳动，但这时候"一夫＋妻（可能多个）＋子（多个）"的家庭结构逐渐趋于稳定，"耕而食，织而衣"的社会分工促进了以家庭为单位的生产组织和财富积累，也促进了不同氏族联合成部落、不同部落联合成部落联盟的历史进程。正是由于社会生产力的提升，财富的传承需要越来越固定的"饭搭子"，家庭才应运而生，而家庭的稳定事关社会的稳定，为了维持家庭的稳定，礼教才登堂入室。

更有意思的是，我国被称为上古时代的三朝中，竟有一个以"商"字命名的朝代。以"商"字命名的王朝跟我们所要讨论的商业文明是否有关联呢？

从历史典故来看，自古有"天命玄鸟，降而生商"的传说。传说商是一个兴起于黄河流域的部落，其首领契因助大禹治水有功被封于商地，即今天的河南省商丘地区，后发展壮大为一股实力强大的政治力量和商业力量，被称为"商人"（意为商地之人），直至成汤灭夏建商，称为商朝。

从学术研究来看，关于"中华文明"研究有一个非常重要而基本的问题，就是"中华文明"或称"华夏文明"的诞生机制和缘起问题。傅斯年先生在1933年写就的《夷夏东西说》中认为："三代及近于三代之前期，大体上有东西不同的两个系统。这两个系统，因对峙而生争斗，因争斗而起混合，因混合而文化进展。夷与商属于东系，夏与周属于西系。"傅先生认为，夏是西方王国或部落联盟，而夷和商属于东方部落联盟，中国上古时代内部东西两股力量为争夺生存空间开展了长期的争斗，先后经历益—启之争、羿—少康之争和汤—桀之争三次大规模的夷夏之争，其结果是汤放桀、夷灭夏，此处的夷也即商，即来自夏朝东方的政治力量。

中华文明的形成是极为复杂的过程，目前学术界较为认同的结论是"多元一体说"。但无论是哪种学说都不得不承认这个事实：黄河中游以河南、陕西和山西为中心的中原地区是最重要的"一元"，中原文明是中华文明的直接源头。现代考古学也证明，长江下游的文明在良渚之后出现衰退，长江中游的文明在绵延到石家河文明后也出现了同长江下游相似的大幅衰退迹象，中华文明探源工程首席科学家王巍认为长江中下游地区文明的衰亡主要原因是水患。而考古发现，黄河下游山东地区泰山北麓的后李文化，经北辛文化、大汶口文化再到龙山文化后，也出现了明显衰退，其原因虽没有定论，但推测也大抵跟黄河下游的水患有关。王巍认为，中国在4000多年前似乎发生了大范围的气候变化，当时黄河流域和长江流域可能都出现了洪水泛滥的情况，在先秦诸多文献中反复出现的"洪水滔天"和治水的记载也似乎能印证这一点，华夏文明的洪水记忆本身也是研究文明和历史时很值得探究的问题。虽然也有很多学者对气候变化观点提出质疑，但不可否认的是，从地理上来看，商部落正处于中原地区肥沃富庶的豫东平原上，既然对于远古先民而言"完全"是"靠天吃饭"，那么有理由相信，与黄河下游和长江中下游地区相比，黄河中游地区当时受低温、干旱、洪涝等自然灾害影响的程度要小很多，所以部落的生存和延续能得到更多保障，文明的发展更占优势。这可能是商人部落崛起的最重要的原因之一。

商部落能够崛起，应该还有一个非偶然而是必然的原因，即他们一定在生产力或生产方式上超出其他部落。观察历史可知，农业生产的发展进步和变革需要相当漫长的时间，而在华夏早期直至明清时期的对外征战往往都跟游牧经济和农业经济两种不同生产方式的冲突有关。据传说，商部落在契以后的第三任首领名叫相土，善于驯服野兽，被称为中国第一位驯兽师。商部落的人在一定历史时间内成功驯化了野马、野牛和猪、狗、羊等家畜，被驯化的马用于打仗、狩猎和长途运输，牛用于食用、运输和祭祀，猪和羊用于丰富族人的食物，也可贸易，而狗则用于预警和防卫，如此使得商部落在农业生产之外，发展了空前的畜牧业，生产力得到了大幅度提升。该部落与其他部落之间的生产力差距便充分体现出来。到商部落的第七任首领王亥时，则直接开创了商同其他部落长途贸易的先河。商部落的人赶着牛羊、用牛车拉着货物到其他部落去做贸易，因为别的部落还不会驯牛、驯马，所以商部落的人能迅速地将各地的财富积累到商地，这是他们变得富裕强大的直接原因，商地之人也被其他部落称为"商人"。王亥作为部落首领亲自参与贸易活动，甚至跨过黄河到北方同易水流域的有易氏部落交易，并因此丢了性命。到契的十四世孙成汤时，贸易发达的商部落已经统一中原，控制了黄河中下游的广大地区，实力远远超过被称为华夏正统的夏王朝。经过 20 多年的筹备，公元前 1600 年前，商汤正式举兵伐夏，各诸侯纷纷投奔商汤，夏、商两军于鸣条之野会战，夏桀战败逃亡并死于南巢（今安徽省巢湖市），商王朝正式登上中国历史的舞台。也就是说，商的崛起和最终取代夏，背后一个必然的原因就是其生产力水平相对更高，特别是畜牧业和贸易的发展，使得商获得当时社会发展的更多优势。

今天的河南省商丘市有一个"商祖祠"，专为被誉为"中华商祖"的商部落第七代首领王亥而建，在商祖祠正门写有"三商之源 商祖胜地"八个大字，祠内立有"华商始祖——王亥"雕像，还有两幅照壁，一幅名为"华商始祖王亥率队出发图"，描绘了王亥带领商地的人们赶着装满货物的牛车、马车准备出发贸易的情景；另一幅名为"王亥商队交易图"，描绘了部落间交易粮食和猪羊牲口的情景。

一个以畜牧业的产业优势和商业贸易发展起来的部落所建立的王朝——商朝，自然是一个从政治上亲近商业并愿意大力发展商业贸易的朝代。从一些考古报告的结论来看，夏朝时已经开始使用贝类或仿贝类磨制的骨贝和石贝作为流通货币。而到了商代，由于社会总生产力的提升，剩余产品的大量出现和商品经济的急速发展，使得对货币的需求剧增，社会上的商品交换成为一个广泛而经常的活动。根据经济学常识，社会分工越细交换频率越高、越复杂、越快，就迫切需要从所有商品中分离出一个特殊商品充当稳定的一般等价物，作为频繁的商品交换的媒介，因此货币就被稳定下来并且大量使用。

一个社会的商品总量越多，所需要的货币量也越大。

这里补充一点，概略而言，在人类社会发展史上大约发生过五次较为重要的社会大分工：第一次是导致原始社会解体的农业和畜牧业的分离；第二次是手工业和农业相分离，促进了私有制的形成和巩固；第三次就是出现了不从事生产而专门从事商品买卖的商业和商人阶层，我们推测商人阶层正是在商部落和商朝崛起、分化形成的；第四次便是知识分子阶层的形成，比如我国春秋战国时期出现的"百家争鸣"，道家、儒家、墨家、名家、阴阳家、纵横家、杂家、农家、兵家、法家、医家、小说家等号称百家风流的知识分子逐渐脱离直接的物质生产劳动，分化成为人类社会文化知识的记录者、发现者和传承者；第五次是战国时期统治和管理国家的职业官僚阶层的涌现，他们取代世袭罔替、以血缘传承为纽带的奴隶主贵族阶级，开始把持国家政权组织，成为社会的统治力量。

在商朝社会中国就出现了专门从事商业交易的阶层，他们赶着牛车和马车在各地买进卖出、组织贸易。对安阳殷墟的考古发掘发现了很多来自新疆和田的玉石，长江以南地区的铜器，东海之滨的海贝、鱼骨等，这些物品主要都是通过贸易或进贡获得的。如此，可以得出一个结论：商人作为一个独立的阶层是比知识分子和官僚"士人"阶层更早出现的，也具有更为久远的历史。

在商朝的甲骨文和金文中，已经出现了贻、赙、责、贷、货、贾、赐、财、赋、贸等与商业和贸易高度相关的汉字。商王将贝作为赏赐各诸侯、贵族和大臣的物品，如殷墟 1959 年出土的"戍嗣子鼎"铭文记述道："丙午，王商（赏）戍嗣子贝廿朋"，十个贝串成一串谓之"朋"，在《诗经》中也有"既见君子，赐我百朋"的内容，说明当时以贝作为货币和社会财富进行向下的赏赐已经比较普遍。另外，在商代墓葬出土文物中，无论是王公贵族的大墓还是平民小墓，都有数量不等的作为货币的贝被发掘出来，说明人们已经普遍接受贝作为财富的象征和价值衡量的标准，既希望在生前拥有财富，也希望在死后仍然使用足够的贝为自己创造美好的生活。

虽然没有明显的史料支撑，但我们仍然能够想象在整个商朝存续的 554 年中，这个由善于经商的部落所建立的王朝一定是崇尚财富、重视商业的，而经商的人、直接接触财富的人在社会地位上是较高的。如果我们再联想到上面讲到的王亥就能想到，此时从事商业交换的不是贵族本人，就一定是贵族的亲信。还有个值得注意的小细节，就是在周武王废商后，以前商部落的人失去了政治权力庇护，旧王公贵族被准许留居已改称"卫国"的商地，并派周公旦的弟弟康叔做卫君看守这些前朝遗民，周王特许他们重操旧业，从事商业贸易活动。这在历史文献中可以找到依据，在《尚书·酒诰》中周公旦告谕康叔要在卫地颁行戒酒令，认为酒是导致国家危乱和商王亡国的根源，周公让康叔向商地的贤人长者请教商朝兴亡的原因，准许商朝遗民经营商业以孝养父母但不能聚众酗酒，即文曰"肇牵车牛，远服贾用，孝养厥父母"。

我们如果想到因"酒池肉林"臭名昭著的商纣王，就不能不想到周王朝建立后，周王和周统治阶层对商朝灭亡的原因肯定进行过深入的讨论，一定将统治者和贵族长期沉迷酒色、荒废朝政、残暴欺压民众等商朝灭亡教训反复提及，并晓谕周朝贵族和国民牢记殷商灭亡之鉴，是谓"殷鉴不远"。那么在这种考虑下，周朝统治者很可能会调整对商业和商人的态度，这是否意味着商人在整个社会上的地位会受到冲击？

在这方面并没有找到太多的史料佐证，不过古籍中记载了周朝严格规范市场管理的相关内容。《礼记·王制》篇说："有圭璧金璋，不粥于市。命服命车，不粥于市。宗庙之器，不粥于市。牺牲不粥于市。戎器不粥于市。用器不中度，不粥于市。兵车不中度，不粥于市。布帛精粗不中数，幅广狭不中量，不粥于市。奸色乱正色，不粥于市。锦文珠玉成器，不粥于市。衣服饮食，不粥于市。五谷不时，果实未熟，不粥于市。木不中伐，不粥于市。禽兽鱼鳖不中杀，不粥于市。"这一段话规定了十四类物品不允许在市场交易的情况，可谓我国官方出台的最早的市场管理法规。特别值得肯定的是，除了规定天子赐予的车服、宗庙祭祀用品、兵器、圭璧金璋等贵重玉器不允许上市交易外，还特别细致地规定未成熟的粮食、水果，没有成材的木头和幼小不应杀的禽兽龟鳖等都不许买卖。这种严格细致的规定将市场流通活动和流通过程都置于国家管控范围之内，可谓国家行政权力主动调控经济的最早的文献资料。

在《周礼·地官·司市》中有周朝对市场管理官员——"司市"一职的具体要求："司市掌市之治教、政刑、量度禁令。以次叙分地而经市，以陈肆辨物而平市，以政令禁物靡而均市，以商贾阜货而行市。以量度成贾而征价，以质剂结信而止讼，以贾民禁伪而除诈，以刑罚禁虣而去盗；以泉府同货而敛赊。"这段话规定了司市官员有对市场开展治理整顿、做出处罚和裁决、实行监督、颁布禁令等权力，有权力对市场价格、假冒伪劣等行为进行监督检查和处罚，以确保市场秩序的平稳，达到止讼、除诈、去盗和敛赊的目的。还规定"大市，日而市，百族为主；朝市朝时而市，商贾为主；夕市夕时而市，贩夫贩妇为主"的市场交易机制，将早、中、晚三个时段开始的市场交易双方进行了精确区别，要求不同身份的人参加不同时段开的市。上文提到，神农氏时每天只有中午时段开市，到周朝时已经每天早、中、晚三个时段开市了，从频率上来看也证明了社会生产力水平的实质提高和商业贸易活动开始变得更加繁荣。

此外，司马迁在《史记·货殖列传》中也写道："《周书》曰：'农不出则乏其食，工不出则乏其事，商不出则三宝绝，虞不出则财匮少，财匮少而山泽不辟矣。'"这可能是典籍中对周朝如何看待商业行为的最直接描述，从这段司马迁关于《周书》的转述来看，周天子并没有将抑制商业作为国策，再结合上文《礼记》和《周礼》的相关记载，我们大体可以猜测周朝从政治制度上仍然将商业当作对国家特别是贵族和王室财富积累非常重要的事情来看待，认为商业对国家富强具有重要意义，并将其同农业、手工业相提并论，但与此同时加强了对市场、市场参与者和市场管理者的管控，这是周朝比商朝进步的地方。

至此，我们对上古三代商业行为的追溯与想象就暂时告一段落，但能够得出的结论似乎是有些出人意料的，即早在还施行奴隶制的父系氏族社会时期，先民们就开始了有组织的商业行为，而且无论是在商朝还是周朝，政府对商业行为都是高度重视甚至是直接控制的，这说明无论是从思想认识层面，还是从国家政治制度安排上来看，上古三代及之前的统治阶级都没有采取重农抑商的政策，而那时从事商业的阶层在社会地位上整体较高，甚至他们中有些佼佼者本身就属于统治阶级成员。

以上这些内容跟商业文明的回溯有什么关系呢？确实有很大的关系！我们正是要从这种抽丝剥茧的叙述中找到中国的商业文明、企业家精神的真正源流，那种从历史中流淌至今、穿越几千年仍然能影响今天的人们的厚重情思。这就引出下面非常重要的问题："重农抑商"到底是什么时候开始施行的政策？统治者和传统社会又为什么形成"重农抑商"的共识呢？

对"重农抑商"政策的再叙述

一说起中国古代的商业和商人的地位问题，大家耳熟能详的莫过于"士农工商"四民排序和"农本商末""无商不奸""重农抑商"等词汇，认为古代延续几千年的重要国策就是从文化上、政治制度上全面压制商业和商人，始终保持对商业和商人的怀疑、不信任和打击态度，故而导致中国传统社会对商业和商人的重视和支持不够，没有形成强大而自成一体的商业文明，也无法培养出商业精英，从而使得中国在近代的国际竞争中处于劣势地位，直至陷入几乎要亡国的危险境地中。持这种观点的人很多，却鲜有人探究"重农抑商"政策的真正内涵和缘由。在他们看来，似乎从夏、商、周三代以后，我国历朝历代的统治者们便不再重视商业，不再把商业当作同农业和手工业同等重要的产业，转而将其看作破坏祖宗法制、引发社会道德败坏的"洪水猛兽"。

真实的情况是这样吗？如果"重农抑商"是对中国传统社会政策的"正确"解读，那么究竟是如何发生这种重大政策转向的？

搞清楚这些问题非常重要，本篇的叙述仍然从久远的历史开始。

周朝于公元前1046年建立后，至公元前256年被秦国所推翻，历经近800年历史。周朝建立了非常完整的封建礼制体系，可以说是真正完成了从奴隶制向封建制的转变。周朝施行分封制与嫡长子世袭等宗法制相结合的政治体制，形成天子、诸侯、卿大夫、士等由各级宗族贵族组成的金字塔式社会等级结构，演化出一整套官僚、宗族、婚姻、礼仪、道德伦理等礼制体系，为后世各朝代的政治、文化、经济等制度的顺利延续奠定了基础。对中国文化和中华文明产生深远影响的儒家文化产生于东周前半期的春秋末期，孔子一生力主恢复周礼，认为西周是理想国，而东周时期礼崩乐坏、诸侯混战、天下大乱的根本原因是统治者们没有遵从自西周初年便由周公辅佐周武王定下来的详尽、周密、合理的周礼。所谓周礼，其实是一整套中国最早、最为系统的行政管理制度和意识形态体系，属于上层建筑的内容，包括天文历象、邦国建制、政法文教、礼乐兵刑、赋税度量、膳食服饰、房屋车马、农商工艺、名物典章、婚丧嫁娶，等等，这种严格按照等级、身份贵贱区别开来的社会管理制度，辅之以无处不在的伦理道德的社会监督体系，被孔子认为是统治者治国理政的不二宝典，应当被万世流传和遵循。

儒家学说虽然在春秋战国时期对统治者的影响非常有限，但在漫长的古代历史上对中国是具有根本性塑造的。我们在上一节中说到西周时并未施行"重农抑商"的政策，无论是周公还是周天子都只要求更加细致地管理商业，西周的统治者们本身也有很多是直接从事商业活动并从社会上攫取财富的人。那么，是不是因为某些特殊原因，让孔子产生了贬低商业和商人的认识呢？

其实，认为孔子不重视商业、贬低商人是片面的。孔子的得意门生子贡被认为是最早的儒商代表，司马迁在《史记》中夸赞子贡善于经商，说"子贡好废举，与时转货赀""家累千金"，又说子贡"既学于仲尼，退而仕于卫，废著鬻财于曹鲁之间，七十子之徒，赐最为饶益"，赐是子贡的字，说的就是孔子的学生中子贡是最富有的。孔子在各国流浪时经常需要倚重学生子贡的资财帮助才能渡过难关，特别是史书记载，当孔子在陈蔡之间困顿时，他和学生们曾经断粮七天，要不是子贡后来以随身财物贿赂求告换来一石米，孔子和师兄弟们几乎要饿死在陈蔡。孔子如果真的厌恶商人、贬低商业，就不可能放子贡这样的商人学生常年在自己身边侍从，毕竟谁能跟自己看不上、瞧不起的人朝夕相处还两看不相厌呢？而且从子贡的作为和后来的成就看，他不仅为学时非常尊重自己的老师，在孔子死后，子贡仍然积极宣扬老师孔子的思想，对孔子非常尊敬和敬仰，因此师徒之间是没有嫌隙的。那么按照儒家所尊崇的"克己复礼"的社会价值观和行为准则来看，我们有理由相信孔子反对的只是失去了道德底线、一切以物质利益为根本追求的、唯利是图的商人和商业行为，而不是泛泛而指一切商人和商业行为。从孔子的三观来看，比起物质生活的薄厚多寡，他更加注重的是精神上的丰满和施行仁政之理想抱负的实现。

但孔子作为一个思想家，其政治思想的缺陷在于，他只是从恢复礼教、道德伦理这种属于上层建筑的层面去谈论治国理政，却不从经济基础以及春秋战国已经同夏、商和西周三代千差万别的生产力发展的现实情况出发去观察社会，从而得出应该如何治理国家的正确结论。

从经济原因分析，周朝时的农业生产水平确实有了很大提升。因为铁器的发明，粮食产量提高，有了足够的农业剩余产品养活更多的人口，同时也为工商业的发展提供了物质基础。这时"重农"的思想一直是统治者的主体思想，却并没有"抑商"的思想。随着生产力的持续提高，占据不同地利的各诸侯国在经济发展上逐渐产生了较大差距，列国间展开争夺领土、掠夺财富的兼并战争，西周王室对各诸侯的控制力逐渐减弱。所谓"春秋无义战"，当时的战争几乎都是诸侯国之间相互讨伐的利益之争，这其中由贵族和商人阶层因利益争夺挑起的事端很多，到战国时期贵族大行土地兼并，大量自耕农开始破产，商人凭借丰厚资财交通王侯攫取权力，加之社会上形成"世奢服僭，则无用之器贵，本务之业贱矣。

农桑勤而利薄，工商逸而利厚。故农夫辍末而雕镂，工女投杼而刺文，躬耕者少，末作者众"的风气，这些现象开始引发政治家、思想家的注意和警惕。农业是需要定居一地、经年累月单一劳作，政府只需简单监管的行业；而商业却是需要人员奔走、货物流转，管理难度更大的行业。如果社会出现大量的弃农经商现象，一定会给社会稳定和国家统治造成现实冲击，成为使统治者忧虑的社会问题，所以战国时期"抑商"思想开始在统治阶级中形成。

但真正让"抑商"思想付诸实践的并不是儒家子弟，而是战国时期的法家，最为典型的人物是法家思想家商鞅。商鞅在秦国变法期间所施行的就是典型的"重农抑商"政策，他认为一旦老百姓认为事君可以尊身、商贾可以富家、技艺可以糊口这三件事有利可图，就没有人愿意从事繁重辛苦的农桑了，就会造成严重的社会后果，即逐利的老百姓不会重视自己的居所和土地，更不会为了守卫两者而战，国君也必然会因此成为真正的孤家寡人。为避免出现这种情况，国家就要富国强兵，就要重视农业抑制商业，从而让老百姓依附于土地，这样在战争来临时他们每一个人都是为生存而战的战士，都是国君可以依赖和凭借的"壮士"和"死士"。

商鞅之后，法家的另一个代表人物韩非子对秦国继续推行重农抑商政策的影响更为极端，如果说商鞅主张从经济利益方面抑制、限制商业，那韩非子就上升到从政治上、道德上、国家机器上全面压制商人和商业。韩非子明确提出"农本工商末"，认为工商业是无益于社会、有害于君主的"五蠹"（五种蛀虫）之一，将学者、言谈者、带剑者、患御者（依附贵族的门客）和商工之民相提并论，以达到"使其商工游食之民少而名卑"的目的。吕不韦在重农抑商思想方面同韩非子也是一致的，认为"民舍本而事末则好智，好智则多诈，多诈则巧法令，以是为非，以非为是"。

秦作为中国历史上第一个中央集权的大一统王朝，其"重农抑商"

思想对后世的影响是深远的，秦朝的总体政策思路是不允许工商业的发展威胁到农业经济的安全，一则防止工商业过多吸纳农业人口，二则防止工商业形成好逸恶劳的社会风气给国家治理和国家安全带来威胁，三则防止大商巨富侵入政治权力加剧土地兼并。在这种思想指导下，秦始皇迁六国豪强贵族、大工商业主于秦国关中地区，从而从经济基础上断绝了他们东山再起、觊觎秦国皇权的能力。

秦二世而亡，之后的各朝代统治者大多继承了"重农"思想，因为对于帝王来说，重视农业、倚重农民不仅是政治上的要求，也是经济上的要求。因为农业能将农民世世代代绑缚在一块固定的土地上，不仅容易管理，还能让农民产生强烈的"家国一体"的忠君爱国情怀。而商业经济虽然比农业经济效率更高、利润更厚，但以四海为家、为利奔走四方的富商大贾，不仅在和平时期容易对国家各级权力机构产生腐蚀，在极端情况下还能发展成为资助跟皇权对抗的割据势力的不可控因素，从而对至高无上的皇权产生威胁。所以从统治者角度而言，显然稳定比效率更重要，"抑商"思想因此得到了巩固，只是各个朝代在"抑商"的方式、程度和手段上有些差异。比如各朝普遍施行的盐铁专营政策，将关系国家稳定和经济安全的食盐（生活必需品）和铁（制造生产工具和武器的原材料，以及各种贵金属）用国家垄断、官营专卖的方式进行管理，既能将战略资源牢牢掌握在统治者手里，又能从专卖中获得大量经济收益充盈国库，还能借此打击和控制地方富商大贾的势力，这种方式从西汉中期开始被各朝各代因循延续，可认为是国家和政府直接干预市场的最早案例。

概略而言，当一个朝代王权足够稳固、"抑商"的态度也不太坚决时，农业和工商业相得益彰，该朝代就容易出现国库充盈、繁荣昌盛的"盛世"场景；而当一个朝代王权涣散、内外不稳或需要大举对外武力扩张时，就极容易出现"抑商""贱商"的政策，或以政治权力向富商大贾们征收高额税收，或以暴力没收其财产充公，从而伤害社会的经济活力。所以，"重农抑商"这四个字应该分两部分来看待："重农"是我国一以贯之的传统，直到今天也不例外，而"抑商"的思想始自春秋末期，在秦朝商鞅变法时正式成为国策，但在之后的朝代里因历代政权的执政思想和主张不同，是否"抑商"不能一概而论，比如宋朝就是一个整体上支持商业发展的朝代，甚至有"全民皆商"的夸张之词，所以不能说我国古代一直施行"重农抑商"的政策。

延伸开来，"重农"思想不仅在中国古代是一直被延续下来的治国思想，在欧洲也有很长的"重农"的历史，但为什么后来却导致了不同的结果呢？众所周知，西方国家在结束了中世纪的"黑暗时代"后，崇尚科学的理性精神得以觉醒，市场经济快速发展并整体进入资本主义时代；而中国经历明清两朝闭关锁国的较长时期，又遭受鸦片战争、甲午战争、八国联军侵华战争、日本军国主义侵华等战争之害，屡受丧权辱国的不平等条约之欺，中华民族遭受前所未有的巨大屈辱，也丧失了作为一个整体更早地参与世界经济和科技竞争的机会。也正是因为看到了中国在实业和科技方面的落后，一大批清末重臣如李鸿章、张之洞、曾国藩、左宗棠等才开始大力兴办民族工商业企业，一批批民族知识分子才开始"睁眼看世界"，呼吁将"民主"和"科学"请到中国来。

为什么西方的"重农"并未导致严重的"抑商"结果，而中国却在相当长的时间里由于对"抑商"的顽固坚持不断积弱积贫、几乎导致亡国灭种的后果呢？

这是一个非常有意思且值得深思的问题，如果要彻底论述它需要很长的篇幅，为了节约诸君的时间，这里我们省去论述的过程，直接说观点和结论。

首先，与中国古时"皇帝说了算"，由他一人自称天子、代行天命的政治统治不同，西方国家除了有国王和各级封建主之外，还有权力巨大的教皇。国王和封建地主们必须长期征战、通过发展工商业壮大自己的力量，他们还要同教皇争夺世俗的权力，这是关系到生存还是死亡的迫在眉睫的大事，所以国王和封建主们肯定要从工商业中谋利，就要支持商业发展。

其次，还有一个观点之争，认为中国自秦汉以来直到清朝灭亡都处于封建社会，而西方的封建时代在中世纪后就结束了，"封建"约等于"重农抑商"，所以导致中国在近现代更加落后。在各种书籍文章里也有类似的观点表述，这其实是不科学的。"封建"二字按照《左传》定义为"封建亲戚，以藩屏周"，本质是分封同姓或异姓王以建立诸侯国拱卫京师，从这个意义上来说西欧那些国家以前才是真正的封建国家。而我国自秦汉以来都是大一统的王朝，是"溥天之下，莫非王土；率土之滨，莫非王臣"的中央集权国家，《左传》概念上的"封建"时期其实不长。在中国古代，皇权至高无上且不可分割，即便是分封皇子和亲王，那些人在封地也不敢自立为皇帝。正因为皇权至高无上，所以中国的政治体制首先要确保皇权安全，防备地方势力做大呈割据之势，故而不允许出现富可敌国甚至蓄养私兵的情况。我国古代在经济上从来都是追求稳定甚过追求效率，也正是因为农业更稳定，也让人更有依附性，而商业不稳定，商人对国家很难产生依附性，统治者才需要"抑商"。所以"抑商"是皇帝维持"大一统"的选择，跟是否"封建"关系不大，倒是在欧洲过去那种真正的"封建"社会里，领主们才会因为需要积极追求商业利益巩固领地势力，有极大的主客观因素和动力使他们努力维持地方割据的状况。比如普鲁士德国直到19世纪统一前，有二三十个大小邦国，这种联邦制就是"封建"的结果和表现。所以，"封建"不会必然导致"重农抑商"，但维系"大一统"需要"重农抑商"，商业被抑制的同时，国家的版图却被完整地延续和继承下来，这不能不说是一种更好的结果了。

最后，文艺复兴对整个欧洲的影响是非常重大的，虽然他们经历了更长时间中世纪宗教的黑暗统治，但科学精神和理性的觉醒一下子把民众从宗教神学的牢笼中给放出来了，人性从神性的奴役下解放之后，给工商业和科学的发展创造了绝好的思想条件和政治社会环境，以科技革命为表现的社会生产力大发展得以实现。而中国的皇帝从根本上来说始终是个"实权派"，他不像教皇那样权力来自神秘莫测的宗教意识共同体，一旦人民觉醒就可以把教皇和教义先放到一边或直接供起来，我国皇帝的权力根深蒂固且直接上下贯通，不仅根植于过去一代代人民群众的意识深处，也跟每个人、每个家族的现实荣辱和命运息息相关，反抗一个在意识上、政治上、军事上、经济上、文化上等各方面充分集权的"实权派"的难度要远远高于反对头重脚轻、避实就虚的教皇。皇帝既然是全国最大的地主，他自然希望皇权稳定，就需要抑制、控制商业的发展，这也是中国被迫延长农业社会时期最重要的因素之一。也可以说，一方面，"抑商"原本不是人民的选择，只是出于皇帝的根本利益；另一方面，既然人民离开土地很快就不能活，不从事商业却不能立即死，自下而上地因为要发展商业而反对皇权的斗争就是不可能产生的。

儒家思想对中国古代商业
文化的熏育和影响

　　儒家思想自春秋时期至今，对中华民族的影响是全方位的。当我们讨论中国自己的商业文化时，一定不能脱离对儒家思想话语体系和精神内涵的理解。但是要非常具象地说儒家思想到底是什么，却不是一件很容易的事。为了聚焦主题且便于叙述和理解，我们将儒家思想的概略，特别是其中同经济和商业相关的核心主张提炼出来进行讨论。

　　总体而言，儒家思想作为中国传统思想的主体内容，不同时期的儒家思想经历不同的演变，所强调的要点、主体内容的表述会有所差异。今天我们所理解的儒家思想同秦皇汉武、唐宗宋祖等各个时代的人们所理解的儒家思想就有具体差异。不过，儒家思想的内核是相对稳定的，比如被总结为"五常"的"仁、义、礼、智、信"不仅是儒家最先总结出来的，也是被中国古代官方和民间所认可的对主流意识形态的高度概括，可谓儒家思想的核心价值观。

　　"仁"是儒家学说中最高的道德准则和政治理想。"仁"不仅规定了统治者的施政理念，也规定了社会大众的行为准则。从"仁"出发，各朝各代不断拓展规范人与人、人与社会、人与政权之间关系的内涵，最终形成"孝（父母）、悌（兄弟）、忠（君与上）、恕（友人）、礼（其他人）"和要求自身做到的"恭、宽、信、敏、惠"等具体行为准则。至于什么是"仁"？孔子曾经明确回答是"爱人""杀身成仁""克己复礼为仁"等。以孔子、孟子为代表的儒家思想家认为精神的追求是高于物质的，因此道德感化、伦理亲情的价值和重要性要远远超越利益。而孔子在《论语》中也给了达到"仁"的境界所需要的三个层次的功夫和路径：

第一是要"非礼勿视，非礼勿听，非礼勿言，非礼勿动"，从提高自我要求方面涵养品德；

第二是要不断反省、循礼而行，每天三省己身，正所谓"观过知仁"，做到"居处恭，执事敬，与人忠"；

第三就是要坚持实践，正如孔子夸奖颜回时说的，"其心三月不违仁，其余则日月至焉而已矣"。

一个人如果完全接受了上述儒家文化关于"仁"的思想熏陶，基本上对利益和价值的追求就不会是无底线和无原则的，但不能说儒家是反对从商取利这一行为本身的。孔子并不是一个只知道坐而论道全然不顾人情世故的老先生，他说"富与贵，是人之所欲也，不以其道得之，不处也；贫与贱，是人之所恶也，不以其道得之，不去也"，这句话的意思就是儒家并不反对人们去追求富贵，但主张应该以合乎道德规范的方式去追求，而不是肆意妄为、唯利是图。只不过古代很多受儒家思想影响的读书人对孔子所说"君子喻于义，小人喻于利"的话有过于教条的理解，认为哪怕是谈论利益这件事本身都不应该是君子所为的，如此一来儒家学说才被人为置于同商业文化对立的立场上，最后发展成一个人如果富有就约等于是个道德品行低劣的人，从而更加强化了"学而优则仕"的社会意识的统治地位。

以求仁的旗帜去打击商业和商人，这肯定不是孔子的主张。孔子不仅有个特别有钱的学生、号称第一儒商的子贡，他还亲自说过"富而可求也，虽执鞭之士，吾亦为之。如不可求，从吾所好"之类的话，认为如果富贵可求，就是放下面子和尊严也可以勇敢去追求，但绝不可强求，随心所欲做自己就好了。所以，在金钱和财富方面，最初的儒家思想持有的是一种"君子爱财，取之有道"和随缘的态度。

"义"是儒家"五常"思想中的第二个核心价值理念，基本含义是要求君子一切言行遵循道德标准和礼法制度，从孔子的初心来看，这里面的标准和制度所依据的是周礼（主要是君主和宗法礼制）和社会赋予个人的宽泛的职责和义务。如果把"仁"看作儒家思想的内核，那么"义"可以看作通达内核的正道，孟子提出"舍生取义"，将"仁"和"义"放在超越生命的高度，这种思想认识在西方资本主义文化认知里是难以想象的，因为他们似乎是正好相反的。正如马克思对资本主义的评价："如果有10%的利润，它就保证到处被使用；有20%的利润，它就活跃起来；有50%的利润，它就铤而走险；为了100%的利润，它就敢践踏一切人间法律；有300%的利润，它就敢犯任何罪行，甚至绞首的危险。"资本主义文化价值观将利放在生命之上，而被儒家文化深度熏陶的中国人在面对利益时，总会从心底深处涌上来类似"我这样做是不是仁义""别人会怎么看我"之类的疑虑，且只有在自己克服了这些疑虑后才能继续做事。儒家所说的"义"除了合乎道义和规范的要求外，还内含了勇敢、无畏的意思，无论古往今来"见义勇为"都是一种被社会表彰和宣扬的美德，这种对"义"的勇敢无畏正好可以限制对"利"的疯狂追求，所以从这个意义上来看，儒家学说所提倡的"义"是对资本和商业行为无序扩张的一种天然的思想上的限制。

儒家学说经过后世不同时代的不断阐释和丰富，慢慢与早期孔孟的学说有所不同。先是汉代董仲舒将孔孟的"先义后利""重义轻利"等思想发展到"贵义贱利"，再到宋明时期程朱理学又将"贵义贱利"上升到"存天理，灭人欲"的高度，彻底将"义"和"利"割裂开来，使得两者之间的矛盾从调和走向对立，"利"才成为一个公开被主流价值观所排斥和抵制的对象。从这个角度来看，"抑商"的锅不应该由孔孟背，而应该让后世儒生们背。

一个把"义"放在心上的人，一定是个难以被金钱或其他利益所轻易收买的人。最典型的例子就是三国时期义薄云天的猛将关羽关云长，他真正做到了"酒肉穿肠过，大哥心中留"。因为同大哥刘备桃园结义拜了兄弟在先，所以在遇到枭雄曹操时，面对巨大的利益诱惑，关羽完全不为所动，最后封金挂印不远千里也要再回到大哥身边。有个很有意思的问题是："人都是可以被激励的吗？"很多人答："当然！"但凡人做事，不是为名就是为利，名和利都不要的，就试试美女、古董、权力，等等，总有一个两个能对上胃口，从而让他人为自己所用。但是在关羽身上，所有的利益诱惑都失效了。曹操先是好吃好喝招待，"三日一小宴，五日一大宴"，关羽终究不是"吃货"，所以不为酒肉所动；曹操后来又送了不少钱和金银珠宝给关羽，所谓"上马金、下马银"（其实这是误传，应该是曹操对关羽上马提襟、下马相迎，以礼相待的意思），关羽连捆钱的绳子也不解，原封不动放在那儿；曹操看吃喝和金银都不行，就开始送美女，关羽更不吃低俗主义这一套；曹操想到送官，让汉献帝亲封"汉寿亭侯"的爵位给关羽，加官晋爵、光宗耀祖自古就是世间男子之大追求，结果关羽走的时候把官印规规矩矩挂起来；曹操送了这么多东西都不对路后终于开了窍，送了关云长赤兔马和收纳胡须的锦囊，这两样礼物算是送到关羽心坎儿上了，一代武圣实在割舍不下对赤兔马的热爱，也割舍不下自己引以为傲的美髯公名声，收下了这两样礼物，但收下这礼物的"初心"想必也是骑着赤兔马去找大哥速度更快吧！关羽算是自古"义"字当头的一位圣人，若是换了一般人，以上曹操安排的流程大概不用走两步就被完全收买了。这个例子也充分诠释了儒家思想中"义"的思想对一部分人逐利行为的规范和限制。

"礼"是儒家"五常"思想中的第三个核心价值理念。如果说"仁"是儒家思想的"内核","义"是通向内核的"正道",那么"礼"就是包围着内核和正道的一整套有形和无形的环境秩序和制度规则,它们无论是对君王还是庶民都有广泛的约束力。从内涵上看,"礼"一方面表现为各种法律法规,即所谓的遵循天道人伦和各种明文规定的礼法关系;另一方面表现为根据自然规则和风俗习惯,由社会自发形成或约定俗成的礼俗。礼从最初祭祀鬼神的复杂仪程演变到规范人们日常生活和个人修养的制度规范,经过了相对漫长的时间,但礼的本质是不变的。《礼记》有云:"凡治人之道,莫急于礼。"礼本质上规定的是人们做事的态度和方式,比如祭祀的时候是否虔诚就需要通过一套繁复的仪轨程序表现出来,这一点被统治阶级充分发掘和利用后,就衍生出维护君权治理的各种条条框框。比如我们耳熟能详的"三纲五常"就是这种以礼治人的具体体现;还有那最明显的欺骗皇帝的"万岁万岁万万岁",皇帝自己也深知他绝不会活到百岁,更不用说千岁和万岁了,但山呼万岁仍然作为臣子拜见皇帝必不可少的"规矩"从汉朝流传到清末,其内核就是要臣子对皇上显示足够的"虔诚"。所以,"礼"是根据社会治理的需要人为营造的一种环境气氛压迫,身处其中的人都不能脱离这个环境的规定和影响,就是皇帝都要遵从祖宗礼法,更不用说商贾市民了。

那么,儒家思想中的"礼"是如何对商业文化和商人的经商行为产生影响的呢?

首先,从个人角度而言,"礼"要求包括商人在内的个人都要修身养性,在社会交往中注重积累声誉和信任,这样就能阻止从事商业交易行为的个人产生一味逐利的心思,使商人更加重视长期和综合的利益,也就是说中国的商人在儒家"礼"的思想熏陶下很自然地注重经济利益和社会利益的共赢、长期利益和短期利益的协调,从而让那种只顾个人得利或者惯于损人利己的商人在中国传统社会中处于"鄙视链"的底端，时间长了就产生了类似"儒家鄙视商人"的错觉。

其次，从家族的角度而言，中国古代的社会治理是高度依赖地方的宗族治理的，单个的商人或家族的商业除了要遵守朝廷的法治外，必然也要受到宗族观念的影响。宗族为全体成员提供精神纽带，鼓励人们在宗族中积极作为、获得声望，而这种声望的获得对于商人而言就要求做到亲戚间的互助、帮扶，比如在徽州宗族中有"以业贾故，挈其亲戚知交而共事，以故一家得业，不独一家食焉而已"的传统，如果某宗族中的某个商人想要一家独大、独占利益，他是很难在传统社会中获得声望的，只有与宗族兄弟、族人乡党通力合作，才能在市场竞争中获得优势地位，才能赢得宗族给予的庇护和赞誉，这也是在我国古代商帮传统、家族企业等现象比较明显的原因。当然，传统社会宗族治理形成的严格的家长制和尊卑有序的等级观念对商人自由发展、创新发展等是有明显束缚作用的。

最后，从社会治理的角度而言，"礼"规定了商业在社会产业分布中的基本地位，使大多数商人难以超越。一方面，国家通过出台明文的法律法规限制和规定商业秩序，比如哪些行业允许私人进入，哪些是严令禁止进入的；具体规定商业交易的基本规范，确定合法与违法的边界，确定税率等。这些法规限制和秩序一旦被确定，大多数商人就很难超越，或者需要付出很大的代价才能获取相对优势地位，这就导致商人群体对国家政权的服从性比较强。另一方面，出于统治安全的需要，统治者需要从荣誉、舆论和道德上抬高农民、贬低商人（原因如前述），标榜农民是天下之本，是载舟之水；贬低商人是奇技淫巧，是社会末流。甚至不少朝代在社会权利上剥夺商人及其子孙参加科考进入统治阶层的权利，从而将整个商人阶层牢牢锁定在一个相对封闭的发展空间内。尽管商人从贸易和产业经营中获利丰厚，能够保障家族的物质生活水平处于社会中上水平，甚至可以成为巨富之家，但永远无法实现被主流意识形态所认可的"光宗耀祖""功成名就"。白居易在《琵琶行》中听了琵琶女"老大嫁作商人妇"的描述后，立刻心生同情，对一个有才华的风尘女子时运不济、走投无路嫁给商人的悲苦感同身受。这充分说明，即便在对商业控制相对宽松的唐朝，整个社会对商人阶层的接纳程度仍是相当低的。

"智"是儒家"五常"思想中的第四个核心价值理念。智，知也，即明白是非、曲直、邪正、真妄，说的是人要有辨识是非、善恶、美丑的能力，要重视知识和智慧的学习和获取。"智"是对个人素质的具体要求，不单儒家重视智慧和智力的开发，就是其他思想家也几乎没有人敢公开说愚昧、不明辨是非是正确的。"智"对社会大众和商人群体的整体影响是相似的，具有明显的正面积极意义。从对商业文化的负面影响来说，"智"在经营活动中被一些"聪明"的商人发展为作假、诈骗之术，比如明朝周晖在《金陵琐事》中抱怨道："最不可伪者，金也。二十年来，金丝有银心者，金箔有银里者。工人日巧一日，物价日贱一日，人情日薄一日。"商人卖弄智巧甚至金银都能作假，给社会风气带来很大的伤害。同为明人的赵世显在《芝莆丛谈》一书中记载了一个广为流传的"穷鬼"故事，"有贫生与富翁比屋以居，清旦具衣冠，之邻翁，请所以致富之术。翁曰：'致富之术无他，在去其五贼而已。五贼者，仁义礼智信也。五者有其一，则穷鬼随之矣。'"这个故事颇能得今天一些人的共鸣——他们认为中国的商业文化要想发扬光大，首要就得破除儒家思想特别是其"五常"的束缚。现在有人说，"五常"中"仁、义、礼"就像捆在商人头顶的三道紧箍，"信"是绑住腿脚的布条，而"智"便是孙猴子手里的金箍棒，一旦三道紧箍被拿到一边去，"信"这个布条子就被立即撕烂，商人拿着金箍棒就能翻江倒海立下不世之功。

应该说，这种认识是不切合实际的，商人不是孙猴子，"仁、义、礼"也不是紧箍，西方商业文化强调狼性和社会达尔文主义，但被儒家思想熏育的中国传统商业文化是一种绵绵不绝之力，"流水不争先，争的是滔滔不绝"，这是一种同西方商业文化在哲学底蕴上的根本不同。因此，把儒家思想同商业文化相对立的看法是错误的，"穷鬼"的故事其实反映的也只是一种小商小贩急功近利的短视行为，既不为过去和现在的社会主流意识形态所接受，更不是中国传统商业文化的主流价值导向。

"信"是儒家"五常"思想中的第五个核心价值理念。"信"也是对个人素质的具体要求。儒家思想中对"信"的强调是浓墨重彩的，比如"与朋友交，言而有信""君子有大道：必忠信以得之，骄泰以失之""言必信，行必果""夫轻诺必寡信""信近于义，言可复也"，还有孔子天天说的"吾日三省吾身，为人谋而不忠乎？与朋友交而不信乎？传不习乎？"等等。可以说是否守信是一个人的关键标签，甚至有时候是救命符。《史记》记载楚国谚语"得黄金百斤，不如得季布一诺"，其主人公季布因诚信重诺最终被仁人志士仗义搭救，直至获得刘邦赦免、起死回生。同理，一旦一个人被贴上没有信誉的标签，对他和他的事业发展来说是非常不利的，这方面的例子不胜枚举，不再赘述。

"信"对中国传统商业文化的影响很大，诚信是中国自古以来主流商人坚守的本质，他们以诚信为立商和立身之本，特别是对于真正的儒商来说，无论面对战乱、盗匪、官府欺压、自然灾害等不可抗力，还是其他主客观原因导致价格变动、货物损失，他们仍然会选择履行合约、童叟无欺、诚信不二。把诚信当作立商之本对社会是有益的，只有讲信誉、重信用的商人多了，整个社会利益链条上的参与者的利益才能得到保障，商业活动才能将"一次性的成交"变成"回头客"，"东家伙计都挨饿"的情况才不会发生，商业和商人败坏社会风气的现象才不会出现。清代思想家郭嵩焘曾说过："中国商贾夙称山陕，山陕之人之智术不能望江浙，其推算不能及江西湖广，而世守商贾之业，惟其心朴而实也。"其实，无论是晋商、徽商还是浙商等，要做大招牌就必须立起诚信的形象，也只有诚信才能为自己带来源源不断的经济利益。可以说，对商人而言，诚信已经完全脱离了儒家思想教化民众的泛泛要求，成为主流商人群体的自发追求。因为，没有一个商人愿意在无信之国经商立业，在没有信誉、人人互害、人人自危的社会环境里，商业行为不具有稳定性，连"安全感"都不能确保又何谈利益呢？所以，"信"是有远见的商人群体的主动选择，而不仅是一种口头价值观的标榜。

儒家思想在我国古代和现代都具有重要的地位，其本身对社会文化具有相当强的包容性与塑造性。一个深受儒家思想熏染的人，能不能成为一个成功的商人？这是一个非常有趣而现实的问题。

对中国古代的商业精英及其精神的分析

　　不是只有犹太人才会经商，更不是只有美国、日本等发达资本主义国家才拥有经营商业的先进经验。我们中国有历史悠久而独特的商业文化和商业思想，出现过许多商业奇才。中国人经商最早可以追溯到3000年前的商周时代，在春秋时期就已经出现富可敌国、具有远见卓识的富商巨贾。无论是金属货币还是纸币，无论是跨境贸易还是信用交易，可以说，与所有有文字记载的文明相比，商业在中国这片土地上出现得更早，且更早形成了自己的商业文化特色，一批批享有盛誉的儒商得以青史留名。

　　应该承认，搞商业绝不是资本主义的所谓"专利"，这是人类一项远古流传的生存本能和生活需要，是人们追求幸福生活的正当工具和合法手段，只是在不同的地域、不同的文化、不同的政治制度影响下，商业在各国的发展呈现各种抑扬顿挫的态势，有或快或慢和处于不同发展阶段的差异而已。所以，今天我们提倡文化自信，在商业文化方面也要提倡自信，而这种自信的一部分来源于对中国古代商业精英和他们的精神理念的了解和掌握。

要非常详尽地梳理中国古代的所有商业精英，哪怕一个朝代只写一个人，用一本书的篇幅也是无法做到的，况且这也并非本书重点所在，故而我们只在本节中列举"中华商祖"王亥、"中华商圣"范蠡、"儒商始祖"子贡、"商贾宰相"吕不韦四位，加上元末明初的巨富沈万三和清末胡雪岩一共六位，对他们的生平事迹做简要介绍。这几位能从不同角度代表并体现中国商人的思想特点、成就和基本主张。

一、"中华商祖"王亥

在"对我国上古时代商业行为的追溯与想象"一节中曾提到"中华商祖"王亥，约生于公元前 19 世纪中期，河南商丘人，是商王朝开国之君商汤的七世祖，此人不仅对商朝影响深远，也是梳理中国古代商业文明不可绕开的重要人物。王亥在商丘带领本部落人员首开驯服牛马牲畜、发展农业生产和牧业生产的先河，并依靠牧业经济的剩余产品同其他部落开展跨地区贸易。他发明了牛车，成立了商队，使得商部落的农副产品贸易远近闻名，成为中国古代贸易活动的开创者。王亥虽然在经商时被有易氏所杀，但他所开创的这种"农耕 + 畜牧 + 贸易"的生产方式是非常先进的，使得商部落的生产力水平迅速超越其他部落，并在 100 多年后推翻了主要依靠农耕生产的夏朝，建立了商王朝。这个事实的背后是王亥和商部落所拥有的宝贵的创新精神。

是因循守旧还是积极创新？是抱残守缺还是革故鼎新？商部落和夏朝做出了相反的选择。

当时的夏朝依赖于农耕生产，着重治理水患、发展灌溉和排涝技术，随着人口不断增长，就需要烧荒开垦更多土地，不免要向外迁徙，这种严重依赖于地力和天气的生产方式同商部落的农牧结合的经济形式相比就具有明显的落后性。不过，夏朝的粮食生产能力也在提高，也出现了不少剩余产品，但这些农产品的剩余没有被夏朝统治者拿去贸易，却用来酿酒作乐。酒是社会精神的麻痹剂，更加伤害了夏朝人民的战斗力。另外，农业生产有赖于稳定的环境，使得农民阶级从心理上更加注重和平，并且为了获得和平，农民可付出的代价不断提高，导致农耕部落的战斗精神、战斗意志和战斗力相对游牧民族降低。夏朝虽然是正统王朝，但其因循守旧、抱残守缺，而商部落却在王亥领导下积极创新、革故鼎新，在农业生产之外积极发展畜牧和贸易。既靠天时和地力吃饭，又充分发挥人的主观能动性蓄养繁衍牲畜。牲畜可用于农耕以节约民力，又可生产更多肉类和毛皮，长期来看这种生产方式不仅提高了部落农耕经济的生产力，而且提高了部落人员摄入蛋白质、维生素等营养水平，大大提高了商部落人员的身体素质和生存能力。从另一个角度来看，商业贸易需要人员频繁流动，这也促进了部落人员的眼界、见识的增长，使他们能够及时收集掌握其他各部落的信息，这些都是局限于一地的农耕部落居民所不具有的优势。正是因为具备了这些能力和素质，商部落才得以生存、壮大。

所以，王亥真正的功劳在于开辟了远古先民更有竞争力的一种生产生活方式，他是一个让商部落强大起来的关键人物，商部落的人对王亥也非常敬仰，商朝建立后没有称王的王亥被追封为商高祖，更是被后世尊为"华商始祖""中华商祖"。

二、"中华商圣"范蠡

有商祖，必有商圣，春秋末期的文武全才范蠡被称为"中华商圣"。范蠡生活在公元前 536 年—公元前 448 年，楚国宛地（今河南省南阳市淅川县）人。范蠡最初并不是一个商人，而是越王勾践的谋臣。他官拜越国上大夫、上将军，曾随勾践在吴王夫差那里做过三年奴隶，君臣成功逃离吴国后，他又劝越王实行韬光养晦的政策，在越国劝农桑、务积谷、搞军备、不乱民功、不逆天时、施民所善、去民所恶，且在长达十年的时间里隐忍不发，终于一战击溃吴国，致使吴王夫差自杀，越王勾践终成霸业。范蠡的高明之处在于他既有知人之智，更有自知之明，他早就认识到"长颈鸟喙"的越王勾践是个可共患难、不可同富贵的主子，做勾践的臣子在盛名之下必难以久居。为此，他自己早早想出脱身之法，传说其携红颜知己西施泛舟湖上，还劝大夫文种提防越王"鸟尽弓藏"。范蠡的政治智慧、见识水平是后世许多名臣大将所不具备，也做不到的。所以，范蠡的前半生是个非常出色的政治家、军事家、谋略家，那么，这样一个人又是如何成为商圣的呢？

根据《史记》记载，范蠡离开勾践后"浮海入齐"，隐姓埋名二次创业，三至千金，最后定居于陶（山东定陶）发展商业和实业，人称"陶朱公"。范蠡从越国出来后最初是到齐国海边经营实业，他靠海吃海，做围海煮盐、捕鱼养殖的营生，没有几年就成为远近闻名的巨富，齐国人看他有能力便邀请他出任相国。无奈之下范蠡又带领齐国人干了三年。虽然齐国人非常尊崇范蠡，但这位有智慧的老先生仍觉得自己"居家则致千金，居官则至相"是不祥之举。范蠡认为自己好不容易脱离官场成为一个普通人，却因为太会经营轻松成为首富，现在又在齐国位极人臣终究不是好事，因此悄悄散尽家财、归还相印，与齐国不辞而别。范蠡从齐国离开后到了当时的曹国定陶，在那里开展商业贸易。他做生意讲究找准时机、薄利多销，没几年就又成了富比王侯之家。所以，范蠡真的是聪慧至极、能力超众。

有一个典故能看出范蠡的识人之智。说范蠡有三个儿子，二儿子在楚国因杀人被收监等待处死，范蠡认为"千金之子，不死于市"，便想派小儿子去救二哥，但大儿子力陈父亲应该派自己去救弟弟，后来果然二儿子没被救出来。范蠡对此早有预料，他说大儿子和小儿子从小生活环境有别，这种死里求生之事让小时候尝尽颠沛流离之苦的大儿子去，必然舍不下金银办不成事，派在优渥环境里出生的小儿子去才会舍得金银救回哥哥，这不是因为做哥哥的爱金银不爱弟弟，也不是因为做弟弟的爱哥哥不爱金银，而是不同环境所造就的人的不同秉性所致。范蠡后来将自家千金散尽，这种广散千金、取之于民、报之于民的胸襟气度成为后世为官为商者的楷模。

范蠡的前半生是一位成功的政治家、军事家、谋略家，后半生是一位成功的实业家和巨商，最后他淡泊名利、急流勇退、复归平淡生活的行为给人很大启示，被后人誉为"忠以为国、智以保身、商以致富、成名天下"的典范。其实，范蠡之所以有如此大的成就主要还是因为他思想的伟大，他发现了从商、从政、为学、做人的共通之处，并把这些理论娴熟地应用于自己所从事的事业中。比如审时度势，他为官懂得分析越王，早早为自己定下脱身之计；为商重视预测行情变化、判断价格趋势，总结出价格变化物极必反的规律——"贵上极则反贱，贱下极则反贵。贵出如粪土，贱取如珠玉"，诸如此类的理论认识已经超越商业本身，达到很高的哲学认识高度，范蠡将辩证法运用得非常纯熟。

要一一论述范蠡经商的思想需要很长的篇幅，有人总结出诸如"陶朱公经商十二则""陶朱公经商十二戒""陶朱公经商十八法""陶朱公经商三谋三略"等，皆有可圈可点之处，但如果只拘泥于范蠡经商之"术"（方法路径），而忽略其"道"（哲学指导思想），是不可能悟得商圣范蠡的思想真谛的。范蠡的商业思想兼儒、道两家而有之，既接受了儒家诚信忠勇思想的影响，又遵从道法自然、应天时合万物、此消彼长、刚柔并济、顺势而为的"道"的原则，所以他的很多商业思想超越了当时人们普遍的认识水平，比如其"论其有余与不足，而知贵贱"的思想就是现代商业理论中供求关系对商品价格影响的最早的理论表达。从这个意义上来看，范蠡更是个成功的商业理论家和商业思想家，是一位达到知行合一境界的圣人，他被称为"商圣"是实至名归的。

三、"儒商始祖"子贡

"儒商始祖"子贡是春秋时期孔子最有钱的学生。当学生时，子贡是孔门七十二贤之一，在孔子去世后，他靠经商又成为天下巨贾。子贡在经商时周游列国，同时"使孔子名布扬于天下"，子贡"废著鬻财于曹、鲁之间"，在曹鲁两国间做生意，最后"富致千金"。曹国也就是范蠡所在的那个陶丘（今山东省菏泽市定陶区），是当时的经贸中心，这个地方既成就了商圣范蠡，也成就了儒商始祖子贡，并且定陶还是刘邦登基称帝之地，所以这里的商业历史和文化底蕴是非常值得深入挖掘的。

子贡作为"儒商始祖"，他的一生同时取得了政治上和商业上的巨大成功，实现了封侯拜相和富甲天下两个梦想。司马迁说他"结驷连骑，束帛之币以聘享诸侯，所至，国君无不分庭与之抗礼"，说他乘坐四匹马拉的豪华马车，结交诸侯并用厚礼馈赠他们，他去见各国国王时都不用行君臣之礼，国君与子贡分别站在厅堂两边相互拱手致意，是为成语"分庭抗礼"的最初意思。可见子贡不仅商业经营得相当成功，也获得了相当高的社会地位，甚至在当时有"子贡贤于孔子"的评价。子贡当时从事哪个行业大致不可查，到底攒下多少资财也没有准确数字来衡量，但他独特的商业思想值得我们挖掘和学习。

第一，子贡不是一个单纯的商人，他深受儒家思想熏染，是典型的接受并践行"仁、义、礼、智、信"价值观的商人，他将儒家价值观融入到自己的经营行为中。在春秋末期那个孔子看来已经礼崩乐坏的乱世，子贡是商人中"诚信、仁爱、德厚"的君子典范，是社会上的一股清流。子贡经商时遇到在各诸侯国为奴的鲁国人就为其垫钱赎身："鲁国之法，鲁人为人臣妾于诸侯，有能赎之者，取金于府。子贡赎鲁人于诸侯，来而辞不取其金。"为此孔子还教育他做了好事要大大方方接受感谢和回报，否则将没有人愿意再去赎人。《后汉书》说子贡"宁丧千金，不失士心"，《盐铁论·贫富》记载："子贡以著积显于诸侯，陶朱公以货殖尊于当世。

富者交焉，贫者赡焉。故上自人君，下及布衣之士，莫不戴其德，称其仁。"子贡和陶朱公范蠡两个同时代的人，都是名扬天下的成功商人，他们交往富贵、抚恤贫弱，上至君王、下及平民都称颂他们的仁德。所以，回到上文那个疑问"一个深受儒家思想熏染的人，能不能成为一个成功的商人"，答案肯定是能！

第二，子贡除了是一个儒商外，他还是一个出色的纵横家、外交家，他将商业同仕宦完美结合起来，甚至可以说凭一己之力改变了春秋末期的诸侯势力版图。当时，晋、齐、鲁、吴、越五国中晋国势力最强，鲁国较弱但鲁国是孔子的母国，子贡提出"忧在内者攻强，忧在外者攻弱"的理论，顺利将战火和矛头引向吴国和齐国，解了老师孔子的母国——鲁国之困。之后子贡又预见吴国将攻打晋国，他警示后者积极备战，果然吴国击溃齐国后北上攻打晋国，被有所准备的晋国打败。后来，吴王夫差为越王勾践所灭，所以前面说范蠡帮助越王复仇吴国、成就霸业的功劳里，至少有一半儿是属于子贡的，因为如果没有子贡为了存鲁所费的这一番筹谋，范蠡也不会那么快帮助越王勾践复仇，起码还得多卧薪尝胆和韬光养晦几年。所以，史书赞子贡说："子贡一出，存鲁、乱齐、破吴，强晋而霸越。"可见子贡单在政治上的成功就是古往今来很多大臣、谋士可望而不可即的，而这种见识不凡、谋略出众离不开儒家思想对人要心存家国大义的教导。卓越的政治能力和见识水平是让子贡在商业领域更善于发现价值、实现价值的秘诀。

儒商的成功或者说成功的儒商的必要条件，一是要熟悉政治大势，对各种政治、经济、军事等信息非常敏感并能做出正确反应，即要有良好的天下视野和政治嗅觉。他们高屋建瓴、积极入世、躬身入局去解决棘手问题，善于化敌为友，从大多数人看不到利益的地方着手布局、改变环境。二是始终秉承儒家思想的核心价值观，他们讲仁德、诚信、谦虚、先义后利，奉行"穷则独善其身，达则兼济天下"的人生理想，他们往往积极结交政治高层、借势取利，他们的胸襟和视野是大多数只单纯追求商业利益的人所不具备的，所以成就也是少有人能及的。

子贡奠定了中国儒商文化基础，他的经商理念、道德风范和以天下为己任的胸襟气度被人们奉为楷模，历代王朝不断对子贡进行封赠。唐玄宗追封子贡为"黎侯"，让其作为十哲之一配享太庙；宋真宗加封子贡为"黎阳公"；南宋封子贡为"黎公"；明朝官府为子贡建祠；清康熙时派太子祭扫子贡墓，封其为先贤十二哲之一。子贡在民间也备受崇奉，"陶朱事业，端木生涯""经商不让陶朱富，货殖当属子贡贤"等佳句流传至今。范蠡还有行贿官府以求放自己儿子生路的"瑕疵"，而"儒商始祖"子贡可以说是古今一个"通人"。子贡是我们今天探究儒商精神、研究中国商业文明不可绕开且必须持续大力发掘的文化宝藏，他是我们在21世纪将中国独特的商业思想、经营理念发扬光大的重要理论"原点"。

四、"商贾宰相"吕不韦

吕不韦和范蠡、子贡的道路不同，吕不韦是依靠商业上的成功才取得政治上的成功的。他先"供养"秦公子异人，后来将这笔"期权"借势变现，才当上位极人臣、食邑十万户、权倾天下的相国和"仲父"，才有机会编撰《吕氏春秋》。也就是说吕不韦从商人变成政客大获成功得益于一次成功的"风险投资"，如果当时他的"奇货"没有顺利变现，他也许根本不会在历史上留名。如此而言，吕不韦的成功具有很大的偶然性，且自古以来评价他大多不从商业而是从政治的角度，但正是由于他的商业思想的与众不同，才造就了吕不韦在政治上的成就，他也是我国历史上少数几个商人出身却被封侯拜相的人之一。

《战国策·秦策》曰："濮阳人吕不韦贾于邯郸，见秦质子异人，归而谓父曰：'耕田之利几倍？'曰：'十倍'。'珠玉之赢几倍？'曰：'百倍。''立国家之主赢几倍？'曰：'无数。'曰：'今力田疾作，不得暖衣余食；今建国立君，泽可以遗世。愿往事之。'"说吕不韦在邯郸做生意见到秦公子异人后，想集全部家财资助公子异人，以便在日后获利千倍万倍，但这笔投资毕竟关系重大，吕不韦便回家与父亲商量。吕不韦问父亲说："投资农业，耕种收获，可获几倍利润？"父亲答："十倍。"吕不韦又问："投资商业，买卖珠宝，可获几倍利润？"父亲答："一百倍。"吕不韦再问："经营政治，拥立国君，可获得几倍的利润？"父亲答道："无数。"

上述这段话可以看出三点：一是吕不韦做事是完全从商业盈利思想出发的，他是一个标准的低买贱卖、经商获利的商贾之人，遇见秦国公子后，吕不韦将秦公子异人看作"奇货"，促使他做出决策的底层逻辑也是投资秦公子可以获利无数。二是吕不韦超过普通商人的地方在于，一般人只看到能够被量化计算的实业或贩卖之利，看不到未来才能兑现的巨大、无形的政策和权力之利，吕不韦善于伏线千里、布局长远、以小博大，故而能发现别人发现不了的价值，所以他可谓眼光独到、格局远大。三是吕不韦在秦公子身上的投资其实存在盈利无数和全部灭失两种风险，毕竟当时秦王也不是只有异人一个孙子，弄不好也有在大位之争中被人暗算、株连至死的风险，但他魄力超众、敢于孤注一掷。他将秦公子作为经营的对象，就是想他人之所不敢想、为他人之所不敢为的非常之举，这也足以说明他是一个有胆略、有眼界、有决断力的人。更直白一些说，吕不韦真正的开创性意义在于，他很早就认识到商业和政治权力之间的密切关系，即商业利益的最大化必须依附最高的政治权力，吕不韦知行合一且做到了，所以他能做天下最大的生意，且当朝廷最大的官。这当然也是古代特殊的环境所造就的，在今天并不具有普遍性，具体原因下面两位的亲身经历已经证明。

各朝各代出过很多富商大亨，他们甚至富可敌国，比如元末明初"资巨万万，田产遍于天下"的江南第一豪富沈万三，据不严肃的民间传说和电视剧演绎，说他靠一家之力资助了朱元璋修建南京皇城所耗银两的三分之一，居功自傲的他又主动提出拿犒银百万替朱皇帝犒赏三军。沈万三一掷万金的行为不仅没有得到朱皇帝的喜欢，反而让皇帝非常忌惮他，最终将他全家流放云南。又有另外一种说法说沈万三在元末六七十岁时就去世了，不可能活到朱元璋建立明朝，他没帮朱皇帝修南京城，更不可能被发配到云南，是他的后代们被朱皇帝抄家流放了。但总的来说，不管沈万三本人是不是被朱元璋抄家流放的，沈家后代在明初先后被官府抄家、株连、捉拿，应该确有其事，沈家也如同《红楼梦》所描述的贾府一样最后"树倒猢狲散"了。沈万三在经商方面的成就很大，其财富来源虽没有确切的历史记载，但他一定是因为在"治财""贸易"等方面有过人之处，才积累下令人惊愕的财富。有研究说他垄断了当时的海外贸易，将江浙一带的丝绸、陶瓷、粮食和手工艺品等商品运往当时的东南亚各国，从对外贸易中赚了大钱后又广置田产，终致树大招风招来官府忌惮，最后落了个家破人亡。如果这个情况属实，则沈万三应该也算得上我国古代通过海上丝绸之路对外开展贸易的重要标志性人物了，只不过他经商方面的卓越才能由于缺乏足够的政治智慧辅佐，最终他的家族也成为元末明初改朝换代的牺牲品。

还有清末的胡雪岩，也是一位在历史上留下赫赫声名的红顶商人。胡雪岩的商业版图踏足钱庄（银行）、当铺、药店、军火、海外贸易等，巅峰时他官至二品大员，被皇帝赏赐黄马褂，左宗棠带棺出征新疆所需的总计1000多万两白银的军费，据说就是胡雪岩同外资银行谈判靠自己的商誉贷款提供的。清末洋务运动中，李鸿章、张之洞、左宗棠等名臣纷纷兴办实业，胡雪岩协助左宗棠在福州开办"福州船政局"，在上海开办蚕丝厂，参与同外资在生丝领域的商战。后来因资金链断裂，胡雪岩被清政府查封资产，再加上他因官商利益等原因深度介入清末动荡时局无法自保，最后落得一贫如洗、凄惨离世的结局。

胡雪岩在商业上的成功离不开"官商"二字，他成也在此，败也在此。除了他所选择的这条"依附权贵"的道路无法自己决定自己的命运外，在经商理念方面胡雪岩也确有许多值得学习和借鉴之处。比如他的"戒欺"思想充分体现在"胡庆余堂"这个百年老字号的企业文化中，他的"深明大义"使他"素敢任事，不避嫌怨"出面为朝廷解决收复新疆的巨额军费，他的智信仁勇、乐善好施等都深受人们赞赏。应该说，胡雪岩也是一位深受儒家思想影响的大儒商，他的胸襟、气度、眼界、决断、能力等综合素质非常出众，只不过由于生逢乱世，被清末复杂的官场和商场两相裹挟而不得善终。

需要特别说明的是，上面梳理的几位中国古代商业精英的概要情况，只是 2000 多年来中国商业历史中被更多人看到的几个典型代表。我国古代几乎每一个朝代都有当时非常成功的商人巨贾，但由于文化和历史的原因，在当时并没有多少人为他们树碑立传或在史书中留下详细记载，导致我们今天从书中去寻找中国商人的确切事迹和思想是一件很困难的事，即使只想弄清楚一些知名商人的生平和命运脉络也不容易。不像现在我们这个时代，人们对商业、经商和财富的认识已经发生了翻天覆地的变化，再也不是"士农工商"那个以"商"为末的认识水平了。今天的人们以拥有财富、获得财富、掌握财富为荣，以成功的企业家为人生偶像，甚至他们中的一些人被青年人当作人生导师去崇拜，应该说商业已经变成光鲜亮丽、风度翩翩的形象，但这个时代却比以往任何时候都呼唤真正的"商道"精神，更需要儒商文化再次大放异彩。

五、如何认识近现代东西方在经济发展方面的差距

从逻辑上来说，直接从"对中国古代的商业精英及其精神的分析"跳到"中国共产党领导经济工作的基本经验"无疑是跨度极大的，但是专门开辟一节去讨论这个问题似乎也大可不必，因为关于东西方经济发

展对比的历史考察看起来是个问题，实际上是个很难具体分析的"伪问题"，既无法证实也无法证伪。

首先，在没有全球性交往的历史时期，对东西方进行经济计量意义上的对比是徒劳且无意义的，不仅相关数据的来源和准确性难以保证，而且大多数做此类研究的学者可能在研究前就预设了结论，比如那些认为自有文字记载以来，中国绝大多数时间都站在世界经济舞台中心的人，自然会找到一切有益的数字和文字描述来证明"中国在东西方经济发展对比中凭实力长期'遥遥领先'"的结论，反之亦然。

其次，即便在唐宋元明时期，中国对周边藩属国的影响达到了巅峰，同各国的经济贸易往来和文化交往大有"万国来朝"的气势，也不能说明中国当时的商业文明和经济发展成果冠绝全球、没有对手。就像今天，我们如果仅凭GDP等指标来衡量和判断各个国家的真正经济实力和水平就容易失之偏颇，更何况靠市面观察、小说描写等感性的认识就更不准确了。再完备的数字所表现的"真实"和生活内在的"真实"，也不是一种东西。况且，中国自古以来是自稳定、自足的家庭经济结构，占社会人口绝大多数的农民既不会脱离生产，也不会脱离经济，耕以食、织以衣，剩余的产品拿到附近的集市上换取副产品，在传统村社中以家庭作坊为主的民间手工业生产的产品就可以满足绝大多数人民的生活所需，他们很少有多余的外部需要，在这样的社会，缺乏促使商品和资本持续集中甚至垄断的环境条件。相比西方社会来说，他们没有这种自稳定、自足的家庭经济结构，上自封建主、下至农奴对外部的经济依附性都较高，私有制更是助推了经济壁垒的形成和商人对利润的极限追逐，因为只有财富、商品的大量堆积才能带来安全感，所以也更容易形成贪婪逐利、扩张垄断的现象，进而导致不同领地、邦国之间旷日持久的争斗和割据等不稳定社会形态。

最后，其实最重要的是，"经济"二字对于中国和西方世界来说有着本质的区别，中国自古对"经济"的理解是"经世济民"，将经济的功用同国家的强盛和人民生活水平的提高紧密相连，从来都不是无限追求个人财富的膨胀和积累。也只是在近100年西方对中国的影响加深后，我们才逐渐看清西方人对财富积累、资本增殖、零和博弈的深度痴迷，这些资本的贪婪程度令人难以想象，最近这些年也开始慢慢引起国内有识之士的警惕。

可以说，中国和西方自古运行的是两套不同的经济体制，如果说西方追求的是金字塔顶尖高度的无限上升，并通过塔尖的快速提升带来总量的增加，寄希望于从塔尖溢流的利益润泽作为他们经济底座的平民群体；而中国则追求的是经济大厦底座每个细胞的不断充实和稳固，是作为经济细胞的每一个家庭和个人在获得感上的提高，是通过微细血管的丰盈与巨大的乘数效应来获得经济总量的提高，并将此作为发展经济的政治道德和社会伦理标准。

从前面几节的梳理中也可以看出，我国古代商业贸易产生得非常早，且在秦之前就已经发展到较高的水准，大一统国家出于"皇权稳固压倒一切"的考虑，需要确保农耕经济的主体地位，并将商业贸易行为压制在合理的、小众的范围之内，所谓"合理"的范围就是不让商业的发展吸纳过多的农业人口，不让商人的成功成为社会上竞相追逐和仿效的典型。这是我国在政治体制方面的独特性所决定的，这种生产关系对生产力的束缚越是到了皇权社会的晚期表现得越明显，行政体制对自由贸易、市场经济的压制和紧箍也越厉害，这便是明清以后逐渐实行海禁，对外贸易政策发生重大转向甚至闭关锁国的根本原因之一。对于中国历朝历代的统治者来说，经济的重要性永远在政治安全之下，任何威胁政治安全的事即使在经济上大有利益，政府也绝不会允许去做。

有人认为，明朝之所以实行海禁，是因为海上匪祸越来越多，明政府出于无奈只能闭关锁国。但是倭寇和匪祸是海禁的结果并非海禁的原因，只有打开贸易市场才能使倭寇和走私者转变为合法商人，实行海禁只会让倭寇和海患更加严重。正是认识到这一点，明隆庆皇帝才决定解除海禁，"隆庆开关"后我国私人出海贸易发展起来，一直到崇祯时期明朝的对外贸易政策一直较为宽松，也并没有发生严重的海患祸乱。但是到了清朝以后，政府实行海禁又有了更多不得已的"苦衷"和理由，当时台湾郑氏不断侵犯东南沿海，成为威胁清朝统治的重大隐患，为了切断台湾的贸易补给线，清朝初期就"一刀切"地颁布严格的禁海令，要求"寸板不得下海"。再加上后来西方国家一直试图通过海上通道打开清朝大门，朝廷害怕沿海地区内外勾结、颠覆政权的事情发生，所以逐渐将海禁政策扩大到闭关锁国。朝廷的控制力越弱，对海禁就越不可能放开，直到国门在西方的坚船利炮下被轰开。

也正是从明清两朝开始，中国统治阶级强制地、主动地退出了全球性的经济交往，大航海时代的红利、全球科技革命以及更加隐秘重要的思想文化交流才都同中国隔绝和远离。在这一时期，西方资本主义从萌芽、发展、壮大，到带着铁与血快速征服非洲、东南亚、美洲和澳大利亚的大片土地，西方世界发生了翻天覆地的变化，中国则重新选择了内向型的发展道路，变成一个高度依靠经济内循环的经济体。如果不是世界变了，中国这样的内向型发展、只依靠内循环的模式还能延续几百年自身也不会乱，只是西方的坚船利炮成为厉害的催化剂，试图逼着中国成为他们希望成为的角色——经济附庸和殖民地，这是一向富有家国情怀和文化自信的国人所万万不能接受的，所以中国的百年抗争是中华民族共同体意识的集体觉醒，是任何力量都不可阻挡的历史洪流。

所谓东西方之间在经济发展方面的整体差距，泛泛地说是明清两朝开始拉开的，但却是在清末中国人开始"睁眼看世界"后才观察和感受到的。我们认识到，除了肉眼可见的盘桓在中国崇山峻岭之间的万里长城，还有隔绝中国和世界商业交往的无形的"万里长城"。不过，修建这两个长城的都是统治阶级，并不是人民的选择。即便如此，明清两朝的中国仍然是世界性大国，秦始皇在 2000 多年前打下的基业和底子雄厚，中国历经苦难却仍然是"地球班"上举足轻重的成员，不过是缺了国际贸易、市场经济、现代科学技术和现代人文思想等几门课，没什么大不了，补一补就能跟上，使使劲儿说不定还能超越。现在经过几十年的发展，我们同西方的经济和科技差距明显已经缩小，已经大可不必总用"仰望"的视角来看待西方同学了。

那么，"闭关锁国"跟儒家思想有关系吗？如果儒家思想是元末明初产生的，那它背这个锅应该也不冤。但儒家思想在春秋战国时候就产生了，到明清时已经有近 2000 年历史，儒家思想并没有事实上导致中国长期落后于世界其他国家和民族，更没有导致中华文明、中华民族的长期衰落，相反却成了中国传统社会无论发生多少次改朝换代的残酷革命都能重新将人民凝聚起来的强大精神内核。儒家思想不仅对中国和东亚各国影响深远，对欧洲近代启蒙运动也有重要推动作用，伏尔泰、卢梭、莱布尼茨等西方近代启蒙思想家曾纷纷尊孔，以孔子思想为武器反对欧洲当时的宗教统治和政治专制。伏尔泰在《论孔子》中写道："没有任何立法者比孔夫子曾对世界宣布了更有用的真理""孔子的思想是理性、民主和公平"，认为"'己所不欲，勿施于人'是超过基督教义的最纯粹的道德"，等等。

所以，不能说中国文化是封闭的，更不能说是儒家思想导致了这种封闭。

被儒家思想熏育的中华文明在长期的历史进程中，孕育了一代代有血性、有担当、有情怀、有忧思、有创新的中国人民。孟子说："贫贱不能移，威武不能屈，此之为大丈夫。"真正的儒者无论为官、为商，还是为学，都是忧国忧民、顶天立地、大有作为的中流砥柱。文天祥、史可法、岳飞、戚继光等人诠释着忠义，范仲淹、于谦、王阳明等人哪个不是文韬武略、护国安民的楷模？

而今天，要走中国式现代化道路，弘扬企业家精神，建设世界一流企业，真正创造中国独树一帜的现代商业文明，培养一大批世界一流的企业和企业家，更需要大力培养、弘扬和复兴儒家思想特别是儒商文化。唯有如此，才能更好地深度参与全球经济的融合发展、合作共赢。

因为，中华优秀传统文化是"道"，利润驱动的经济方式是"术"，道是大视野、大局和大战略，术是局部、策略方法和战术，心无其术虽必有不通，但心无大道则其术必废！只用利益驱动的"术"，必然走不到可持续发展和全社会共同富裕的"大道"，西方社会的发展已经证明了这点。

近代中国和中国共产党领导经济工作的基本经验

一、近代中国工商业发展面对的特殊环境

1840 年以来，一代代志士仁人和人民群众为了救亡图存和实现中华民族的伟大复兴而英勇奋斗。全体中国人面对的两大历史任务：一是反帝反封建，争取民族独立和人民解放；二是进行现代化建设，实现国家富强和人民富裕。在巨大的民族灾难和剧烈的社会变革中，近代中国社会的阶级状况发生了根本性变化，大量的农民破产并失去土地后从农村流入城市，他们和城市手工业者、城市贫民等成为产业工人的后备队。同时，帝国主义资本诉诸武力迫使清政府签订了大量不平等条约，获得在中国购买土地、采矿、铁路、通商等广泛权力，全面侵入中国的政治、经济、文化和社会生活领域。在这个过程中，西方资本为了获取最大利益，除了诉诸武力外，他们还利用一小部分中国人当代理人施展"以华制华"的手段。利用"买办"在中国大量推销廉价工业品，搜刮中国的资源和财富。开始时，这些买办还基本是外国人在华雇用的员工和经理，买办

只是对一种职业的称呼，没有政治含义。经过半个多世纪的发展，到 19世纪末，这一小部分人由于处于资本权力的中心，也积累和掌握了大量的社会财富，他们广泛投资商铺、钱庄、地产、民生等领域，成为一个掌握中国相当社会财富的阶级——买办大资产阶级。

当时为了垄断中国的国际汇兑业务，帝国主义金融资本要控制中国的对外贸易和货币发行，需要在中国各地成立银行，需要依靠并培养一批买办财阀，这是建立控制中国金融财政命脉的严密网络的最高效的方式。比如，当时的汇丰银行是外资在华的主要金融机构，以上海、香港为中心，利用自己在鸦片贸易中获得的巨大利润，在中国各地开设分号经营汇兑、吸储、贷款等业务，汇丰在当时吸纳许多腐败军阀、官僚、地主等达官显贵阶层的巨额存款，再向清政府和后来的北洋政府提供总金额高达 3.5 亿两白银的贷款，这些贷款以中国关税、盐税的收存权做抵押，从而控制旧中国的金融命脉。汇丰银行当时所"倚重"的大买办就是号称"洞庭山帮"的席正甫，他和他的家族子弟数十年主理外资银行的在华业务，并从中获得了巨大的商业和政治利益，成为上海滩的"买办之王"。外资银行在旧中国的势力越强、分支机构越多、业务规模越大，对中国经济的危害也越重，在这一过程中大买办帮助外资金融资本在中国疯狂扩张、伤害中华民族利益，包括胡雪岩在内的中国民族企业家几乎被绞杀殆尽，侥幸存活的也生存艰难、度日如年。大买办帮助外资处理政商关系，精准打击旧中国处境艰难的本土企业和民族资本，将触角伸向社会的所有角落，由于其对外资和政权的依附性和腐蚀性，他们中的一部分人在近现代史上成为重要的反革命代表。

客观而言，买办的形成也是中国近现代史上被强行轰开国门后，被迫发展对外经贸关系、仓促进入世界市场的客观现象。当中国被卷入世界资本主义经济体系和世界市场中时，原本自给自足的经济内循环遭到破坏，买办应时而生，他们是在旧中国快速发展资本主义生产关系的历史进程中出现的外资"代理人"和"中介"，他们一度扮演了内外经济交往的桥梁角色。虽然买办群体中不乏战时通敌、挟洋自重的人，但也不全是卖国求荣之辈。

在深重的民族灾难下有一些人从买办成长转变为民族资产阶级，比如怡和洋行原买办唐廷枢就是一个典型代表。1873年，唐廷枢接受李鸿章委托担任轮船招商局总办，负责"从外国公司手中夺取势力日益增长的沿海贸易""庶使我内江外海之利，不致被洋人尽占"。唐廷枢认真推动改革、苦心经营，只用三年时间就实现规模扩大、利润增加，不仅扩展业务到国内更多省市，更是将业务发展到日本、菲律宾等国，开创了近现代中国企业依靠自己的力量打破外国垄断，取得相对竞争优势，以平等姿态开展国际运输贸易的先河。唐廷枢一生创办工商业企业40多家，在轮船运输、煤矿、铁路、教育、慈善等很多领域都做出了卓越贡献，是一位在灾难深重的旧中国依然挺起中华民族脊梁的实业家。他的后半生坚守"事事以利我国家、利我商民为务"的信念，是中国近代工商业走自立自强发展道路的先行者。

因此，单从商业历史发展的角度就可知，近代以来我国的民族资产阶级是在何其艰难的环境下求生存、谋发展的。他们面对腐败、分裂、管控失序的政权，面对外国资本和国内大小买办资本家的围堵，面对一个伤痕累累、矛盾频发、极不稳定的社会，其所处的政治环境、社会环境和竞争环境是十分恶劣的。清末建立的诸多官督商办企业至少受到政府不同程度的保护和扶植，享受减免税负、专营专办等特权，但家族和个人兴办的本土企业就只能在夹缝中生存。虽然他们有反抗外资垄断的天然本能，但却缺乏足够的实力，更不可能为国家强盛提供保障。

抗日战争爆发后，中国发展最好的东南沿海工商业几乎全部毁于战火。民族企业家纷纷被外资围剿猎杀，是外资金融资本通过控制中国金融命脉从而压榨掠夺中国工商业的经济侵略行为，外资把这一手段从鸦片战争一直用到新中国成立前，每当中国生丝、茶叶上市时，以汇丰银行为代表的外资银行就收缩银根造成货币紧缩，国内商人筹集不到足够资金，丝农、茶农就不得不贱卖自己的产品，外资便可以廉价抄底、牟取暴利，中国本土工商业企业就会在一轮一轮的商战绞杀中日益惨淡，中国的经济主权就会一点一点丧失。

二、中国共产党领导经济工作的基本经验

改变上文所说的近代这一严重境况的就是中国共产党，唯一能做到这一点的也只有中国共产党。

没有中国共产党领导的革命斗争，中国要想从外资手中拿回经济主权，改变帝国主义将中国变为廉价原料生产地和商品倾销地的既定命运，是不可想象的任务。

没有中国共产党领导人民建立新中国，中国很难成为一个在政治、经济、军事、外交等各方面都奉行独立自主原则的全球性大国。

没有中国共产党领导的社会主义改造，建立起决定起点公平的社会主义经济制度，今天的中国可能很难为自己设定共同富裕的发展目标。

所以，当我们说中国共产党真正改变了国家、民族和人民的命运时，我们说的不仅是党领导人民赢得战争胜利、获得民族独立，还有社会主义经济制度的真正建立。中国共产党领导经济工作至今已有近百年的历史，以经济基础和所有制的根本转变带来中华民族命运的根本转折，将经济的社会功用锁定在"经世济民"、为苍生立命、为民族谋复兴的宏伟蓝图中，这种大志雄心既符合马克思主义的本质要求，也是同中国传统文化的精神品格高度契合的。

三、发展经济的根本目的是为了人民

中国共产党从理论上很早就认识到：政治问题的根本解决依赖于经

济问题的根本解决。

井冈山时期，中国共产党所领导的根据地生存发展需要面临的首要问题就是经济问题，通过军事和经济两手抓，积极推动土地革命等举措，为中国革命探索出一条农村包围城市、武装夺取政权的正确道路。中国共产党开始有意识地领导军队和人民开办军工厂、被服厂、造币厂、印刷厂等实业，通过生产端的努力，不仅有效解决了红军的军需和物资需求，还为井冈山群众提供了必要的生活所需品，改善了井冈山地区人民的生活。

中央苏区时期，中国共产党通过开设各种公办矿业公司，出台特殊政策支持技术人才留用、选聘和调配，给各类人才提供优待政策，对外广泛发展对外贸易，加强基础设施建设，实施税收优惠政策等经济"组合拳"，采用多种方式搞活经济，独立自主地领导苏区经济工作。这一时期的经济工作也是在服务军事大局需要的同时，更加重视改善军民生活。

1935 年 9 月中共中央进驻陕北，党在延安进行了为期 13 年的大规模经济建设。以毛泽东为代表的党的第一代领导集体把马克思主义普遍真理同中国革命实际相结合，通过进行一系列经济制度、政策和机制创新，调动了边区军民发展生产的热情，在陕北这片中国相对贫瘠的土地上创造了经济和社会建设的奇迹，再次证明了中国共产党不仅善于领导军事斗争，在领导经济工作方面也很得人心。当时朱德曾写过一篇《游南泥湾》，诗文中说：

"去年初到此，遍地皆荒草。夜无宿营地，破窑亦难找。今辟新市场，洞房满山腰。平川种嘉禾，水田栽新稻。屯田仅告成，战士粗温饱。农场牛羊肥，马兰造纸俏。小憩陶宝峪，清流在怀抱。诸老各尽欢，养生亦养脑。熏风拂面来，有似江南好。散步咏晚凉，明月挂树杪"。

南泥湾是陕甘宁边区在毛泽东"自己动手、丰衣足食"号召下自力更生发展经济生产的缩影，是党在极端困难的条件下为摆脱经济困境找到的一条新出路，也是党领导人民自力更生、艰苦奋斗的创业精神的生动写照。

解放战争时期，随着革命形势的快速发展，中国共产党的工作重心逐渐从农村转向城市。在接管大城市的过程中，中国共产党坚持把与人民生活密切相关的物价和金融问题放在工作首位，千方百计保障人民的吃饭穿衣和基本利益不受损失。

从中国革命的成功到中国经济建设的成功，其背后的秘诀就在"人民"二字。

四、政治工作是一切经济工作的生命线

毛泽东在1955年曾经指出，"政治工作是一切经济工作的生命线，在社会经济制度发生根本变革的时期，尤其是这样"。新中国成立后，党领导人民开展在农业、手工业和资本主义工商业三个行业的社会主义改造，开始推动社会主义工业化进程，就是为把中国建设成为一个社会主义国家的伟大工程夯土奠基。"三大改造"的成功和社会主义制度的确立对我国和中国人民而言意义重大，是中国几千年来阶级关系的最根本变革，甚至可以说是中国历史上最深刻最伟大的社会变革，它对现在和未来的中国经济都具有奠基性作用。

改革开放以来，我国从计划经济体制向社会主义市场经济体制的转变，是经济与政治良性互动的体现，是充分发挥党的领导、政府的作用和人民群众首创精神的结果，既尊重了客观经济规律，又体现了社会主义的制度优势。

一个阶级如果不从政治上正确地处理问题，就不能维持它的统治，因而也就不能解决它的生产任务，这是马克思主义政治经济学的基本观点。从更为宏大的历史视野来看，社会主义国家是人类历史上第一次出

现的一种新的国家形式，其本质特点就是经济和政治的有机统一。也正因如此，一直以来在中国做好经济工作的前提首先就是要做好政治工作、顶层设计，而要理解经济也必须充分理解政治和政策导向，经济和政治始终需要保持一种紧密相关的状态，只有认识到这个关键点才能正确领会我国的市场机制与国家宏观调控机制之间的关系，才能做好经济工作。

五、独立自主、守正创新，大胆融入全球经济

新中国成立时，资本主义早已建立了对全球经济、市场和资源的绝对优势，对于当时的中国和所有发展中国家来说，需要共同面对的一个课题就是：如何在资本主义占定优势地位的世界经济和政治体系下以合适的方式参与全球化？

二战后，一些亚非拉国家经过艰苦斗争先后摆脱了西方的殖民统治，从政治上来看确实建立了很多独立自主的民族国家，但他们在经济上却长期无法走上富裕富强的道路，只能选择依附西方资本主义经济体系，以换取西方同意其进入全球市场的机会。经济学家萨米尔·阿明等人从理论上分析和总结这一现象，提出了"外围－中心论"依附学说，认为资本主义生产体系及其国际分工格局和不平等的国际经济秩序导致处于外围地区的国家对中心和发达国家依附的形成，这种依附不仅是一种外在的经济现象，而且是一种社会结构、意识形态、政治文化等方方面面的依附。萨米尔·阿明认为，要改变外围国家的依附局面，必须抛弃自由主义乌托邦思想，改变贫富日益悬殊的不平等趋势；而要使国家担负发展的责任，就必须走社会主义道路。

中国之所以被公认为是一个独立自主、享有完全主权的国家，有多方面的原因，但最主要的原因是：中国是社会主义国家，实行公有制为主体、多种所有制经济共同发展，按劳分配为主体、多种分配方式并存的基本经济制度，土地、矿产等稀缺性资源要素掌握在国家而不是私人

手中，能够被有计划地、高效地投入社会再生产。马克思主义认为，以生产资料所有制为基础的生产方式和生产关系的性质，能够决定人们在社会生产总过程中的地位、相互关系及分配和交换关系的性质。所以，中国的现代化进程从一开始，无论是理论上还是实践上，都走了一条独立于西方的道路，摆脱了对西方式现代化的路径依赖。

1978年党的十一届三中全会之后，党恢复了实事求是、一切从实际出发的马克思主义思想路线，将全党的工作重心转到经济建设上来，农村开始实行土地的家庭联产承包责任制，以更好地兼顾国家、集体和农民家庭的利益，所有制方面开始允许个体经济的存在和发展，为城乡居民就业和民生改善做出了重大政策调整，成功开辟了改革开放和中国特色社会主义发展道路。

1982年党的十二大之后，我国的改革从农村到城市，从东部到西部，在国营工商企业、财税体制、流通体制、工资体制、外贸体制等方面全面展开。中国共产党在解放思想和理论创新方面取得了一系列突破性成就，比如党的十四大第一次明确提出了建立社会主义市场经济体制的目标，突破了当时社会主义国家普遍将社会主义和市场经济相对立的传统理论观点；党的十五大第一次将"以生产资料公有制为主体、多种经济成分并存的所有制结构"确立为基本经济制度并写入党章，后来又写入宪法，突破了社会主义经济制度只能是公有制和按劳分配的传统理论认识。理论是实践的先导，思想是行动的指南，一方面没有思想的解放，没有理论的创新，就没有改革开放，另一方面正是在解放思想和创新理论的过程中，中国才趟出一条中国特色社会主义现代化之路。

从融入全球经济来看，改革开放前我国的工业化起点很低，主要局限于社会主义阵营国家内部的有限循环，但在重重困难之下，以毛泽东为核心的中国共产党第一代领导集体领导新中国建立了门类比较齐全、布局比较合理的现代工业生产体系。我国从1964年开始布局三线建设，再造并形成了一批新的工业基地和巨大的生产制造能力，工业布局更加合理，为改革开放后中国经济的持续稳定发展奠定了牢固的物质技术基础。

改革开放至今，中国的对外开放遵循独立自主的原则，既积极敞开国门，又重视维护自身安全；既借鉴、吸收外来先进技术和理念，又自觉抵制一切腐朽的东西；既坚持"引进来"，又强调"走出去"。中国在思想理论上坚决抵制西方国家新自由主义经济理论的侵袭影响，呼吁更加公平合理的国际经济秩序，构建广泛的国际统一战线，倡导人类命运共同体；积极开展"一带一路"建设，构建以国内大循环为主体、国内国际双循环相互促进的新发展格局；坚持独立自主的科技创新，致力于建设制造业强国，做强实体经济的发展根基；中国在引入市场机制的同时成功管控和治理市场失灵，经过几十年发展终于建立了在全球独树一帜的、独立完整的经济体系和产业体系，这使中国在融入全球经济的同时，没有被西方主导的国际分工体系、国际金融体系任意摆布、安排，这是中国共产党领导经济工作取得的一个巨大的历史性成就。

什么是真正的中国企业家精神

　　企业家是社会人群中的一小部分人，优秀的企业家更是一个社会最精华、最宝贵的财富。我们很难给企业家精神下一个高度概括而准确的定义，但企业家精神广泛存在于不同肤色、不同种族、不同文化，并且处于不同发展阶段的世界各国。虽然不同民族和地区的企业家群体成功的路径不同、方式各异，企业家个人的成长经历更是千差万别，但促使他们走向成功的精神特质却是相似的。虽然我们很难用几个词就区分专属于中国企业家的那些精神品质，但我们非常清楚中国的企业家与全世界其他国家的企业家的精神品质有很多共同之处，也有明显的不同。中外企业家身上那些相同的精神气质是遵从商业和经济的发展规律所习得的，而不同的特质正是被独特的民族文化所孕育和培养的，正是中国传统文化和独特的商业文明、商业伦理塑造了中国这片土地上优秀企业家的独特魅力。

　　辜鸿铭在100多年前发表的令人敬仰的著作《中国人的精神》中写道："一个文明的价值不在于它已经建成或能建成多么宏伟的城市、多么华美的房屋、多么平坦的道路；也不在于它已经打造或能够打造多么精致舒适的家具，多么巧妙实用的仪器、工具和设备；甚至不在于它确立了怎样的制度、发展了怎样的艺术与科学。在我看来，衡量一个文明的价值，我们最终要问的是：它能塑造怎样的人，怎样的男人和女人。"

这段话同样可以用在这里，衡量一个国家商业文明的价值，最终也要看它培养了什么样的企业家，而不是它制造了多少富人。道理很简单：企业家可能很富有，但富有的人却不一定是企业家，纵观古今中外概莫如是。

中国企业家首先是生于斯、长于斯的中国人，然后才是从事商业活动的人群中的企业家精英，除了遵守国家的法律法规和市场经济的规律外，无形之中他们的思想、决策和行为还会受到中国传统文化，特别是中国独特的商道伦理观念的熏陶和影响，不可否认他们的思想中有很多来自中国古代先贤大哲的智慧。而且我们观察到，越是成功的企业家，越是会在哲学思想、传统文化方面有更多的心得，他们中的很多人不仅有自己独特的经营之道，而且在哲学思想层面的修养也很高。在中国，人们对企业家这个群体的期待很高，希望他们把企业做得风生水起，为社会创造财富，为国家提供税收，为员工提供就业岗位，且勇于承担社会责任。最后人们期待这些成功的企业家能成为引领更多人进步的人生导师。

可能中国的企业家，做的比说的多。

人类进入工业文明以后，商业越来越成为最重要的一个改变社会、改变世界的显化力量。在资本的推动下，商业从一隅发展到全球，成为联结全人类的纽带。这一进程对于欧美大多数国家来说是经过数百年时间的，但对于中国来说似乎只在百年之间，可谓"沧桑巨变"。上文说过，中国的传统社会并不需要，也不会产生特别多的大资本、大商业，我们对资本没有太多深刻而切身的理解。而改革开放后，从乡镇企业和小规模厂矿企业发展起来的中国企业，却不得不在极短时间里就直面全国、全球大市场的复杂竞争环境，面对缺乏技术、缺乏资本、缺乏人才、缺乏管理、缺乏市场、缺乏设备等重重困难，在成长和发展的初期需要克服的困难非常多。

可以说，中国改革开放后的企业家是中国经济的第一批"拓荒者"，"摸着石头过河"最便捷的方式便是以西方为师，学习西方的经济学教材，学习西方的经营管理理论，学习西方的治理企业经验，这是必经之路。但是随着中国综合实力的快速提升，我们的企业和企业家们也必然要跨过跟学西方的阶段，更多地回归中国传统文化和中国精神的本体，去寻找更适合中国企业成长发展的理论精髓和精神动力。这也是为什么近年来，越来越多的中国企业家开始关注中国传统哲学、美学、管理学思想的挖掘，全国各地纷纷可见各种"国学＋管理"的研讨会，比如受到很多人关注的阳明心学与企业管理、企业家精神等相结合，很多企业家开始从传统文化特别是传统哲学思想中去寻找提升个人领导力、提高企业凝聚力、推动企业可持续发展的文化因素。越来越多的企业家开始意识到一件事：要办好企业，离不开哲学智慧和深厚的传统文化素养，因为这些能让企业家突破格局和思维境界的天花板。

人类早期的商业活动只是人们生存、发展本能的实践活动，后来经过相当残酷的掠夺、争斗、杀戮和科技革命等，从事商业活动成为在漫长的历史时期里人类创造、获得、聚集财富的主流方式，应该承认大多数时候人们对商业精英、企业家的崇拜，有很大一部分是对其能够迅速累积巨额财富的能力、运气、手段的赞叹。而马克思主义告诉我们，人类终究将超越资本主义社会，超越拜物教（对商品的幻化），摆脱资本的枷锁和牢笼。那么我们可以畅想，如果人类能够整体或部分进入社会主义高级阶段或共产主义社会，随着新社会物质财富的极大涌流，想必那时候无论是商业本身还是企业家，都将会超越商业聚集财富的目标取向，努力让每一次交换行为都能体现人类丰富多彩的思想文化成果和艺术价值，更多地让商业扮演高效、公平地分配劳动产品的社会性角色。那个时候，我们这代人所理解的商业也许将不复存在。

但是在今天，什么是真正的中国企业家精神？或者，中国企业家应该具有怎样的精神气质？

企业家精神应该是多维度的。

一个优秀的中国企业家，应该是一个具有完备的家国情怀的人，他的内心对自己的民族、国家和人民充满感情。他们努力在各种诱惑下守法经营，这是对中国优秀企业家的底线要求。中国的传统文化的确会将知名人物对国家和人民的态度，作为一个重要的道德评价标准。

一个优秀的中国企业家，应该是一个有创新精神和进取品格的人。他们身处逆境坚韧不拔，在关键时刻不后退、不逃避，他们勇于担责、善于扭转企业经营颓势，善于从无到有去创新创造，能够克服现实困难不断进取，有极大的心力领导企业实现突破和进步。中国有很多优秀的企业家，他们从改革开放以后的小企业、小作坊等极其普通的低起点出发，一路发扬"四千精神"，走遍千山万水，想尽千方百计，说尽千言万语，吃尽千辛万苦，甚至几次濒临企业生存和竞争的巨大危机，最终成功将企业带到世界五百强的阵营中。

一个优秀的中国企业家，应该是谦逊内敛、有较高思想智慧的高段位领导者。很多时候企业家不仅应具有科学思维，更要有哲学思维和艺术思维。他们深谙厚德载物、合作共赢、兵无常形、否极泰来等中国传统哲学智慧的精髓。他们善于识人用人、务实高效地将个人的思想文化智慧应用到企业管理实践中，在企业内部形成一种极有辨识度的企业文化。很多大企业的成功，都得益于其灵魂般存在的创始人所倡导、形成、延续下来的内部文化。文化是企业的软实力，被相同的初心信念洗礼凝聚的员工，能够更容易地形成相互配合的默契。所以，成功的企业或多或少都得益于它们更有竞争力的文化价值观。

一个优秀的中国企业家，应该是有宽阔的国际视野的人。二十世纪八九十年代，中国经济处于快速崛起期，时代塑造了很多成功的创业者，只要他们敢闯敢拼、吃苦耐劳，就能取得商业上的成功。今天企业所面对的竞争环境、市场情况已经大不一样，可以说不确定性非常强、市场非常复杂，能否准确判断国际形势、紧跟国际步伐对企业生存发展至关重要。这就要求企业家要有国际化的视野和较强的信息收集能力，不仅要懂自己的行业，还要对全球经济、政治、国别情况和民族区域文化有深入的了解。今天的企业家一定是各方面综合素质都很强的文武全才，他们还可能是冒险家、哲学家、艺术家和思想引领者。

没有世界一流的企业家，肯定不可能建设世界一流的企业；没有世界一流企业，实现中国式现代化将会缺少关键支点。在市场经济环境下，企业家已经成为经济发展最稀缺的资源要素之一，是社会的宝贵财富。从某种意义上说，企业家数量的多寡也是衡量一个国家、一个地区经济发展程度的重要指标。在建设社会主义现代化国家的征程上，我们应该特别珍惜企业家精神，造就一大批符合新时代要求的企业家队伍，这也是传播中国古代商业文明和儒商思想，塑造中国企业持久的国际影响力的题中之义。

本书的下篇，笔者将用浓重的笔墨为您讲述新时代国有企业和民营企业的奋斗历程！

追光而行

——新时代中国企业家的生动诠释

中国重型装备制造业的
坚守与创新

——中国一重集团有限公司案例研究

制造业是国民经济的基础产业，装备制造业是工业的核心部分，承担着为国民经济各部门提供工作母机、带动相关产业发展的重任，可以说装备制造业是工业的心脏和国民经济的生命线，是支撑国家综合国力的重要基石。党的十八大以来，习近平总书记分别于 2013 年和 2018 年两次视察中国一重，他曾勉励一重干部职工要肩负起历史重任，制定好发展路线图，加强党的领导、班子建设、改革创新、自主创新，提高管理水平，调动各类人才创新创业的积极性，把事业越办越好。中国一重也牢记总书记嘱托，在石化、冶金、核电等领域装备制造方面，通过自主研发、进口替代，为国家累计节约了千亿元以上的巨大成本，并在突破重型装备制造"卡脖子"技术领域取得了一系列耀眼的成绩。

如果从地图上找中国地理上的四极，最南端是曾母暗沙，最西端是帕米尔高原，而最北端和最东端都在黑龙江省。这里虽气候寒冷，光荣的历史却从未间断。松花江最大的支流嫩江，像一个擎着巨大笔刷的巨人，经过数万年的构思，塑画了这一片无比辽阔、非凡的黑土地，养育了一代一代英勇、刚毅而聪慧的人民。

7000多年前，昂昂溪边生存繁衍的原始部落先民曾在这里留下他们浓重的文明遗迹。

870年前，横扫大辽的女真人将都城迁往中都燕京，即今天的首都北京，不仅开启了北京作为中国都城的历史新纪元，也留下了"基建狂魔"的建城神话。据文物部门的有关研究，中都燕京的建造者们在两年内建成长约19公里、底部宽24米的巨大城墙，城墙下建有水涵洞，沿城修马面城防，城外挖66米宽护城河，营建中都城的工程浩大却效率极高。在今天北京丰台右安门外的金中都水关遗址，尚能看到金人当年的"工匠精神"，衬石枋与枋下的木桩使用榫卯结构相连，衬石枋之间用木银锭榫相连，衬石枋与石板以铁钉相连，石板之间用铁银锭榫相连，将柏木桩、衬石枋、石板三者像穿糖葫芦一样，用木桩、铁银锭榫把石板穿连成坚固的整体，称为"铁木穿心"，这种厚重的精巧令人惊叹。

其实，自古以来中国人在营造各种既厚重又精巧的工程方面都颇具心得和天赋。如今，厚重的精巧在东北的黑土地上接连不断地创造着工业化时代的奇迹，这里要说的主人公便是坐落在"丹顶鹤的故乡"齐齐哈尔的国宝级中央企业——中国一重集团有限公司。

翻看中国一重的资料，我们总能感受到这家中央企业历史的厚重和改革重生的喜悦。近十年一重开发新产品421项，填补国内空白475项。在核电方面，一重有能力生产从二代、二代半、三代到四代核电站的所有压力容器、蒸发器、稳压器、主管道等关键核心装备，是我国"不能自主生产核电全套装备"的历史终结者；在石化方面，一重有能力制造3025吨的加氢反应器，而国际上最大吨位是1400吨，一重的技术在国际上处于领跑地位；在冶金装备方面，一重生产了获得国家科技进步一等奖的1780毫米冷连轧机及平整机组，填补了国内在大型冷连轧机设计制造领域的空白，成长为我国冶金企业全流程供应商……

一重是制造工厂的工厂。一重用多年的努力，打破了核心技术要不来、买不来、讨不来的困境，实现了一些产品在国际上从跟跑、并跑到领跑的转变，对我国国防安全、工业安全做出了重要贡献。

成绩是大家都能看到的，只是很少有人注意到，如今光芒耀眼的一重也曾有过很长时间的彷徨，也几乎要走到绝境。但何其幸哉，这家有着光荣历史的企业在新时代锐意进取、奋楫笃行，纵然千帆阅尽，归来仍是一个鲜衣怒马的少年！

一、序章——创业维艰、重任在肩

我国的中央企业，大多都曾参与中国现代工业化的主要历史进程，形成了丰富的历史文化遗产、工业文化遗产和革命文化遗产。很多央企与共和国同生共长，它们的成立凝聚了共和国缔造者们的智慧，倾注了全国人民的心血和期待。

中国一重便是这样一家有着深厚历史底蕴的企业。

70 年前，新中国的第一个五年计划在东北这片拥有厚重历史文化底蕴的黑土地上，写下了中国人建设工业化、现代化国家的伟大序章。实现国家的工业化，这是中国建设社会主义国家所不能绕开的发展之路。当时，中苏关系正处于"蜜月期"，苏联提出援建中国 156 个重点工程项目。这 156 个项目中，就包括第一重型机械厂。

1950 年 2 月 19 日，毛泽东访苏结束回国途中，顺路参观始建于1933 年的苏联乌拉尔重型机器制造厂。在斯大林雄心勃勃的五年计划指导下，当时从乌拉尔到西伯利亚，从波罗的海到中亚，苏联的工业化建设正在全面加速，在那些冰天雪地、贫穷艰苦、人烟稀少的农业区甚至是不毛之地，一座座重工业工厂和居民新城拔地而起。毛泽东对周恩来说："有朝一日，我们也要建立自己的'乌拉尔重型机械厂'。"

一重的全部设计工作由苏联负责，苏联出技术和专家，我们出剩下的一切。

当时，国家和人民都很艰难。抗美援朝结束不久，饱受战争创伤的新中国百废待兴，要用钱的地方很多，国家却要拿出数亿元去建一个企业，可见对一重的重视。到1956年，一重的一期工程投入累计高达6亿多元，而国家全年决算收入只有297亿元，收支相抵后财政赤字尚有10.11亿元。另有一个数据说，当年占中国人口绝大多数的农民平均月收入折算成货币只有大约5元钱，所以说建一重的本钱是从全国人民牙缝里挤出来的也毫不为过。

一重的建设者们深知国家和人民的这份不易。中央决定不在武汉建厂后，原选址武汉的"中南重型机器厂筹备处"更名为"富拉尔基重型机器厂筹备处"。1954年9月，他们收到集体北上齐齐哈尔的命令。这群人穿着单薄的夏衣带妻携儿踏上了北向的列车。与他们一起奔赴富拉尔基的还有来自中央建筑工程部直属公司的几万名建设者，他们中有很多人是从朝鲜战场归来的工程兵部队转业人员，这群"最可爱的人"再次把施工现场当作阵地，他们白天冒着严寒，晚上挑灯夜战，那日夜不停的打桩机和转运机车队，那繁忙穿梭在工地上来自五湖四海口音各异的工人，把建设祖国的热情凝结进砖石、瓦块、钢筋和混凝土，换来一栋栋楼房、厂房神话般地拔地而起。

为了建一重，国家从东北、华东、中原等地调来大批优秀干部和技术人员，载重汽车、拖拉机、打桩机、马车等资源从全国各地源源不断被调集到富拉尔基。为了建一重，国家甚至动用了国库储备钢材。因为，一重是国宝，是被寄予厚望的共和国长子。

只不过，长子生来没有万贯家财可坐享其成，"一穷二白"的祖国还指望着他早担事、早创业、早奋斗。一重的建设采取"边基建、边准备、边生产"的办法，建成一部分投产一部分。1958年，一重模型车间、炼钢车间、铸铁车间相继投入使用。1959 年下半年，一重厂区基本建成。1960 年 6 月 4 日，一重召开"重型机器厂开工生产验收典礼"大会，国家正式将富拉尔基重型机器厂命名为"中华人民共和国第一重型机器厂"。

1960 年 8 月，中苏关系恶化，苏联将在一重工作的 17 名专家全部撤走，失去"技术拐杖"的一重无奈在建成投产之初就被迫走上自主创新之路。做一个不恰当的比喻，这就如同一个婴孩刚开始蹒跚学步，就不得不面对解线性方程这样的难题。1958 年从天津大学毕业的青年学生程树榛曾亲自参与了一重的建设和生产工作，他以这段特殊经历为题材创作的长篇小说《钢铁巨人》，艺术化再现 1960 年冬天一重工人们冲破封锁、克服困难，承担自力更生制造我国第一台大型轧钢机主要部件铸件浇铸任务的情形，1974 年这部小说被改编成电影，感动了几代人。

在那个物质条件极其有限、国家建设任务又异常沉重的岁月，一重的干部和工人们克服重重困难，创造了一个又一个工业奇迹：

1960 年，一重为包头钢铁公司设计和制造了 1150 毫米方坯初轧机，标志着我国重型机器制造业走上独立制造大型轧钢设备的崭新阶段；

1963 年 12 月，我国第一台 12500 吨自由锻造水压机制造完成并投产；

1965 年，我国第一台 1250 吨垂直分模平锻机在一重研制成功；

1966 年，国内最大的 230 吨钢锭浇铸成功，锻造成 22.5 万千瓦发电机大轴，这是我国第一台核压力容器；

1969 年，我国第一台 45×3500 毫米四辊弯板机制造完成；

1970 年，38×3500 毫米三辊弯板机研制成功并出口巴基斯坦，这是一重向外国出口的第一台重型机器产品；

1971 年，我国第一套 2800 毫米铝板轧机研制成功；

1973 年，我国第一套 950/800 辊梁轧机制造完成；

1974 年，我国第一套 1700 毫米热连轧研制成功；

1975 年，我国第一件 60 万千瓦汽轮发电机互环研制成功，我国第一台 3500 吨双点压力机制造完成；

1977 年，我国第一套 1700 毫米冷连轧机研制成功；

1978 年，我国第一套 1150 毫米方板坯初轧机制造完成。

回望整个计划经济时代，一重创造了中国引以为傲的诸多"第一"，自主研发、生产了一大批国家重点项目工业设备，为工业机器设备进口替代和国产化做出巨大贡献，忠实地服务国家战略和发展需要，赢得了人民的尊重。取得这些成绩的背后是数万人异常艰辛的工作、无私无悔的付出，比如十年特殊时期一重的主要领导如赵东宛等人曾受到迫害和冲击，但他们怀着对国家、对人民的极深感情勤勉工作，将一重送到改革开放时代。

今天的我们仍然很难想象，那是一群怎样有力量、有信仰、有干劲的可爱可敬的鲜活的人！在一重的早期历史中，集体的奋斗是一种虽不能用语言去准确描述，却早已融进一重人血液和基因的宝贵精神，它既是属于一重人的精神，也是属于那个时代中国工人阶级甚至全体中国人的精神。这种精神，为一重后来的涅槃重生埋下了伏笔、植入了基因。

有人说，如果不去齐齐哈尔，你将无法感受这座城市涌动的奋斗与创新的独特气息。我想说，如果不去齐齐哈尔富拉尔区的中国一重，你将无法理解一重乃至整个中国不平凡的工业化历史，将无法真正体会"一重之重"。

在查阅一重历史的过程中，我发现了一段读来令人颇有感触的话：

中国一重不是冶金企业，因为它不生产钢材；

中国一重不是电力企业，因为它不发电；

中国一重不是汽车企业，因为它不制造汽车；

中国一重不是核电企业，因为它不用核能发电；

中国一重不是石化企业，因为它不提供油气产品；

中国一重不是造船企业，因为它不制造任何船舶；

中国一重不是矿业企业，因为它不开采矿山；

中国一重也不是航空企业，因为它不生产飞机；

中国一重也不是航天企业，因为它不造卫星、火箭和空间站；

……

但一重却与我国工业体系中各领域、各行业有着千丝万缕的联系，它的产品嵌入多个行业的关键生产链条，可以说，它是"制造工厂的工厂"，是工业生产的母机，是大国制造的底座，是超越普通人想象的神奇存在。

一重所在的齐齐哈尔也是一座神奇的城市。当你听说这里天很蓝、水很清，被称为"丹顶鹤的故乡"时，脑海中可能浮现一幅恬淡优美的灵秀山水画卷，仿佛这座城市是闲云野鹤般的世外桃源，绝不会想到它是一座现代重工业城市。然而当你听说，这里曾诞生中国第一台1.25万吨水压机、第一台核压力容器，为中国的第一门重型火炮、第一辆坦克、第一艘核潜艇、第一架歼击机、第一颗人造卫星、第一艘远洋巨轮、第一座原子能反应堆等提供关键合金材料时，脑海中可能立即浮现笨重粗犷的重工业城市样貌，完全不能想象这是一个空气清新、生态宜居的北国水乡。

对于一重来说，改革开放后所面对的变迁格外迅猛，异常沉重。

在新中国的工业化发展史上，有一个鲜为人知的"四三方案"。该方案在1973年经周恩来总理呈报毛泽东主席后很快得到实施。这是由国家计委向国务院提出系统引进国外技术以改善民生的方案，"拟用三至五年时间从美国、联邦德国、法国、日本等西方发达国家，引进总价值为43亿美元的成套设备"，后来经陆续追加，设备总进口额达到51.4亿美元。到1982年，我国在引进国外设备的基础上共建成26个大型项目，总投资额214亿元人民币。

"四三方案"是继20世纪50年代我国引进苏联援助的156项工程后，第二个大规模的对外技术引进项目，其国际关系背景是中美关系从持续 20 余年的敌视走向缓和，我国也逐渐摆脱了新中国成立初期必须优先发展重工业和军事工业以保障国家安全的历史阶段，国家重大经济、产业政策也随之调整，即国民经济发展重心从优先发展重工业向更多关系民生的轻工业和出口外向型经济转型。在这种大环境下，拥有海港地利、密集人口的东南沿海各省得到了发展先机，它们既在历史上拥有较长时期商业繁荣史，又受到第一波对外开放思潮的洗礼，发展经济可谓凑齐了天时、地利、人和的所有条件。

改革开放是一声改变中国、影响世界的惊雷，中国从高度集中的计划经济体制转向充满活力的社会主义市场经济体制。自此，我国开始从西方资本主义国家学习先进技术和管理知识，开始有意识地培养面向欧美日韩的国际经贸人才，并不断积累在商业上同西方国家打交道的经验。与此同时，在计划经济时代创造了中国诸多第一的工业巨人——中国一重，再次步履蹒跚。

订单不足、技术落后、工资拖欠，这是当时很多重工业企业普遍面临的问题。进入 20 世纪 90 年代后，重工业企业很难再靠从国家获得的订单养活自己，它们普遍员工众多，背负着过去累积下来的办社会和大集体的巨大财务负担。对于地处东北老工业基地的中国一重来说，困难的程度远超其他省份的企业。这并不是单个企业的困难，而是整个东三省至今需要面对的发展困境，因为东三省的振兴困局也是全球产业迭代、经济地理格局演变、人口和国际环境等多重因素共同交织的结果。

客观而言，20 世纪下半叶，东北曾有几代人，他们像嵌裹在庞大的中国工业化机器上一颗颗忠诚、乐观、可靠的"螺丝钉"，为国家的强大和尊严做出过重要而突出的贡献。时针回拨到 1995 年至 2002 年期间，东北有数百万国有企业员工下岗，几乎占全国同期下岗职工总数的 1/3。追忆东北工业的辉煌时代，就像是计划经济时代的余音在黑土地上突然画出的休止符，留下了沉重而醒目的时代印迹。有人曾回忆："厂区，三三两两的工人，或是结伴而行，或是零落独影，缓慢而茫然。"

从计划经济时代起，一重就背了沉重的"负担"：上万名职工中，管理人员、辅助生产人员占了2/3还多，真正在一线的职工不足1/3。一重有大量为解决家属就业开办的集体小企业，关不了、放不下，却又亏不起，大而全的业务结构、分散的管理方式和面带懒散绝望神情的工人……一重的生存和发展愁坏了当时的领导班子，却又无计可施，以至于"一重就是重，谁也拱不动"这句顺口溜在员工之间口口相传。

重型装备制造业本身利润薄、回款周期长。2008年国际金融危机爆发后，国内的装备制造业受到不同程度的冲击。从2012年起一重经济效益持续下滑，形成产品质量下降、延时交货、订单持续萎缩的恶性循环。最大的"雷"是，一重走到了在中国资本市场"退市"的边缘。

2017年4月，中国一重发布年报，2016年实现营业收入32.04亿元，同比下降36.07%；净利亏损57.34亿元，对外借款高达136.05亿元。由于此前已经连续两年亏损，一重股票简称变更为"*ST一重"。当年一重的16家下属企业中有12家亏损，是国资委监管的亏损额度最大、困难程度最高的央企之一。2017年一重如不能扭亏，就只能从资本市场"狼狈退市"，而"退市"不仅会对一重的信誉、经营，特别是融资能力带来严重的负面影响，也会让民众对央企的整体经营管理水平产生质疑，况且放眼整个中国资本市场，走到"退市"地步的央企上市公司屈指可数。

要拯救这个历史光荣、现状困难的"国宝"企业——中国一重，除了改革和实干，已别无他路。

二、改革——刮骨疗毒、涅槃重生

2016年5月9日就任中国一重党委书记、董事长时，刘明忠已经57岁，无疑这是一个要考虑为自己的职业生涯画上怎样符号的年龄。之前，他是另一家央企新兴际华的董事长、党委书记，曾成功带领这家由大大小小 78 家企业重组而成、问题重重、发展前景渺茫的企业重组改革、扭亏为盈，并于 2011 年进入世界 500 强。然而，过去的成功不一定是未来成功的"证明信"。对于所有来一重工作的领导来说，有一点是明确的，一重的历史非常厚重，甚至可以说非常"沉重"，这家曾经是"国宝"的企业，承载了党、国家和人民太多的期待，必须有强烈的历史感、责任感和无私担当精神，才能把一重的工作干好。

2016 年 5 月 23 日，习近平总书记在黑龙江省考察调研时曾指出，"东北发展，无论析困境之因，还是求振兴之道，都要从思想、思路层面破题。"

一重的高管团队当时通过反复思索习近平总书记的讲话，从中找到干好工作的启发和思路。经过讨论大家一致认为，一重之所以持续多年经营困难，虽然有一些客观原因，但主要还是思想、思路方面的主观原因造成的。古人曾言："破山中贼易，破心中贼难。"要改变一重，就必须改变干部职工心中固有的观念、思路和做法，就必须拿出刀刃向内的勇气和魄力，就得有关公"刮骨疗毒"、老鹰"磨喙图存"的劲儿。一重人都知道的一个故事：鹰能活 70 岁，但到 40 岁时羽毛会变厚、爪子会变钝、喙会变弯，想要续命就必须在坚硬的岩石上忍痛把旧喙一点点磨掉，用新喙把爪钩拔出来，拔除旧羽，等到新羽生出来，老鹰才能重获生机。刘明忠说，一重也要如此，才能"续命"。没有向死而生、摆脱困境的勇气，一重就不能改造和重塑自己，就不能从谷底攀爬上来。

从濒临退市到"起死回生"，一重需要一场"刮骨疗毒"式的改革。

领导班子达成共识：先要破"心中贼"，破除干部职工的陈旧观念。长期以来，一重的干部职工习惯了在计划经济体制下生活，"等、靠、要"思想严重，这种思想观念已经无法适应市场经济条件下的诸多变化，市场主体意识薄弱、竞争能力不足、客户观念不强、服务理念不实、系统观念较差等问题在一重真实存在。

观念不改、结果不变，改革只能是在原地打转，因为改革最终是要解决人的问题，也要靠人来推动。只有让全员解放思想，彻底改掉"身子进入新阶段、观念还停在过去时"的状况，一重干部职工的精神才能重新振奋，面貌才能焕然一新。为了扫清改革的障碍，一重领导先向齐齐哈尔市政府、黑龙江省政府"汇报"：一重要开始改革了，改革就要动很多人的利益，免不了有人要找各级领导"打招呼""求照顾"，请求各位领导千万别打这样的招呼……

2016 年下半年，一重搞了历史上第一次"万人大讨论"，企业干部职工围绕思想观念转变、企业体制机制改革、产品产业调整、管理方式改变等问题各抒己见、畅所欲言。中国一重领导班子成员带头深入基层，围绕"四个滞后""四不作风""三讲三不讲"等多个主题，分 4 个阶段、3 个层级，累计召开专题会议 180 余场次，梳理出来 11 个方面的 226 个问题。

既然是"刮骨疗毒"，就是要伤筋动骨，就是要动真碰硬。一重的改革思路很直接，"先改主席台，再改前三排，最后大家一起来"。自 2016 年下半年起，一重从集团总部开始搞竞聘，不唯学历、不唯资历，唯德才是举，领导班子全员竞聘上岗，职业经理人通过内部或市场化选聘。这样一来，让以前已经坐下、坐好，甚至准备"躺到退休"的人再站起来，重新"抢座"。

在此之前，砸掉"铁交椅、铁饭碗、铁工资"的国企改革老大难问题，在一重从来没有开展得这么"狠"、这么彻底，但效果也是真的好。比如 2015 年一重炼钢厂废品率超过 10%，直接经济损失超过 8000 万元，在改革时 4 名正副厂长全部重新竞聘，最后只有 1 人成功上岗。炼钢厂新班子上任后细抠加工环节，炼钢成本由当时的每吨 7200 元降到 5200 元，仅仅一年就创效 6 亿多元。

竞聘上岗这一举措推行后，一重中层以上领导干部从 320 人缩减了 2/3，只剩下 106 人。在"不换思想就换人"的改革中，累计调整了不适应改革发展的领导干部 98 人，解除岗位合同 95 人，中层干部只拿生活费的 20 人，一重有 4 个单位领导班子"全起立"。中国一重偌大一个央企集团总部机关，所有工作人员全加起来只有 90 多人，集团副总经理这个级别的领导不配置专职秘书，以前可以交给秘书和助理们"协助"的工作，领导们得自己上手干。职工们一看这次改革是来真的，因为以前改革都是先改"下面"和基层，这次改革连领导身边都不养"闲人"了，领导们自己都不好"混"了！干部职工的精气神一下就不一样了。一重各个职能部门、生产班组的工作氛围发生转变，磨洋工和相互推诿的现象没有了，因为时间不允许、磨不动了。事情多、人手不够，想推诿的工作根本推不走，只剩下一条：干就对了！一重的这些改革措施，就是瞄准在国有企业广泛存在的"干部能上不能下、员工能进不能出、收入能增不能减"的顽固问题。

改革力度这么大，一重领导层是否对改革的难度有充分的估计？时任一重的党委书记、董事长刘明忠说："干部能下的问题解决起来很不容易，最重要的还是坚持公平、公正、公开原则。要让下去的干部心服口服，才不会留下后遗症。"推动改革的人，确实是要凭着一颗公心做事，只要是真心为企业长远发展考虑，为广大职工的切身利益考虑，改革就能得到大家的拥护，职工的诉求也能得到满意的答复。

2020 年 6 月 30 日，习近平总书记主持召开中央全面深化改革委员会第十四次会议，审议通过《国企改革三年行动方案（2020—2022 年）》，国企改革三年行动把深化劳动、人事、分配三项制度改革作为关键一环。中国一重的改革行动是在国家发布相关政策之前，就率先主动开展的自我革命，这是其可贵之处。

不给不合格干部留情面可能会遇到阻力，这种阻力主要来自"上面"。好在一重领导层已经和"上面"打过招呼，对一切"招呼"顶住压力、拒不受理。但是，企业的改革如果涉及基层，问题就会更加复杂，毕竟动基层职工的"饭碗"，曾在很多省份的不少企业都出现过"集体闹事"的情况。

然而在一重的人事改革中，干部职工虽然有不少人在领导和技术岗位竞聘中失败，但他们的内心却并不纠结，也没有太多怨恨。一重为竞聘失败或缩编退出的干部职工提供了内部退养、转岗培训等6条安置通道，克服了重重困难为68户原集体企业的12408名集体职工补齐了多年欠缴的养老保险，发放了安置费，所以职工们确实"没什么可说的"，更谈不上要"闹事"。

为解决历史遗留问题，一重用最大的诚意和公平性化解了潜在的矛盾。

一重退休职工王殿玉说："董事长刚到任时，几百名下岗职工围在大门前，成天喊着口号要解决待遇问题。没想到这几年2000多名正式职工被分流安置，却没有一起上访，真的很了不起，说明改革是得民心的。"从2016年下半年到2021年，一重撤销各级管理机构187个，压缩定员编制2355个，员工由10962人减至8626人，精简幅度超过20%，员工"能进能出"的问题也得以根本改观。2021年，一重经过竞聘上岗的领导干部"再起立"，181个领导岗位重新竞聘新任期，整个过程平滑顺畅，说明"能上能下"的干部人事制度已经在一重得到干部职工充分的认可和尊重，也说明这项改革取得了成功。

三项制度改革中，工资分配是否公平合理是关系到企业每个职工切身利益的大事，也非常敏感。因为，无论企业这个"蛋糕"做得多大，如果收入分配机制不合理、不公平，各层级干部职工心里就有"怨气"，企业就不可能健康、可持续发展，可以说是管好企业的"牛鼻子"。在改革中，一重领导班子抓住利益分配这个"牛鼻子"开展工作，形成"企业要在高质量发展的前提下，不断健全职工工资的合理增长机制，努力实现劳动报酬增长和企业劳动生产率同步渐进提高，提升劳动报酬在企业收入分配中的比例，促进职工收入水平稳定增长"的共识。整个"十三五"期间（2016—2020年），一重人均薪酬增长达到9.66%，职工薪酬的增长是同企业业绩提升相关联的。

要做到平滑有序的人事制度改革，一重没有采取简单粗暴、把人"一分了之"的做法，而是想办法打通企业各类人才的成长、晋升机制，建立并畅通技术研发人员、营销人员、管理人员、党务人员、技能人员等各类人才的纵向晋升和横向交流的通道，从制度上明确和细化各职级晋升的详细评价标准，使企业内部的各类人才通过纵向晋升、横向互动，都能找到自己在一重最适合的位置，让各类企业人才成长有空间、事业有奔头，让职工干事创业的精气神儿更足。

在人的问题上，一重领导班子既考虑到当前一重干部职工的发展问题，也考虑到更长远的人才梯队建设问题。改革开放以来，东三省长期面临各类人才特别是各类专业技术人才持续外流到东南沿海和内地的问题，正所谓"孔雀东南飞"，这事儿错不在"孔雀"，更不在"东南"，更不是短期内能够扭转的，但作为扎根东北的央企，留住人才对于一重来说的确就是头等大事。

作为党的二十大代表的一重董事长刘明忠并不是东北人，因为到黑龙江工作才格外"忧心"东三省的可持续发展问题，关注东三省的人才外流问题。他认为东北老工业基地在吸引和留住人才方面确实面临极大困难，尤其是远离中心城市的重点骨干企业，"后继无人"的态势十分紧迫，东北地区高校尤其"双一流"高校毕业生在本地就业的比例正在不断下降，情况也很不容乐观，期待国家加快出台支持东北老工业基地振兴的专项人才支持政策，建议国家比照现行"免费师范生"的特殊政策，针对东北老工业基地装备制造等重点产业和主要工科专业，在全国部分工科院校特别是东北地区高校，面向家庭贫困生源开展年招生规模千人以上的"单独招生""定向就业"计划，通过适当降低录取/投档分数线、减免学生在校期间学费、为优秀大学生提供奖助学金等方式，支持进入招生计划的学生毕业后定向到东北老工业基地就业，并签订"5—8年服务期"协议，以解决东北老工业基地人才可持续发展的问题。

其实，解决东三省的人才外流问题，既需要国家制定相关扶持政策，更需要东北地区所有国资、民营企业的努力，特别是像一重这样的央企要承担起责任来。平心而论，如果自己家乡的企业效益好，没有哪个孩子愿意背井离乡去外地工作。如果我们把东北的企业干好了，出去打工的人就都回来了，又何愁无人可用、无人可继呢？

三、发展——自力更生、出色出彩

在解决"人的思想"问题和"人的发展"问题的同时，"一重应该怎么发展才更有竞争力"的问题始终萦绕在一重集团管理层的脑海里。

党的十八大以来，习近平总书记曾于2013年8月28日和2018年9月26日两次视察中国一重集团及其子公司。第一次总书记在中国一重大连子公司视察时说："技术人员和工人是企业最宝贵的财富，要抓好队伍的稳定性，调动他们的积极性。随着企业经济效益不断提高，工人待遇也要相应提高。"特别是2018年习近平总书记在中国一重集团有限公司考察时满怀深情地说："制造业特别是装备制造业高质量发展是我国经济高质量发展的重中之重，是一个现代化大国必不可少的。现在，国际上单边主义、贸易保护主义上升，我们必须坚持走自力更生的道路。中国要发展，最终要靠自己。"习近平总书记的殷殷嘱托，让一重的干部职工在倍感振奋的同时，也深感责任重大。一重干部职工认真学习领会习近平总书记两次视察一重的讲话，提炼出"市场牌、改革牌、创新牌""精神、思想、格局"十五个字，通过认真对照"十五字"思路进一步把解放思想、转变观念、改变做法落到实处，从而在重重困难中闯出一条改革创新、出色出彩的路。

一重的初心和使命是要维护国家的国防安全、科技安全、产业安全和经济安全，代表国家参与全球竞争。一重领导班子认为，没有效益上的优势，就不会有发展上的底气；没有规模上的优势，就不会有竞争上的硬气。当今世界先进的装备制造企业，营收规模都在千亿元级别，如果一重也要建成"具有全球竞争力的世界一流产业集团"，营收也要过千亿元！

一重讲出来奋进千亿企业的理想听起来很"悬""太宏大"，甚至像在讲神话。2016年的一重距离这个目标有多远？数据能告诉我们这种"天方夜谭"般的感觉：一重2016年的营业收入只有32.04亿元，净利润是-57.34亿元。所以，当一重领导层跟干部职工们加油鼓劲儿"画大饼"，说一重也要成为年营收过千亿元的世界一流企业时，很多人都觉得这种目标偏离实际、想象力太丰富，认为一重当时的问题显然是生存，是活下去，是别被资本市场"退市"。

对于一重领导层而言，如何把一重的业务做强做优做大，不是一道选答题，而是一道必答题。这也不是要不要的问题，而是既要、又要、还要的问题。困难很多，问题千头万绪，但总要干才能走下去，要干事还不能蛮干，得围绕主业干，干出新意来。

第一，就是要继续在"重"字主业上做文章。

企业要发展，必须抓好三件事：做强核心业务，提升核心能力，抓好风险防控。一重领导班子经过研判认为，只有立足主业、做强主业，才能有核心竞争力。一重的立企"初心"，就是要在重型装备制造业领域有所作为；一重是央企，要代表国家站到勇于打破国外技术垄断、产品垄断的第一线，就必须围绕钢铁、核电、火电、水电、石化、船舶、汽车、矿山、航天航空、深潜军工等国民经济和国防建设的重点需要，切实解决我国重大技术装备有没有、行不行的问题，深度参与国家重点工程和重大技术装备的研发和制造工作。

把这些该承担的责任担起来，一重可以做且能做好的事情太多了！仅以核电、石化两大领域为例，党的十八大以来一重通过合作、引进、消化吸收再创新的"三步法"，先后承担并完成了以"华龙一号"、全球首台"国和一号"CAP1400示范工程为代表的一批国家重点项目装备制造任务。

2018年12月10日，一重制造的重达316吨的大家伙——"华龙一号"反应堆压力容器被成功安装在福清核电6号机组，标志着中国企业已经完全掌握了具有完全自主知识产权的三代核反应堆压力容器的制造技术。核反应堆压力容器是核电厂唯一无法更换的关键主设备，是核电站的重要安全屏障。由一重承建的这个反应堆压力容器的设计寿命由40年成功延长到60年，抗震要求从0.2g提高至0.3g，同时由于设计方对堆芯中子测量贯穿件的位置进行了调整，要求改进堆顶支承方式，这些重要设计的改进对一重的压力容器制造工作提出了更高要求，意味着相应的关键材料研制、焊接、机械加工等制造难度均大幅度提高。"科学有险阻，苦干能攻关"，一重克服重重困难，历时四年终于圆满完成了这个"大国重器"的制造任务。

"国和一号"（CAP1400）核反应堆压力容器，是我国具有自主知识产权、功率更大的非能动大型先进压水堆核电机组项目的关键设备，也是由一重于2020年11月制造完成的。一重先后解决了马鞍型、J型坡口等复杂三维曲面、大型螺纹孔的批量化生产等关键技术。通过优化工艺方案、提升技术要求、改进焊接流程等手段，技术团队攻克了多项技术难点，解决了异种金属焊缝无损检测、主螺栓拆装、预紧、自动研磨等关键技术，确保了"国和一号"的高质量制造，为国家核电装备制造能力跃升再立新功。

自2012年以来，中国一重先后攻克百万千瓦级核电机组常规岛整锻低压转子国产化等104项首台套新产品，开发出176项新技术，取得世界首创加氢反应器过渡段与筒节一体化锻造等 8 项解决"卡脖子"问题科技成果，不锈钢复合钢卷撕分精抛线等 51 项科技成果填补国内空白。比如，刷新世界制造纪录世界单台重量最大的 3025 吨级浆态床锻焊加氢反应器，以 2400 吨沸腾床渣油加氢反应器、3025 吨级浆态床锻焊加氢反应器为代表的超大型锻焊加氢反应器的制造，屡次刷新石油化工装备制造领域的世界之最。

中国一重，在重型装备制造业不断攀登，完成了一系列从跟随发展到同台竞技、再到打破国外技术垄断并引领发展的奇迹，书写了"重"而精巧的大国工业制造传奇。

第二，就是要在"创新"二字上做文章。

中国一重将自主创新作为企业应该承担的国家使命来完成，不遗余力地推进原始创新、集成创新和引进消化吸收再创新，在核电、石化和冶金成套装备领域制造能力方面，与代表国际先进水平的德国西马克、美国 P&H、法国阿海珐、韩国斗山重工、日本制钢所等国际知名企业在全球开展竞争。这个地位的取得，对于一重而言并不容易。

一重集团的领导干部们深知，创新的根本动力来源于人，要搞创新就一定要把人的积极性充分调动起来，而要调动人的积极性必须要把有利于开展创新的机制体制建立起来。

一重从 2017 年开始在"一重大工匠""首席技能大师""百万一重杯"等人才评选和激励机制上持续加码，其中"百万一重杯"劳动竞赛的评选主要依据一重职工创新成果的经济价值来定。这些年，"百万一重杯"劳动竞赛每次评选不仅能受到一重干部职工的积极响应，也受到社会的较高关注。2023 年 6 月 13 日，中国一重举办的"百万一重杯"劳动竞赛第 86 次颁奖仪式上，"当好主人翁，振兴立新功"的口号耀眼醒目，全国总工会和黑龙江省总工会领导受邀出席，在龙江重工轧电制造厂生产现场为获奖单位和职工代表颁发竞赛奖金。这次 1338 名参与劳动竞赛的职工，攻克了以浙江石化浆态床、比亚迪 4000 吨纵梁压机、三门 4 号核电缸体、哈汽常规岛低压转子等为代表的 51 个重点项目，抢攻重点产品 1224 件，在确保质量的前提下累计提高加工效率 112 天。

在分配方面有所倾斜也是鼓励和支持创新的根本举措之一。在改革中，一重明确提出要搞"五个倾斜"，即效益分配向高科技研发、营销、苦险累、高级管理、高技能等 5 类人员倾斜，打破吃"大锅饭"及论资排辈的状况，按照干部职工的贡献值定收入。要问一重现在谁的收入最高？一重职工尽人皆知是技术尖子和市场营销人才的收入最高。一重严格按业绩、按贡献定收入，有些生产和市场一线的技术人才、营销人才的年薪收入超过百万元，比集团主要领导的年收入还要高。

收入分配是最灵敏的指向标，一旦把支持创新、重视贡献的机制真正立起来，把人们的积极性激发出来，就一定会在各种岗位中涌现出更多的人才。

能否独立锻造核电锻件，是直接关系我国核电站建设是否能够摆脱进口依赖、掌握自主权的大事。在一重刘伯鸣的团队攻克整锻低压转子制造工艺前，我国核电常规岛装备的核心部件一直依赖进口，每支进口价高达 8000 万元。而且这种使用在核电站的关键设备的安全系数要求非常高，重达百吨的锻件甚至连小米粒大小的缺陷和瑕疵都不允许存在，要求整个锻件不能有任何杂质、气孔和微小的裂纹。"大国工匠"刘伯鸣，是中国一重水压机锻造厂的副厂长，他扎根锻造岗位 30 多年，曾先后攻克 90 余项核电、石化产品工艺难关，填补了 40 项行业空白，出色完成三代核电锥形筒体、水室封头、世界最大 715 吨核电常规岛转子等 20 余项超大超难核电锻件锻造任务，为促进核电、石化产品国产化，提升我国超大型铸锻件极端制造核心竞争力做出了突出贡献。

大国工匠的炼成又谈何容易？由于核电锻件形状复杂、结构精密，具有个性化、小批量、大吨位的特点。为了减少由于温度变化而带来的质量不稳定问题,锻造过程需要一气呵成,哪怕稍有停顿也可能前功尽弃。而一旦锻造失败,不仅要面临上千万元的经济损失,还将耽误国家重点工程项目的进度。为了练好本领,刘伯鸣和他的队员们每天要面对高达1250℃的高温活件工作长达8小时。冬天眼前热浪滚滚,背后凉风习习;夏天高温锻件卷着热浪逼进全身每个毛孔,气都很难喘匀,印证了那句"风吹背后寒,火烤胸前暖"。在如此酷热难耐的考验下,他们还要在大国重器上干"绣花活儿",把工作误差控制在毫米之内。正是靠着勇挑重担、精益求精、不断创新的匠人精神和扎实丰富的锻造经验,刘伯鸣和队员们把"傻大黑粗"的百吨锻件,精巧地加工成"高特精尖"的核电关键设备,成功将8000多万元的价格降低到2000多万元,为中国重工业超大型极端铸锻件制造能力再添上一枚代表国家核心制造能力的耀眼明珠。

刘伯鸣曾对记者说过:"原来就想当个铁匠,带好徒弟,现在公司给这么好一个平台,怎能不竭尽全力?"刘伯鸣的贡献不仅被一重看见,也被国家看见。刘伯鸣曾获得2019年"大国工匠年度人物"荣誉称号、全国劳动模范,被授予"中华技能大奖"称号,荣获2022年度"央企楷模"等荣誉称号,并当选党的二十大代表和中华全国总工会第十八届执行委员会委员。

一重的创新是全员参与的创新。在短短几年时间里,一重共设立各类创新活动室100多个,凝聚创新人才3200多人,完成基层创新课题600多项。这些创新工作室每年为一重间接、直接创造的经济效益超过亿元,至今已经累计创效超过7亿元。

创新大大提高了一重集团的生产效率。作为创新主体的5000多名一重基层技术工人信心越来越足。以前,他们的职业生涯"顶天儿"就是从初级工干到高级技师,现在职称评定办法改革后,技术工人们可以破格晋升为工程师、高级工程师。一重的"前临时工"朱红亮因为精湛的焊接技术不仅被破格转正,2019年还被评为公司"十三五"期间的特级劳模，一重奖励了她一辆红旗SUV轿车。那一年，一重为包括朱红亮在内的8名特级劳模每人奖励1辆红旗SUV轿车，8人中有6位劳模都来自生产和市场一线，包括2名技术人才、2名技能人才、2名市场人才，只有1位是一重合作方的管理人员，1位是党务人员。

2023年12月，中国一重"重型高端复杂锻件制造技术变革性创新研究团队"荣获"国家卓越工程师团队奖"，近年来该团队先后荣获国家科技进步奖二等奖1项，省部级科技进步特等奖1项、一等奖4项，发明奖一等奖1项、二等奖2项；获得授权发明专利100余项；编制国家、行业及团体标准40余项；发表论文100余篇，撰写的"关键基础零部件原创技术策源地"系列图书成为我国乃至世界大型锻件制造领域的原创性技术图书，对我国关键基础零部件的创新发展以及后续重大装备的高端化发展起到强有力的保障与促进作用。

下大力气搞科研，就要把有限的资金用在刀刃上，这是一重能够脱离困境的秘诀之一。从2017年开始，一重研发投入年均增长17.38%，通过"进口替代"累积为国家能源、石化、冶金等行业节省资金超过2000亿元，累计承担国家重点科研任务28项；7项行业"卡脖子"技术中已有3项完成了攻关任务；获省部级以上科技进步奖26项，其中国家级特等奖1项、一等奖1项、二等奖2项。

在创新搞好的同时，一重的经营业绩也真正触底反弹。从2016年至2019年，一重业绩实现一年扭亏、两年翻番、三年跨越；2018年一重上市公司顺利"摘星去帽"；2020年一重利润总额同比增长67.19%，营业收入同比增长39.41%。从2018年到2021年，中国一重利润总额增幅高达424.95%，营业收入增幅200.43%。数字可能是没有感情的，但却是最能说明问题的。一重起死回生的经历说明，创新不仅是生存的关键，更是实现跨越式发展的根本秘密和"灵魂"所在。

第三，就是要在"新业务"上做文章。

为了更好地发展，一重领导层每时每刻都在思考：一重还可以做什么？做什么能让一重更快更好地发展？对于一重这种体量和规模的央企来说，即便要做新业务，也不能盲目乱干，绝不能离开自己的核心优势。

2020年9月，我国明确提出2030年"碳达峰"与2060年"碳中和"的目标，构建以新能源为主体的新型电力系统成为绿色技术创新的风口。齐齐哈尔的风资源优势很明显，是全国首批3个"可再生能源综合应用示范区"之一，齐齐哈尔市政府也正在谋划推进可再生能源综合应用示范区建设，将总投资415亿元的新能源基地项目列入"东北振兴重点项目三年滚动实施方案"，当时有12个风电平价上网项目和3个增量配电改革试点通过国家批准。

对于改革中的一重来说，这是一个应该抓住、应该参与的机会。一重可以借机站在我国新能源装备制造的前沿。陆上风力发电机的叶片动辄数十米、百米多长，一个叶片重几十吨，仅发电机的转子就重百吨，是不折不扣的"重器"。初看起来，一重制造这些大家伙是非常擅长的。但据业内人士说，世界上没有完全相同的两片树叶，也没有完全相同的两组风机叶片，虽然在全球市场上已经有六成以上的风机设备产自中国，但在这一领域的创新和竞争从未止步，一重作为一个"风机新人"面临的挑战非常大。

一重瞄上风电项目后说干就干，依靠在大型装备制造领域60多年的积累，只用3年时间就在风电产业上实现从无到有、从弱到强的华丽晋级。

2020年4月，中国一重与上海电气携手合作，一重上电应运而生。一重以新能源装备制造为切入点，正式进入主机、叶片、塔筒等风机装备，风电零部件，生产风电整机装配、整机试验检验等业务领域。2022年5月25日，一重龙申（齐齐哈尔）复合材料有限公司生产的第一支风电叶片正式下线，他们在人力资源不足、配套设施不全以及相关工装配套不及时等诸多困难面前，硬是将单支叶片成型时间由72小时缩短到48小时，再次生动诠释了一重人的实干、奋斗精神。由此，中国一重形成了覆盖技术研发、装备制造、风场建设、运维服务全产业链的风电新业务体系。这些年来，一重龙申承担的风电产品主机和轮毂的装配任务，机型从 2.0 兆瓦到 7.15 兆瓦，机型越来越大、难度越来越高，性能却越来越好，一重风机叶片生产能力也越来越成熟，目前已生产风电叶片 549 多支，产值近 4.75 亿元。一重上电也在很短的时间内取得风资源指标 1100 兆瓦，累积核准风资源 600 兆瓦，自 2022 年 11 月全容量并网发电以来，截至 2024 年 4 月累计发电 4.56 亿千瓦·时，创效 1.3 亿元。

2024 年 1 月 31 日，一重龙江 300 兆瓦风电项目首批风机顺利实现并网发电，这是中国一重当前装机容量最大的风电项目。该项目所采用的风机主机、叶片、塔筒均由中国一重自主生产，风机高度达 140 米，叶轮直径达 182 米，塔筒采用"上钢下混"结构。首批共 28 台风机并网发电，装机容量为 175 兆瓦，项目全容量并网投产后，预计年均发电量达 83370 万千瓦·时，每年将减少 391.83 吨二氧化硫和 70.06 万吨二氧化碳排放量。

陆上风电装备制造并不是一重的全部梦想，与陆地相比，大海是更加辽阔的天地。

当前，海上风电正在成为全球风电发展的最新前沿，与陆地风电场建设存在占地面积大、噪声污染等问题相比，海上风电具有资源丰富、发电利用小时高、不占用土地和适宜大规模开发等优点。对于一重来说，制造单个铸件长达百米、重达 200 多吨的海上风机设备，也很符合自己向来擅于制造"重而精巧"的大国重器的风格。

最重要的是，虽然这个领域的竞争对手比陆上风机设备制造的对手少，但该领域对我国"卡脖子"的技术卡点并不少。比如，用于海上风电施工的核心装备超大型液压打桩锤就是一个典型代表，当海上机组单机容量越来越大，液压打桩锤的打击能力和管桩直径就成为限制行业发展的瓶颈问题。而全球大型液压打桩锤市场长期被荷兰 IHC、德国 MENCK 垄断，它们的高端产品只租不卖，更大施打直径、更高锤击能量的液压冲击锤核心锻件（锤芯、替打毡座、替打环）吨位大、直径大、探伤性能要求高，属于极限制造范畴，对设计、制造各环节来说都是极大挑战。

这几年来，凡是遇到在"大国重器"制造方面有外国"卡脖子"的技术卡点时，一重人都要想方设法或是自己解决，或是联合他人一起解决。2023 年 10 月 28 日，中国一重、龙源振华、中机锻压、东南大学共同研发的 3500 千焦大型液压锤核心锻件，只经过半年多的联合技术攻关，就在中国一重工厂成功下线，标志着我国已掌握了大型液压冲击锤核心锻件的设计和制造技术，实现了风电核心施工装备的重大技术突破。

敏锐地把握国家政策方向，把企业的发展同国家的需要紧密联系起来，这既是优秀企业家的素养和远见，也是国有企业应有的担当和责任。中国一重深入贯彻新发展理念，积极融入和服务新发展格局，充分利用黑龙江风电资源禀赋，抢抓"双碳"目标机遇，依托自身强大的装备制造能力基础，延伸风电设备制造上下游产业链，建设整机及核心部件等风电装备全产业链制造能力，努力打造融"装备制造 + 资源开发运营"为一体的新能源产业发展模式，培育新的经济增长点，为央企积极践行"双碳"战略目标、保障国家能源安全做出了重要贡献。

除了风电，一重还积极开展氢能源产业布局，争取在氢制取、储存、加注等方面取得突破性进展。一重农机公司联合白俄罗斯明斯克拖拉机厂、中车大连共同研制成功内燃电传动大马力拖拉机。一重旗下的国际资源公司积极开拓柬埔寨、埃及等"一带一路"沿线国家和地区业务。2018 年 7 月，一重与江苏德龙公司共同出资成立印尼公司开发印尼镍资源。镍是不锈钢和动力电池的主要原料，而中国镍资源相对贫乏，中国一重到海外发展新材料产业链，也是保证国家战略资源安全的远见之举。

2023 年 9 月 8 日，国务院国资委党委书记、主任张玉卓深入中国一重调研时表示，中国一重的历史是我国国有企业自力更生、艰苦奋斗的创业史。党的十八大以来，企业坚决贯彻落实党中央、国务院决策部署，以改革破局、以创新开路，企业装备水平和技术工艺大幅提升，锻造出具有国际领先水平的"大国重器"，企业面貌焕然一新，值得充分肯定。

近年来，中国一重聚焦装备制造主责主业，持续深化改革，强化技术创新，加快提高企业核心竞争力、增强核心功能，加快建设世界一流产业集团，充分发挥科技创新、产业控制、安全支撑作用，为推动我国装备制造业高质量发展、服务东北全面振兴做出了更大贡献。

2023 年 9 月 27 日，中国一重和哈电集团电机公司共同研发的世界最大（500 兆瓦等级）冲击式机组全尺寸不锈钢转轮轮毂及水斗锻件完工仪式在中国一重举行。500 兆瓦等级冲击式水轮机组的"心脏部件"——低碳马氏体不锈钢转轮轮毂及水斗锻件，其尺寸、总重量和技术难度均为国内外同类产品之最，中国一重携手哈电集团经过不懈努力，关键工序一次合格率达到 100%，实现了从 0 到 1 的新突破，充分展现了一重科技人员过硬的技术本领、技能人员高超操作技能，以及中国一重开发高端新产品和新材料方面的雄厚实力。

2023 年 11 月 11 日，由中国一重集团大连核电石化有限公司承制的浙江石化 3037 吨超级浆态床锻焊加氢反应器再次刷新了世界锻焊加氢反应器的极限制造纪录，标志着我国超大吨位石化装备制造技术继续领跑国际，彰显了中国一重"为国造重器"的责任使命及超级工程的创新能力和创造实力。这台超级浆态床锻焊加氢反应器重达 3037 吨、总长 70.7 米、外径 6.15 米、壁厚 0.32 米，是目前世界单重最大的锻焊加氢反应器。目前，中国一重 3000 吨级锻焊加氢反应器市场占有率达 100%，具备超大型石化重大技术装备批量化、专业化制造能力，是世界最大的锻焊加氢反应器制造商和服务商。

2023 年 12 月 11 日，中国一重制造的西南铝 3 万吨模锻水压机升级改造项目正式启动，从在研在制到升级改造时隔 60 余年，一重表示将发扬"以一为重、永争第一"的企业精神，确保停机 100 天内完成改造，该项目对于保障国家重点产品保供具有非凡意义。模锻水压机是航空工业、国防尖端产品形状复杂锻件生产必不可少的锻压设备，3 万吨水压机作为 20 世纪 60 年代全国九大机械产品之一，60 多年前在我国制造这台大吨位模锻水压机时，世界上仅有美、苏、德等国装有这样大型的设备，它由中国一重自主设计制造，历经 11 年研制才正式投入使用，曾代表了 20 世纪 60 年代我国机械制造技术的最高水平，更曾引领中国模锻行业 30 年发展。半个多世纪以来，3 万吨水压机一直高负荷运行，创造了业内奇迹，为我国航天事业的发展壮大做出了巨大贡献，是新中国当之无愧的功勋设备。

2024 年 2 月，中国一重"2680 毫米宽幅不锈钢热连轧生产线项目"获得 2023 年重型机械世界之最科技成果。世界之最科技成果是指经中国重型机械工业协会认定，通过自主创新或协同创新突破关键技术，达到或超过国际先进水平，其中至少一项关键技术指标在认定之日仍保持着同类产品、技术世界之最的科技成果。此次获得世界之最科技成果认定的"世界上最宽规格不锈钢热连轧生产线"是目前世界范围尺寸最大、装机水平最高、设计及制造难度最大的宽幅不锈钢薄带热连轧装备，代表了当前不锈钢热连轧生产线的最高水平，属国内外首次设计、制造及工程应用。

2022 年 2 月 28 日，《经济日报》刊登了一篇题为《一重重生》的通讯稿件，记者当时写下的一段深情文字颇为动人，文章说："企业的起起伏伏，总是与时代的波澜壮阔相互映衬。在一重采访的日子里，我们切身感受到了这家'地级市里的央企'独特的精神气质：它既蕴藏产业报国、肩负使命、守土有责的忠诚，也涵盖了永争第一、突破封锁、锐意改革的勇气；既包括脚踏实地、追求实效、真抓实干的务实，也展现出技术超前、不断创新、奋发有为的能力。"

一重这家央企所显现出来的独特气质，也正是集团领导班子充分发扬中国企业家精神，在所管理和服务的企业这面现实的"镜子"上呈现出来的最生动、最真实的写照。

四、经验与启示

中国一重是立足东北老工业基地的中央企业，资格老、分量重，这是财富；但思想老、观念老、亏损重、负担重等却是现实问题，面对多重压力和挑战。一重领导班子通过创机制、激活力、强动力的组合拳，把一家亏损严重、濒临"退市"的央企重新送上高速路，杀出了一条改革创新的血路，无论是改革的精神气质，还是公司治理的理念方法，都有很多值得我们深入学习和思考的地方。

一重经过改革，在很短时间内就实现了企业经济指标的全面提升，有一个很重要的经验就是，一重十分重视先从思想层面解决问题，通过解决大家的思想认识问题，进而解决干部和人事问题，再通过解决人的问题，从根本上改变生产组织、市场营销、技术创新、成本管控等企业管理中遇到的各种问题。经过改革后，干部职工的精神面貌焕然一新，形成了人人担责、全员创新的局面。

在改革发展中，一重尤为重视对习近平总书记两次视察中国一重的重要讲话和重要指示精神的全员学习，从总书记两次讲话前后所提到的"市场牌、改革牌、创新牌，精神、思想、格局"等十五个字找发展的突破口、改革的定盘星，并且从制定发展路线图，加强党的领导、班子建设，改革创新、自主创新，提高管理水平，调动各类人才创新创业的积极性等七个方面着力，通过举办专题研讨班，组织开展141场研讨，229次党课，印成口袋书发给全体职工等具体方式，让总书记的思想深入到每个职工内心，迅速统一了干部职工的思想认识，成功构建了习近平新时代中国特色社会主义思想引领的长效机制，真正把学思想落实到行动上。

中国一重涅槃重生的经验被总结为"创机制、激活力、强动力"九个字，看着很简单的九个字背后有十分丰富的内涵、理念和方法。比如上文提到的思想工作机制，一重系统提炼了学习贯彻总书记讲话的 12 个工作方法论：关键少数法、问题导向法、底线思维法、久久为功法、精准管理法、调查研究法、引领发展法、加减乘除法、钉钉子精神、亲历亲为法、环环倒逼法、激励调整法等，把企业的内生活力提升。一重在二级党委成立实践课题组，党委挂表督战，课题组的研究贴近生产经营实践，每年都能产生十多项用于改进企业效益的创新成果，这些措施的施行彻底解决了各级党委、领导干部当"甩手掌柜"的思想，充分调动了干部职工创新、创业、创造的积极性。

在科技创新方面，一重建立了"4461"科技创新动力机制。第一个"4"是指：集团公司—股份公司—子公司、事业部、中心—制造厂四级人才联动搞创新；第二个"4"是发挥大国英才、大国工匠、首席技术专家、首席技能大师四类人才创新主体作用；"6"是指建立"六室"，发挥劳模、党员、青年、党外人士、技能大师、巾帼六个创新工作室的创新平台作用，现在一重集团 4000 多人参加六室，40% 以上的员工进入了创新队伍，群策群力解决质量、成本、效率的问题；"1"是指每年拿出数百万元开展劳动竞赛，组织"百万一重杯"劳模竞赛等。

2024 年 1 月 30 日，在中国一重召开的 2024 年科技工作座谈会上，集团董事长、党委书记徐鹏一口气提出六个"要"：一要坚持走"自力更生、自主创新、自立自强"的科技创新发展之路，科学制定 2024—2026 年科技发展三年规划，高质量完成本年度工作任务，全力推进规划落实落地。二要统一思想行动，坚持聚焦国家战略、坚持系统观念、坚持开放协同创新、坚持补短板锻长板、坚持抓住人才和机制关键点，深入贯彻落实创新发展39条，努力突破体制机制障碍，营造良好创新环境。三要持续深化创新体制机制改革，围绕科研立项、组织实施、过程管控、经费管理、评价及成果转化的科技创新工作全流程、全环节建立管控体系，着力健全科技创新"1+N"管理制度，形成覆盖科研活动全过程的制度体系。四要持续强化协同创新平台建设，有效发挥各类平台的作用，持续深化企院校合作，强化攻用紧密结合，推动内外有效协同，形成强大创新合力。五要持续优化创新资源配置，提高以"两院两所"为主体，生产制造、服务单位为依托，抓好基础共性技术平台建设、抓好产品设计和制造技术开发、抓好统筹谋划争取更多政策支持，全力推动研发手段优化升级。六要着力强化人才支撑，深入实施人才强企行动，科学引进科技创新人才，持续加强内部人才培养，让各类人才创新创业创造活力竞相迸发、聪明才智充分涌流。

在用人留人机制方面，一重也采取了很多创新办法，比如构建"两个合同"退出机制，在劳动合同的基础上，让全员签订岗位合同，劳动合同解决一重员工的身份问题，岗位合同解决能上能下、能进能出的问题。一重通过两个合同让整个企业只分两类人，即职业经理人和职业技能人，打破了干部和工人的二元身份对立。

在一重当干部压力很大，直属单位董事会与总经理、总经理与经理层副职根据权限全面签订聘用合约，并将合约考核结果作为薪酬兑现、岗位聘任或解聘依据，当年未达到经营业绩考核70分或完不成目标利润70%的自动免职并只拿基本生活费。解除岗位聘用合同后，一律"退长还员"，只保留工程、经济、会计、政工等相应系列职称岗位和《劳动合同》确定的一般员工身份。一重集团实行"三年业绩考核逐年系数与任期总薪酬连乘"的办法，领导干部年薪最高和最低差距达到3.5倍以上。领导干部如果不能完成当年利润指标的70%，按照岗位合同自动辞职；

如果第一年完成率 70%，第二年还达不到 80%，自动离职；连续三年利润指标都不能超过 100% 的领导，也自动离职，并且因完不成指标"下课"的前领导，终生不能在一重担任领导职务。

这个"规则"让一重的干部们始终绷着弦儿，集团领导介绍说，一重天津的一个企业，从建成开业就一直亏损，本着"解决不了亏损企业的问题，就把造成企业亏损的人换掉"的思路，调整了领导班子后，企业很快就扭亏了，直到现在都活得很好。针对部分干部不敢为、不想为、不会为，党委分别采取措施：不敢为的，要加强教育督促；不会为的，要加强培训；不想为的，要坚决调整替换。一重认为，完不成业绩，不是耽误企业就是耽误职工，所以要消灭效益不好的企业，首先要换掉领导不好企业的人。对于基层员工来说，一重在绩效考评方面会给三次机会，一重会同三次上岗均不达标的员工解除劳动合同。

在晋升机制方面，一重为全体干部职工构建"五个通道"，即打通了技术研发、技能、营销、管理、党务 5 个通道，每个类别分 6 个职级，各类人才平均 2—3 年上一个台阶，职务与职级并行转化，在多通道纵向贯通基础上，又逐步实现人员的横向互动，技能人员可以转到技术人员，参评高级工程师，技术人员中的优秀分子可以转管理人员，让人员相互交流、身份相互转化，并形成后备人才池，培养干部梯队的源头活水。近年来，一重通过党管干部和市场化机制选聘人才，使集团二级 102 名中层干部中 45 周岁以下干部比例达到 41.2%，梯队更加合理。

在激励机制方面，一重的"五个倾斜"导向明确，一重认为技术人员和工人是企业最宝贵的财富，要提高队伍的稳定性、调动员工的积极性，待遇得相应提高。一重把提高职工收入写到企业年度计划和中长期发展规划中，明确了"确保""力争""创优"三个层级的薪酬指标增长机制，"十三五"期间一重人均薪酬增长 9.66%。一重出台了集团公司、直属单位、制造厂三级"大国人才""大国工匠""首席技术专家""首席技能人才"

的评比办法，分别落实 12 万元、6 万元和 4.2 万元三级年度津贴补助，使得一批优秀技术骨干的收入水平已经达到并超过中层管理岗位人员的收入水平，多名技术尖子、市场营销人才的收入超过百万元，超过高级管理人才。

一重的干部收入分配注重效益引领，差别超过 3 倍，完不成业绩不讲客观原因；而职工的收入分配重视公平，差距只有 2 倍。

此外，在为职工谋幸福方面，一重创建了"三个需求"共享机制，全力保障职工"生产生活""文体活动"和"民主管理"的需求，修缮活动场馆，建立文化基地，通过全员体检、补充医疗保险等一系列措施与职工建立事业共同体、命运共同体、利益共同体。一重在留住员工方面是真心实意的，只要是新开设公司就实行员工持股，大连核电石化还实施超额利润分红和项目分红，其年金倍增计划在所有中央企业中属于一流水平，对于稳定员工队伍起到很大作用。一重为全员购买覆盖职工全生命周期的补充医疗保险，让退休职工也能享受超百万元的医疗保障，彻底解决了职工的后顾之忧。虽然一重每年为此要多花 4000 万元，但这些钱都是职工多挣出来的，每年开会讨论职工们都积极踊跃，而一重为员工补充医疗花的钱，通过大家努力工作、创新、节流等各种方式都能加倍赚回来。

一重在"激活力"方面，主要依靠管活体制、机制，把个体价值集合成组织的智慧。一重的改革证明，搞改革不能光凭一腔热血，必须有足够支撑企业高质量发展的市场化体制和机制基础，以体制、机制的变革形成将个体价值集合成组织智慧的平台。经过改革，一重的体制、机制已经与市场高度对接。由集权到分权，实现逐步分层、分级管理机制，实现集团管控能力的全面提升，实现资源配置的最优化和利润最大化，让权力在阳光下运行，做到集权有序、分权有道、授权有章、用权有度。

具体而言，就是把财权交给财务制度，按照董事会决议、总经理办公会决议，按照国家会计法则做事。一重的案例告诉我们：董事长和总经理不要总想着签字，要让总会计师负起责任，签字就要对企业负责、对党负责、对职工负责。要把人权交给市场，要落实好党的领导，落实好党管原则、管制度、管程序、管纪律。很多企业，一把手和二把手之间的矛盾往往在人权和财权上，要把握的主要原则是：沟通是基础、信任是关键、支持是保障，不要觉得自己是董事长，就让别人到你办公室来谈，或者让组织部长去找别人谈，一把手要主动去找其他班子成员谈，只要沟通好了，很多矛盾就解决了。

为了激发企业内部快速联动、人人负责的活力，一重还创设了"226"管理创新体系。

第一个"2"，就是模拟法人运行机制和"研—产—供—销—运—用"快速联动机制，形成人人都负责，人人都联动起来，把所有任务能分解到人的一定分解到人，分解不到人的分解到岗位。通过快速联动机制，企业内部的监督就自然而然建立起来了。具体而言，就是由销售部门牵头"研—产—供—销—运—用"六大环节的大联动，给科研、生产、采购部门提问题；包括供需联动、区域联动、内部联动、高层联动、多元联动在内的各种小联动，通过联动实现市场快速反应，把握资源、产品、物流、资本等要素的区域差、时间差、品种差和价格差。

第二个"2"是利润和成本两个中心。一重认为利润不是生产单位一家创造的，而是研发、生产、采购、物流、销售、资金管理等各部门共同努力的结果，近年来一重形成了65个利润中心和1079个成本（费用）中心，形成人人联动市场、人人花钱算账的好局面。

"6"是指推动建立了"六个体系"，即指标体系、责任体系、跟踪体系、评价体系、考核体系和问责体系，让每个岗位都与自己的最好水平对标，与同行业的最好水平对标，与国际优秀企业对标。

在一重集团领导看来，"强动力"就是要以硬核科技形成对国家战略的坚强支撑。走自力更生的道路不是坏事，要把关键核心技术牢牢掌握在自己手里，形成对国家重大战略的关键支撑，一重近年来完成了28项国家重点科研项目，获得省部级以上荣誉17项，主要有三方面的经验。

一是以高质量党建引领保障高质量发展，党委把方向，主要是把政治方向、改革方向、创新方向、风险防控方向和企业发展方向，抓责任主要是抓好政治责任、社会责任、经济责任。在企业管理中落实党中央的决策部署，落实上级党委的要求，落实本级党委的工作要求，在改革创新中，企业各级党委认真对待干部职工的失误，让大家吃定心丸。一重原董事长、党委书记刘明忠介绍说："不是出了错就追责，只追责就让大家创新的积极性和信心降低。"纵观中国一重的改革发展实践，就是不断冲破观念束缚，持续解放思想、转变观念、改变作风的过程，一重领导班子和党委把解放思想作为发展的原动力和金钥匙，在解放思想中凝聚共识、完善思路、破解难题，真正做到了只有想不到的事情，没有办不到的事情，想到的事情都能办到。2024年初，中国一重在中央企业党建考核中连续第5年获评A级。徐鹏在2024年党建工作会议上指出，要以健全全面从严治党体系为重点，更加突出补短板强弱项、更加突出规范化制度化、更加突出职能作用发挥，着力实施领航、铸魂、强才、夯基、清风、聚力"六大工程"，全面系统整体提高党建质量，打造党建工作品牌，以高质量党建引领保障集团公司高质量可持续发展。

二是高站位，坚持在自主创新上下大决心。一重围绕打造中国制造业第一重地，切实为国家解决重大技术装备"卡脖子"问题，把企业技术装备制造的人才优势转换为国家竞争力和全球产业的话语权。一重改革企业的创新体系，建立以企业为主体、市场为导向、产学研相结合的开放式科技创新体制，明确科技成果实时转换并成功投产后，连续3年每年从实施该项科技成果产生的工业利润中提取5%，开展技术研发人员的项目分红。一重还积极推进科技负责人竞聘制，28项课题实施公开竞聘，推行项目负责人承包制，将部分重点科研项目奖金作为本金参与风险抵押。近年来，中国一重研发投入年均增长达到32.9%，2022年同比增长76.5%，这些措施共同发力确保了一重在核电、石化、风机装备等方面的制造水平在更短时间内达到国际领导水平。

三是坚持在全员创新工作上下功夫。一重通过"4461"科技创新动力机制，凝聚创新人才4000多人，累计创造经济效益7亿多元，取得了良好效果。坚持问题导向和质量效益导向，让集团的合同履约率提高10%，把改革和创新变成动力和活力，变不可能为可能，变可能为现实，始终在战略引领中贯彻落实新发展理念。

2023年4月，刘明忠卸任中国一重董事长、党委书记。他有一句话讲得非常好，他说："很多人当上领导就觉得自己是官儿，在企业没有官儿，经济效益不好，经营业绩上不去，当领导级别再高也没有意义！企业就是市场主体，企业不能盈利，就对不起党、对不起国家、对不起职工。"

职工和市场是水，企业是舟。中国一重能够实现浴火重生，就是充分认识到"水能载舟，亦能覆舟"的道理，坚持以职工办企业，办好企业为职工，建立企业与职工的利益共同体、事业共同体，激活企业和人才的活力、动力源泉，把弘扬劳模精神、工匠精神和企业精神作为打造公司发展的新引擎，让所有人比激活，让所有人比赋能，把胜任力转化为持续创造力，把个体价值集合成组织智慧。

2023年2月，在东方电气工作多年的徐鹏同志接任中国一重总经理、党委副书记，并于2023年9月成为中国一重集团董事长、党委书记，负责领导一重的全面发展。中国一重与东方电气两家央企共同承担发展壮大民族装备制造业的使命责任，它们既互为用户，是合作链条上的关键核心企业，又共同服务于国家战略，在解决关键核心技术"卡脖子"问题、推动我国能源事业高质量发展方面相互支撑。目前，中国一重和东方电气两家企业也正在全力推动协同创新和合作模式创新，打造央企合作的新标杆、新典范，相信两家央企都有更美好的未来。

实践一再证明，宝剑锋从磨砺出，梅花香自苦寒来。在习近平新时代中国特色社会主义思想指导下，只要企业各级干部咬定青山不放松、一锤接着一锤敲、一步接着一步走，牢牢把握马克思主义世界观和方法论，坚持好、运用好贯穿其中的立场、观点、方法，厚植家国情怀，以时不我待、只争朝夕、勇立潮头的历史担当和历史自觉，主动作为、志存高远、与时俱进，中国企业高质量发展的空间就会变大，创建世界一流企业的道路也会越走越宽广！

见证能源装备国家队的东方伟力

——中国东方电气集团有限公司案例研究

在中国的西南、世界的东方，有一个国宝级的企业——中国东方电气集团有限公司。这是一家中央管理的涉及国家安全和国民经济命脉的国有重要骨干企业，是全球最大的能源装备制造企业集团之一，我国每发4度电就有1度电使用东方电气的装备。这是一家站在每个中国家庭、发电及用电企业背后的企业。

经过半个多世纪的努力，东方电气这家央企让我国在能源装备制造领域不断突破创新，实现了在国内外行业竞争中从跟跑、并跑到局部领跑的根本转变。

一、传承"东汽精神"的红色基因

2023年12月27日，东方电气集团党组书记、董事长俞培根在出席集团公司"东汽精神"研究会成立仪式时表示，"东汽精神"既是传统文化的传承，又是工人阶级传统优良品质、作风意志的发扬，是在"三线建设"中孕育、在改革开放中积淀、在惊天灾难中迸发、在新时代中持续弘扬和丰富的精神品质，是属于全体东方电气人的精神财富，也是属于企业、属于行业、属于时代的共同情感。

俞培根所提到的"三线建设""惊天灾难"，是这家企业一路走来的历程中两个很不寻常的路标。

"三线建设"，是 20 世纪 60 年代我国同时面对苏联和美国的联合攻势压力，为构建国防战略纵深、平衡国内工业布局、谋求国家独立自主发展所采取的一项重大战略决策，是新中国历史上持续时间最长、规模最大的改变生产力布局的一次工业迁移和"战略备份"，是新中国工业化、现代化事业起飞前的最后一次"深蹲"。当时，中共中央将我国战略位置不同的各地区分为一、二、三线，其中一线是指沿海和边疆各省市区；二线是介于一、三线地区的省市区；三线包括京广线以西、甘肃乌鞘岭以东和山西雁门关以南、贵州南岭以北的广大地区。在"备战备荒为人民，好人好马上三线"的号召下，这场涵盖 13 个省和自治区的轰轰烈烈的"三线建设"正式启动。从 1964 年开始历经三个五年计划，我国共投入 2050 多亿元资金和数百万人力，在三线区域完成了数千个建设项目，到 20 世纪 70 年代末，共形成固定资产原值 1400 亿元，约占当时全国固定资产总量的 1/3。

这个备份的工业体系建立在亿万中国人的集体奉献之上，虽然代价很大、但战略意义深远。20 世纪 60 年代，苏联敢向中国叫嚣"外科手术式核打击"，美国敢在台海地区搞核战演习，然而中国在完成"三线建设"后，一举成为世界上唯一拥有两套完备工业体系的国家，这是 20 世纪七八十年代尚且贫穷的中国敢于"硬刚"一切霸权、主动大裁军，并独立自主走向改革开放的底气之源。

20 世纪 50 年代，在国家开发西南水电的战略构想下，来自五湖四海的建设者们会聚四川德阳，开始为国家建设拥有大型发电设备制造能力的工厂。随着"三线建设"工作的正式开启，第一代东方电气的创业者们在这里建设起以东方电机、东方汽轮机、东方锅炉等企业为主体的大型发电设备制造基地，其中这三个厂当时被统称为"东方三厂"。

1965年德阳水利发电设备厂更名为东方电机厂，被列入我国"三线建设"重点布局的企业名录，按照中央要求迁往位于川西边陲的龙门山断裂带。按照三线建设"靠山、隐蔽、分散"的要求，当年的东方电气人筚路蓝缕，在杂草丛生的荒山河沟中开启了艰难的创业之路。面对建筑材料需求量大、施工人员短缺、运输能力不足等重重困难，东方电气人靠着"一根麻绳闹革命"的英雄气概，人拉肩扛建厂房、自力更生出产品，以"艰苦创业、无私奉献、团结协作、勇于创新"的三线精神，践行产业报国的初心使命。

在极其艰苦的条件下，1965年东方锅炉厂在四川自贡开工建设，同年11月东方汽轮机厂在四川绵竹开工建设，1971年东方锅炉厂建成投产，1974年东方汽轮机厂也建设完成，并研制成功第一套200兆瓦火力发电设备和210兆瓦水轮发电机组，全国首台自主30万千瓦汽轮发电机组也是在东方电气诞生的。1979年东方电气研制成功世界上转轮直径最大的葛洲坝电站170兆瓦轴流转桨式水轮发电机组，并获"国家科学技术进步奖特等奖"，该发电机组11.3米的转轮直径迄今仍然保持着世界之最的纪录。

改革开放前，东方电气生产的一台又一台发电设备，为新中国早期发展提供能源保障，也为大功率发电设备制造的国产化打下了坚实"地基"。一代又一代东方电气人把共产党推动国家走向繁荣富强的追求和梦想以工业强国的方式变成现实，孕育了感人肺腑、催人奋进的"东汽精神"。

这个建设在中国西南地区的企业，为何却在名称中被冠以"东方"二字？东方不仅标示着我国所处亚欧大陆地理上的方位，更是中华文化、中华文明的独特象征。《史记》有云，"日归于西，起明于东"，东方是吉祥、光明、豪迈、希望、神圣的象征，世界也用"东方大国"指代中国，党和人民将神圣的"东方"二字赋予这个坐落在中国西南、世界东方的企业，可见对其所寄予的深厚期望。

1993年4月2日，东方电气集团对东方电机厂、东方汽轮机厂、东方锅炉厂等核心企业的国有资产实施统一经营，迈开了由计划经济向市场经济转变的重要一步。1999年，东方电气集团被党中央、国务院确定为全国39家涉及国家安全和国民经济命脉的国有重要骨干企业之一。

俞培根所提到的"惊天灾难"，是指2008年"5·12"汶川特大地震，彼时位于四川德阳的东方电气核心子公司东方汽轮机厂遭受了毁灭性损坏，成为汶川地震中受灾最重、损失最大、遇难人数最多的中央企业，几代建设者历时40多年建设的厂房在地震中瞬间化为废墟。

废墟上的东方电气人心手相握，抗震救灾、恢复生产，在巨大灾难和国际金融危机冲击下，奏响了振奋人心的"东汽精神"最强音：

震后第五天，德阳基地恢复生产；

震后第八天，首批风电机组下线；

震后第十三天，召开大规模恢复重建誓师动员大会，余震中东方电气人用角钢加固房梁，在震区加班加点，坚决兑现对用户的庄严承诺；

震后一个多月，1000兆瓦火电机组高压加热器、三峡右岸电站最后一台转轮从德阳发运，把东方电气人在惊天灾难面前的勇毅和信心传递给世界。

2010年5月10日，历时1年零9个月，重建的东方汽轮机占地2600亩、拥有19个加工制造中心的德阳八角新基地竣工投产，成为全国灾后重建"三年任务两年完成"的标志性工程。

2009年2月，时任中央政治局常委李长春视察时，将"东汽精神"概括为：不怕牺牲、敢于胜利，坚韧不拔、艰苦创业，自主创新、勇攀高峰。

2011 年，时任中央政治局常委、中央书记处书记、中华人民共和国副主席习近平同志视察东方汽轮机，对干部职工人表现出的"东汽精神"给予高度评价。

党的十八大以来，东方电气人没有辜负习近平总书记的殷殷嘱托，坚持"自主创新、勇攀高峰"，在响应国家重大战略、挺起中国制造业脊梁、提升国际国内市场话语权方面捷报频传，不断完成从"0"到"1"的技术突破，为铸造"大国重器"不断解决一个又一个国外"卡脖子"难题。

今天的东方电气，已经累计完成发电装备产量 6.9 亿千瓦，成功推动中国装备、中国技术和中国品牌覆盖全球 100 多个国家和地区。东方电气人在铸就国之重器的过程中，充分展示了奋力拼搏、攻坚克难的革命英雄主义气概，诠释了"东汽精神"奋进新时代的深刻内涵。

2023 年 10 月，俞培根在署名文章《抓实思政工作　争创一流企业》中写道："东方电气集团是中国电力驱动时代的先驱者之一，传承'东汽精神'，汇聚干部职工的历史共鸣和情感共鸣，让文化自信在企业牢牢扎根。……引导干部职工不忘产业报国初心、牢记制造强国使命，用实际行动为'东汽精神'注入新的时代内涵。"

二、世界的东方、一流的电气

工业化是中国经济发展历程中最重要的命题，在 20 世纪下半叶我国的工业化大多数时候需要面临非常特殊的局面：一方面，从战争和革命中诞生的国家需要依靠外部援助尽快改变极度贫穷落后的经济状态；另一方面，中国的发展决不能牺牲独立自主的政治立场从而依附于任何国家，这就导致我们需要长期面对来自西方和苏联的双重封锁。

西方对华实施各种技术封锁的历史可谓"悠久"。1949 年 11 月，时任美国总统杜鲁门联合欧洲各国、澳大利亚和日本等 17 个国家，在巴黎秘密成立了"巴黎统筹委员会",即"输出管制统筹委员会"(Coordinating Committee for Multilateral Export Controls),宗旨是限制对社会主义国家出口战略物资和高科技产品,被列入禁运产品目录的包括军事武器装备、尖端技术产品和战略产品等三大类。对当时一穷二白的中国来说,重工业便是高科技。1952年美国又牵头成立了"中国委员会",专门研究对中国的工业设备和技术的出口禁令,所以那时中国从西方国家不仅不可能买到重工业设备,连轻工业设备都买不到。

1958年后中苏之间的矛盾冲突也开始公开化、激烈化,20世纪60年代初的中苏分裂更是直接造成了中国获得外部技术主要来源渠道全部中断。赫鲁晓夫号称要对我国实施"外科手术式核打击",两国边境一度陈兵百万,中苏两国之间的对立一直持续到20世纪80年代,所以在长达20多年的时间里,中国不可能从苏联获得关键核心技术和设备。

诞生于特殊环境下的东方电气,有着浓厚的突破外部技术封锁,实现科技自立自强的强大基因,企业的使命担当就是要为国做贡献,要做国家的栋梁、压舱石和顶梁柱,做关键核心技术的拥有者,做"大国重器"的铸造者,在关系国家安全和国民经济命脉的重大工程中勇挑重担、担当柱石。

(一)东方电机:为大江大河装上"中国芯"

成立于1958年的东方电机,是东方电气创业之初的"东方三厂"之一,是我国研究、设计、制造大型发电设备的重大技术装备制造骨干企业,是全球发电设备、清洁能源产品和服务的主要供应商。我国迄今建设的高水平水电站,几乎都留下了东方电机的名字,比如用于葛洲坝、三峡、溪洛渡、白鹤滩等水利工程的巨型水电机组都是东方电机研制并铸造的"大国重器"。60多年来,通过持续开展自主创新和科研攻关,全国40%的水电机组由东方电机自主研制并供货。

位于金沙江上的白鹤滩水电站是全球第二大水电站，是我国实施"西电东送"战略的重大工程之一，装机总容量1600万千瓦，主体工程2017年全面开工建设，左右两岸分别安装8台单机容量100万千瓦的水电机组，左岸全部8台机组都是由东方电机自主研制并制造的。2022年12月20日白鹤滩水电站16台机组投产发电，截至2023年10月已经累计发电1000亿度。该电站平均每年可发电624.43亿度，能够满足约7500万人一年的生活用电需求，可替代标准煤约1968万吨，减排二氧化碳约5200万吨。

鉴于白鹤滩项目的重大意义，业主单位三峡集团对工程质量提出"七个零"的严格要求，即"设计零疑点、制造零缺陷、安装零偏差、进度零延误、运行零非停、安全零事故、服务零投诉"。为了高标准、高质量完成任务，由东方电气集团领导和东方电机的主要领导挂帅，抽调精干力量组成20个专业团队，对白鹤滩百万千瓦水电机组的100多项重大专题任务进行科研攻关，许多关键设计方案都是经过几十次、上百次反复论证和推敲。

白鹤滩水电站是迄今为止全球建设规模最大、综合技术难度最高的水电工程。东方电机研制的单机容量100万千瓦的发电机组，单台机组有50多米高、8000多吨重，仅转动部件总重就达2600吨，由上万个零部件构成，是世界上单机容量最大、效率指标最高的全空冷水轮发电机，额定效率不低于99.01%，定子绕组温升不超过63开氏度，转子绕组温升不超过58开氏度，均优于国际标准，是水电行业最严格的温升控制水平；额定电压24千伏，为水电行业最高电压等级，称得上世界水电工程的巅峰之作。2021年6月白鹤滩水电站首批百万千瓦水电机组投产发电后，整个机组的摆动幅度仅有0.07毫米，相当于一根头发丝的直径。

2021年6月28日，习近平总书记致信祝贺金沙江白鹤滩水电站首批机组投产发电，贺信中写道："白鹤滩水电站是实施'西电东送'的国家重大工程，是当今世界在建规模最大、技术难度最高的水电工程。全球单机容量最大功率百万千瓦水轮发电机组，实现了我国高端装备制造的重大突破。你们发扬精益求精、勇攀高峰、无私奉献的精神，团结协作、攻坚克难，为国家重大工程建设作出了贡献。这充分说明，社会主义是干出来的，新时代是奋斗出来的。希望你们统筹推进白鹤滩水电站后续各项工作，为实现碳达峰、碳中和目标，促进经济社会发展全面绿色转型作出更大贡献！"

白鹤滩水电站水电机组的成功研制和顺利投产，是东方电机 60 多年勇攀水电珠峰，铸造大国重器的一个缩影。党的十八大以来，东方电机铸造大国重器服务我国能源发展大局，为祖国大江大河注入了强大的东方伟力：2014 年 6 月 26 日，东方电机为金沙江溪洛渡全球第四大水电站自主研制的 9 台 770 兆瓦水轮发电机组全部投产；2019 年 11 月 1 日，三峡水电站工程完成整体竣工验收，东方电机研制的三峡右岸机组成功装备全球最大水电站，仅用 7 年时间就成功实现了国家在三峡工程中制定的"技术转让—消化吸收—自主创新"的战略目标，甩开了"洋拐棍"；2022 年 7 月 16 日，葛洲坝 17 万千瓦轴流转桨式水轮发电机组更新改造项目首台机组投产，东方电机帮助这个 40 年前曾惊艳世界的老水电站智慧"重生"……

对于"身份特殊"的大型央企们而言，关键核心技术只能依靠自主研发是一个共识。

冲击式转轮是冲击式水电机组最核心的部件，适用于高水头水电站，也是长期以来制约中国冲击式水电站建设的"卡脖子"技术。在东方电机自主研发出冲击式转轮之前，中国所有在用的冲击式水电站转轮都是从国外进口的。从 2012 年开始，东方电机的研发团队就开展了自主研发冲击式水电机组的谋划论证工作，由副总经理、总工程师梁权伟挂帅，抽调公司最优秀的研发人员组成了一个 43 人的研发团队，他们面向国家重大战略需求，勇挑高水头大容量冲击式水电机组关键技术研究重担。研发团队从外商提供的冲击式水电机组试验报告和出厂验收报告仅有的几个简单参数起步，到 2018 年一点点搭建智能化、高精度的冲击式水力试验台，先后针对水力、水机、电机、工艺四大专业 70 多项攻关课题开展联合技术攻关。经过 10 多年努力，2023 年 5 月 16 日东方电机自主研制的国内首台单机容量最大功率 150 兆瓦级大型冲击式转轮成功下线，实现了我国高水头大容量冲击式水电机组关键核心技术国产化"从无到有"的历史性突破。2023 年 8 月 31 日，东方电机联合国机重装、中信重工研制的扎拉水电站世界首台单机容量最大功率 500 兆瓦冲击式水电机组转轮中心体锻件通过业主验收，再次取得里程碑式的突破，为东方电机未来完成高水头大容量巨型冲击式机组研制"三步走"的攀登计划奠定了基础。

我国新型电力系统的发展以新能源为主，通过抽水蓄能的储能方式，可以解决好电力间歇性、不稳定的问题，但抽水蓄能机组研制难度大，被誉为水电设备研制领域"皇冠上的明珠"。今天的东方电机是国内首个同时具备抽水蓄能机组研制和调试能力的发电设备制造企业，有能力制造从 40 兆瓦到 425 兆瓦，水头涵盖 63—756 米的抽水蓄能机组。30 多年来，为了摘下这颗水电设备制造业的"明珠"，东方电机从 20 世纪 90 年代就开始四处取经、内外交流和自主研制，不断刷新抽蓄机组的各项指标，先后创造了绩溪高水头大容量抽蓄项目"一年五投六并网"的行业纪录，实现了国内首台 700 米级水头段敦化抽蓄机组的成功商用。近年来，东方电机研制了国内最高水头长龙山抽水蓄能精品机组，在梅州项目创造了国内抽水蓄能机组启动调试用时最短纪录和行业抽水蓄能机组发电最快纪录，在沂蒙项目实现"零配重"等行业新纪录、新成果。东方电机系统构建起具有完全自主知识产权的抽水蓄能机组关键技术研发、设计、生产、安装、服务、成套、调试、改造体系，使抽水蓄能机组整体研制和调试服务水平达到国内领先和世界一流水平。

党的十八大以来，东方电机见证了中国国产大型水电机组单机容量不断跟进、超越和独立刷新世界纪录的全过程，始终站在我国自主攻克巨型、超巨型水电站核心部件研制生产难题的前沿阵地，使我国实现了在高端能源装备制造领域的一个又一个重大突破。

（二）东方汽轮机：浴火涅槃造出中国"争气机"

东方汽轮机是东方电气在2008年汶川特大地震灾难中被摧残又快速重建起来的拥有红色基因、充满英雄气概的核心子企业。党的十八大以来，从大江南北的大国重器，到战略性新兴产业中的全新赛道，东方汽轮机研制"大国重器""争气机"的报道不断"刷屏"，为中国制造高质量发展提神提气。

2024年1月20日，东方汽轮机生产的第100台燃气轮机起运，由此成为国内首家燃气轮机产出达到百台的企业。

重型燃气轮机是发电领域的核心设备，是从飞机发动机基础上发展而来的全球最复杂、最精密的工业产品之一，是世界上最难造的机械设备，与航空发动机并称为"现代工业皇冠上的明珠"。燃气轮机按燃烧温度分为1100℃级、1200℃ F级、1300℃ G级和1400℃ H级，重型燃气轮机的级别越高，代表的热效率也越高。重型燃气轮机工作时需要承受极高的应力和腐蚀环境，其高温部件需要长期运行在金属熔点以上，对关键部件的要求非常高，因此研制难度极大。

由于技术门槛过高，目前全球只有少数几个国家能够独立生产燃气轮机，其中大部分国家是依靠巨额投资和数十年积淀才能完成一款成熟燃气轮机的设计与制造工作。东方电气从2009年就开始带动包括高校、设备供应商、用户等产业链上下游在内的近300个单位联合攻关，集中科技资源进行F级50兆瓦重型燃气轮机的研制，突破了在材料选型、研制、控制、试验等方面一系列"卡脖子"难题。

正所谓"十年磨一剑"，2019 年 9 月 27 日自主研发的 F 级 50 兆瓦重型燃气轮机技术获得突破，并为国家培育了一批"专精特新"企业，为我国在该领域实现供应链产业链自主可控提供了重要支撑，被国人赞誉为"争气机"。

"争气机"诞生的背后，离不开东方汽轮机积极推进智能化、数字化转型的变革力量。集团公司党组书记、董事长俞培根认为，现代制造工艺的创新必须有数字化智能化支撑，东方电气的目标是要永远攀登高峰，永远追求世界之最。东方电气在全集团抢抓新一轮科技革命和产业变革的机遇，深入推进数字化转型和绿色低碳转型，为新时代的中国制造交出一份亮眼的答卷。在无人车间和黑灯生产线，以数据驱动智能物流配送、机器人协同、自适应加工、在线检测，在无人现场干预的情况下可实现 24 小时连续加工。这里没有机器的喧嚣轰鸣声，只有各种机械手臂不分昼夜地生产，按照程序预设的指令穿梭在车间各个单元的物料小车繁忙有序，以前劳动强度大、粉尘污染重、环保压力大的人工操作被替代为机器人生产，工人从"操作员"变身为"监督员"。定子冲片绿色"无人车间"将定子冲片量从 9000 吨提高到 1.5 万吨，人均产出提升 620%，能源利用率提高 56.6%，劳动强度降低 90% 以上，挥发性有机排放降低 70% 以上。

不仅是东方汽轮机厂，在东方电机长约 400 米、宽 36 米、高达 33 米，被誉为"中华第一跨"的巨型无人车间里，数字化赋能强大的制造能力，使这里成为融重型机加控制、数字化装配、机器人焊接为一体的新一代清洁能源装备重型制造车间。这里曾生产了三峡、溪洛渡、白鹤滩等巨型水电机组和"华龙一号""国和一号"核能发电机的重要部件等"大国重器"。2023 年，东方电气集团新建成 7 个数字化车间，数字化车间总数达 20 个。

近年来，东方汽轮机以服务国家战略为己任，不断推出满足发电、供热和电网调峰等多种应用场景的更加先进、高效、可靠的燃气轮机技术。2023 年公司的国内市场占有率超过 70%，已成为国内产品类型最全、国产化率最高、性能指标最优、市场认可度最高的燃气轮机制造商。

（三）东方锅炉：打造火电"超"实力

东方锅炉也是东方电气下属的核心企业之一，这家在四川自贡落户的"三线建设"时期的老国企，已经成为我国大型能源装备设计制造商和工程服务提供商。特别是在火电站锅炉制造领域，东方锅炉具备高压、超高压、亚临界、超临界、超超临界、高效超超、二次再热煤粉油气锅炉和 50 — 660 兆瓦循环流化床锅炉研制能力。在电站锅炉之外，近年来东方锅炉还在电站节能环保、燃煤电厂服务、高端化工容器和核电辅机等领域协同发展，一系列重大项目成果展示出东方锅炉的科技"硬"实力。企业在国内市场占有率位列第一，达 1/3。

2013 年 4 月，由东方锅炉设计制造的白马电厂 600 兆瓦超临界循环流化床（CFB）锅炉正式投运，一举使我国成功实现了循环流化床锅炉从亚临界到超临界的突破、从 300 兆瓦中等容量到 600 兆瓦大容量的跨越，对于东方锅炉乃至世界 CFB 锅炉的发展均具有里程碑的意义。

党的十八大以来，东方锅炉在研制先进高效、绿色低碳的 CFB 锅炉方面捷报频传。2015 年 9 月世界首台 350 兆瓦超临界 CFB 锅炉在山西国金电厂投运，2020 年 9 月世界首台 660 兆瓦超临界 CFB 锅炉在山西平朔电厂投运，东方锅炉已投运 38 台 350 兆瓦超临界和世界仅有的 2 台 660 兆瓦超临界 CFB 锅炉。在大量 CFB 锅炉工程验证的基础上，东锅成功突破了超超临界 CFB 锅炉炉型选择、热力系统设计、水动力安全、壁温偏差控制等关键技术，并完成了 660—1000 兆瓦高效超超临界 CFB 锅炉方案开发，不断引领 CFB 先进煤电技术发展，为项目所在地提供更加清洁低碳的煤电供应。

从 20 世纪 70 年代起，东方锅炉的领导层就敏锐地意识到发展循环流化床锅炉技术的意义，开始了 CFB 锅炉的研究并制定了相应的技术研发和市场开拓战略。1998 年至 2002 年，东方锅炉把握历史机遇参与国家"九五"科技攻关项目"国产化大型循环流化床锅炉机组的研制"，成功研发并把"东方牌"135—150 兆瓦 CFB 锅炉应用于国内多个电厂。在自主开发大容量 CFB 锅炉的过程中，东方锅炉的研发人员先后克服了"锅炉四大计算"拦路虎问题，围绕水动力技术、床温均匀性、分离器布置、布风均匀性、热平衡分布、壁温计算、空气预热器结构等技术难题潜心研究，并与国内高校、科研机构、用户紧密合作，建立了以自身为主体、市场为导向、产学研相结合的技术创新体系，开展联合技术攻关。经过十多年潜心钻研，东方锅炉研发的 600 兆瓦超临界 CFB 锅炉被列为"国家重点新产品"，荣获 2017 年度"国家科学技术进步奖一等奖"。

东方锅炉研制的 CFB 锅炉以优良的性能、优异的品质和优厚的服务赢得了全球客户的广泛信赖。2016 年 8 月 8 日，东方锅炉自主研发的我国首个出口的 330 兆瓦褐煤 CFB 锅炉机组在波黑斯坦纳瑞顺利移交业主，锅炉机组的性能指标、环保性能、可靠性指标满足了欧洲标准要求，成功进入欧洲高端市场。2019 年 5 月 21 日，由东方锅炉供货的巴西 PAMPA 燃煤电站 1×345 兆瓦机组首次并网一次成功。由东方锅炉设计、制造的 100—135 兆瓦等级 CFB 锅炉还成功出口到印度尼西亚、印度、土耳其、赞比亚、菲律宾、蒙古等国家。

由几十万个零部件组成的近百米高、几十米宽的 660 兆瓦超临界 CFB 锅炉像一座座丰碑，标识着中国大型 CFB 锅炉从无到有、从小到大、从大到强的科技进发之路，记录着东方锅炉人从自力更生到自主创新、再到自我升华的辉煌历史，昭示着东方锅炉 CFB 技术创新、创新、再创新的豪迈气魄。

2023 年 8 月大唐郓城 630℃超超临界二次再热国家电力示范项目主

体工程启动，作为三大主机设备之一的电站锅炉由东方锅炉供货，采用东方锅炉独创的最新一代三烟道挡板调温二次再热技术，该锅炉使用的G115钢，是刘正东院士历时十余年自主研发的一种新型马氏体耐热钢，是目前全球可工程用于630℃—650℃温度范围的唯一马氏体耐热钢，打破了中国关键耐热钢长期依赖进口的局面。该项目中，东方锅炉推动高效清洁能源装备技术革新，使机组蒸汽参数提升至新高度，较常规煤电机组每年可节约标煤35万吨，减排二氧化碳94.5万吨，相当于植树近234万棵，减排二氧化硫7.9%、氮氧化物7.9%、粉尘8%。该项目的顺利实施使我国占领世界先进煤电技术发展的制高点，以重大能源装备科技突破为我国全面落实"双碳"目标做出了卓越贡献。

2023年2月，东方锅炉成功制造完成世界首台3000吨级OMB多喷嘴对置式粉煤加压气化炉。该气化炉日投煤量达到3000吨，是全球煤化工装备领域最先进的气化炉之一，实现了煤炭清洁高效利用装备的自主创新和完全国产化。

在电站锅炉之外，2019年东方锅炉还自主制造了年产220万吨采用戴维工艺技术的甲醇合成塔，成功实现了国产化替代，成功打破了国外对该制造技术的垄断。

2024年1月，国内首台整体制造"华龙一号"1000兆瓦除氧器在东方锅炉完工，这是国内首台在制造厂整体制造完工发运的"华龙一号"机组核电站常规岛重要设备，也是东方锅炉自主设计首台于厂内完成水压并整体发运的尺寸50米级核电除氧器产品，充分展示了东方锅炉核电常规岛设备的批量化制造实力。

近年来，东方锅炉积极发展绿色新能源技术，从高效长寿命氢燃料电池动力装置起步，向氢交通、氢发电、氢储能、氢冶金、氢化工等领域延伸，构建起绿色制氢、储氢、运氢、用氢的全产业链，在推动能源革命、助力"双碳"目标实现中，展现出东方电气"绿色动力，驱动未来"

的使命与担当。

（四）做强做优做大"六电六业"

我国是一个能源消费大国，要确保全国能源系统的安全稳定运行和电力的可靠供应，增强能源产业链供应链的安全性和稳定性，国家主要能源动力装备制造必须都要实现自主可控。东方电气作为国家战略科技力量的主力队员，在中国式现代化建设中积极展现央企责任担当，坚持新旧能源全面、多维发展的战略，非常难能可贵地把我国主要能源动力装备制造"都要"自主可控的重任担在肩上，推动"六电六业"做强做优做大。"六电"是指风电、太阳能、水电、核电、燃机、煤电，"六业"是指高端石化装备、节能环保、工程与国际贸易、现代制造服务业、电力电子与控制、新兴产业等，向全球能源运营商提供工程承包及服务等。

党的十八大以来，东方电气胸怀"国之大者"，服务国家战略，驰而不息铸造大国重器，打造世界一流企业，取得一系列斐然业绩。

2013年8月，东方电气研制的世界最大单机容量1750兆瓦核能发电机成功制造。

2014年12月，东方电气600兆瓦超临界循环流化床锅炉技术开发、研制与工程示范科技成果通过国家级鉴定。

2015年9月，东方电气研制的世界首台350兆瓦超临界循环流化床机组锅炉在山西成功投运。

2016年12月，东方电气承建的非洲在建最大水电站埃塞俄比亚吉布3水电站投运。

2017年11月，全球首台"华龙一号"核能汽轮发电机在东方电气研制成功。

2018年12月，东方电气提供的全球首台EPR三代核电机组、世界最大容量1750兆瓦发电机组在台山核电站成功投运。

2019 年 1 月，东方电气研制的全球首台白鹤滩百万千瓦机组精品转轮完工。

2020 年 9 月，东方电气研制的世界单机容量最大的 660 兆瓦超临界循环流化床锅炉投运；11 月，东方电气成功研制自主三代核电主设备，"华龙一号"全球首堆并网发电。

2021 年 4 月，东方电气累计完成发电设备产量达到 6 亿千瓦，成为国内首家突破这一指标的能源装备制造企业。

2022 年 8 月 22 日，东方电气自主研发的中国首台超静音智能钻机——乌干达 1500HP 低排放自动化静音钻机发运；8 月 25 日，全球首个二氧化碳＋飞轮储能示范项目成功竣工、呈现世界，标志着我国这一新型储能技术实现了工程应用的巨大飞跃；11 月 25 日，国内首台完全自主知识产权的 F 级 50 兆瓦重型燃气轮机正式发运，标志着我国在自主重型燃气轮机领域完成了从"0"到"1"的突破。

2023 年 3 月 7 日，全球最大化学链燃烧示范装置在东方电气建成，热功率达到 4 兆瓦；3 月 8 日，被誉为中国"争气机"的我国首台全国产化 F 级 50 兆瓦重型燃气轮机商业示范机组正式投入商业运行；5 月 28 日，自主研制、拥有完全自主知识产权的 B1260A 型叶片下线，该叶片长 126 米，是当时全球已下线的最长风电叶片；6 月 2 日，全球首次海上风电无淡化海水直接电解制氢在福建海试成功；6 月 7 日，具有全产业链完全自主知识产权的国产化首台 150 兆瓦级大型冲击式转轮成功实现工程应用；8 月 24 日，行业首个 5G 全连接数字化工厂正式启动；10 月 26 日，东方电气成套供货的国内首台 M701J 型燃气轮发电机组顺利投入商业运行。

这些成绩的取得，离不开东方电气对产品、品牌、创新、管理等方面精益求精的持续追求，离不开集团领导层对集团业务架构、产业布局、内部管理和战略规划的科学决策。俞培根自 2019 年 4 月开始担任东方电气集团董事、总经理、党组副书记，于 2021 年 4 月开始担任东方电气集团董事长、党组书记。到任东方电气前，俞培根同志曾在核电领域工作过 35 年，既是一位能力出众的高级工程师，也是一位善于解决复杂问题的卓越管理者。长期承担技术和管理双重领导身份的工作履历，使俞培根对科技创新、科学决策、组织管理、资源协调等都有更加深刻的理解，深厚的专业背景、严谨的逻辑思维，再加上对创新、细节和执行力的重视，使这位工程师出身的央企领导把精益求精、追求卓越、创新发展等植入东方电气的企业精神中。

俞培根认为："企业兴则国家兴，企业强则国家强，国有企业特别是中央企业要在加快建设世界一流企业中走在前、做表率。"为了聚焦增强核心功能、提升核心竞争力，更好地实现高质量发展，东方电气把"加快建设具有核心竞争力的世界一流装备制造集团"作为奋斗目标。在集团领导班子的带领下，2023 年东方电气集团实现营业收入同比增长12%，利润总额同比增长 11%，新生效合同同比增长 31%。这是东方电气集团营业收入、利润总额连续第 4 年保持两位数增长。

2023 年东方电气"六电六业"持续向好发展，在煤电行业的市场占有率 30% 以上，炉机电成套项目同比增长 155%；水电市占率 40%，冲击式机组、混合抽蓄、变速抽蓄实现市场突破；气电市场占有率 70% 以上；核电市场占有率 40%；风电年度装机行业排名预计从第 9 名升至第6 名；光伏实现并网电站规模超过 80 兆瓦。2023 年东方电气在高端石化装备产业，实现了埃及本土制造的首套油气钻机下线；节能环保产业，余热余压透平市场占有率保持 85% 以上；工程与国际贸易，直接境外业务新生效订单同比增长 34%；电力电子与控制产业，光伏逆变器订单较上年实现翻番；现代制造服务业，实现国际综合改造市场突破、年度长协订单突破 3 亿元；新兴产业，获得天然气管道电驱压缩机组成套项目，中标 70 辆氢能物流车示范项目、国内最大绿电制氢储氢发电商用项目。

在"六电"领域，东方电气不断开拓全球业务，长期活跃在全球电站项目承包市场，先后承建 100 多个电站工程项目，集团大型装备产品和服务还出口至东南亚、南亚、中亚、中东、欧洲、非洲、南美等 100 多个国家和地区。东方电气积极参与共建"一带一路"，用绿色能源点亮"一带一路"沿线的万家灯火。

比如，东方电气所属东方国际在中亚乌兹别克斯坦为扎尔乔布、卡季林、卡莫洛特等水电项目提供的成套设备顺利运行后，用绿色清洁能源为所在国家和人民带来实实在在的好处，成为中乌政府间合作的良好典范。东方电气总承包的马尔代夫柴油发电及海水淡化项目于 2019 年 2 月正式投入商业运行，成为当时马尔代夫最大的发电站和第一条高压电网，在全负荷工况下，能够日产 2000 吨淡水，有力促进了当地社会经济发展。

20 多年，东方电气为越南建设了近 40 个可再生能源电站项目，提供了超百台各类发电机组，为促进该国绿色低碳发展贡献了"东方"方案。

东方电气在非洲安哥拉承建的"柴光互补"项目覆盖安哥拉 9 省 11 市，在乡村采用光伏发电和柴油机发电互补的混合动力发电技术为当地居民提供电能，具有运维成本低、环境适应性强的特点，在安哥拉的主要城市地区则采用低排放的柴油发电技术，发挥安装快、占地小的优势，可以保障 24 小时的稳定电力供给。

东方电气在埃及、埃塞俄比亚、厄瓜多尔等国承建的能源项目同样也是如此，因地制宜进行项目设计和技术匹配，不仅为所在国提供了清洁高效的能源供应，帮助所在国实现能源结构多元化和绿色低碳发展，也为很多当地百姓提供了难得的就业岗位。

作为大型能源装备企业，东方电气推进科技创新、加快关键核心技术攻关、铸造一个又一个"大国重器"的同时，以"绿色动力、驱动未来"为己任，积极践行"碳达峰""碳中和"目标，加速实现绿色低碳和数字化转型，高水平参与"一带一路"，不仅为中国，也为世界各国经济、社会、环境的可持续发展贡献"东方"力量，打造"中国制造"面向世界市场叫得响的金名片。

东方电气推动清洁高效能源产品生产和清洁能源技术、储能技术研究，2022 年 8 月 25 日全球第一个"二氧化碳 + 飞轮"储能示范项目在东方汽轮机竣工，这是全球单机功率最大、储能容量最大的二氧化碳储能项目，能在 2 小时内存满 2 万度电，可以供 60 多个家庭使用 1 个月，完全零碳排放，不受地理条件限制，建设周期不到 2 年却可以安全运行 30 年，能够与太阳能、风电等新能源配套，在大容量长时储上有较好的经济效益。

任何一项关键能源装备技术的自主可控，都需要经历艰苦卓绝的斗争。以风电装备为例，我国的央企和民企曾穿过漫长的暗黑之夜和泥泞之地才夺回被外国制造商"占领"的市场阵地。

在 20 世纪 80 年代，丹麦以三台风电机组叩开中国风电的大门，各种外资风机开始进入中国市场，但它们的保修期通常只有一年，免费售后服务也只有一次，之后遇到故障时中方要额外支付高昂的专家咨询费才能了解故障原因，要想解决问题还要再等半个月。这就是技术被国外"卡脖子"的代价，买方只能听卖方的安排，接受卖方给出的售后条件。1982 年在钱学森的主导下，中国风能专业委员会成立，风电成了中国科学家心中必须要夺回的阵地。从进口丹麦风机到研制中国自己的风机，从外资手里一点一点收回国内市场主导权，中国风电行业整整用了 30 年的时间。2011 年一向称霸中国风电的丹麦维斯塔斯公司在中国市场的占有率首次跌出前五名，2013 年市场占有率更是跌出前十名，并面临破产的危机，到 2020 年外企在国内风电市场的占有率就已经暴跌至 4%，中国人靠自主研发和技术创新一点点夺回了自己的风电行业，并开始独步全球市场的背后，是无数科研人和行业企业在黑暗中摸索、在夹缝中发展、在跟跑中超越和发展壮大的缩影。

早在 2004 年 11 月 1 日，东方电气所属企业便与德国 REpower 公司签约，正式进入风力发电设备制造领域，在央企中属于较早进入风电市场的企业之一。到 2014 年，东方电气的风电装机总量在国内已经名列第四，只用十年时间便实现了风电业务研发与制造从无到有的跨越，成为国内唯一实现双馈机组与直驱机组并行发展的风电企业。又一个十年后，2023 年 11 月 10 日，东方电气 18 兆瓦直驱海上风电机组正式下线，迈出了大风机备战深远海的关键一步。风机叶片采用东方电气自主研发的大厚度、钝尾缘、高性能翼型，使用新型碳纤维拉挤板材料和新型主梁结构，有效兼顾了结构安全性和经济性。

东方电气坚信海上风电的未来是大型化和平价化，但是平价必须建立在产品可靠的基础上，所以东方风电的技术创新建立在不断试验验证的基础上，在确保质量可靠的前提下追求"成本领先"。东方风电主要从两个思路保障和落实风电机组产品的可靠性和稳定性，并以技术革新推进成本下探工作。

一方面，东方风电建立了覆盖产品全生命周期的质量管控和验证体系，包括设计质量和实物质量，前者通过设计过程的严格管控和机组的后评估、试验验证来保证；后者则是通过全生命周期过程的数据管控来实现大兆瓦风机应用的稳定性与安全性。东方风电的 iPACOM 智慧风电系统，将物联网、工业大数据、人工智能、网络安全、能源安全等技术与风电生产系统跨界融合，形成了智能风机、智慧风场、区域中心和全球中心一体化解决方案，不但在电力生产区实现了"端云协同"，也为运行阶段的机组稳定提供强力支撑。

另一方面，是覆盖硬件、软件的全面迭代。以 2023 年 11 月 10 日正式生产下线的 18 兆瓦直驱海上风电机组为例，东方电气采用行业首创、全国产化的集成式双驱变桨系统，机组实现了叶片、发电机、变流器、变压器、控制系统等软、硬件的完全国产化，不但解决了关键核心技术"卡脖子"难题，有效改善了超大型风电机组变桨传动的机械承载，提升了使用寿命，也为未来持续降本增效和稳定可靠运行提供了坚实基础。

东方电气18兆瓦机组的成功为我国备战深远海漂浮式风电提供了充分而必要的技术储备，东方电气将在2024年实现国内第五个漂浮式风电样机的建设和示范应用工作。在此之前，国内4个漂浮式风电示范项目"三峡引领号""中国海装扶摇号""海油观澜号"以及"国能共享号"采用的均是4—8兆瓦海上风电机组设备。

漂浮式风电项目是海上风电技术的制高点，最大的挑战是漂浮式风电的一体化设计，即如何实现浮体结构、机组基础、系泊系统、风电机组的稳态控制，以及如何在叠加载荷控制、整体气动分析的情况下，保障一体结构整体稳定运行，还能达到发电量最优目标。可以说，东方电气已经在全球海上风电产业领域，率先进入了技术深水区。

不满足于在一两个能源装备制造领域，而是把"六电六业"都要做强做优做大，东方电气身上所体现出来的迎难而上、敢啃硬骨头、敢挑重担子的宝贵品质，让一个善于打仗、敢打硬仗、能打胜仗的中国企业的伟岸形象鲜活起来，也让我们深刻地体会到这家中央企业身上独特的精神力量，感受到"东汽精神"在21世纪的荣光绽放。

三、经验与启示

2022年2月28日，习近平总书记在中央全面深化改革委员会第二十四次会议上提出"产品卓越、品牌卓著、创新领先、治理现代"的"十六字标准"。在"十六字标准"提出之前，我国尚没有从国家战略层面提出建设世界一流企业的顶层设计，国内外学术界和实业界对"世界一流企业"关键特征的定义和理解也有若干不同。但不可否认的是，被公认为世界一流企业的企业：必须有能力为全球市场提供高质量的产品和服务；必须有良好的全球性品牌知名度、满意度和认同度；必须是人类科技进步的重要推动者，这点对于我国企业来说，重点就是要关注并解决各种"卡脖子"问题，引领科技创新；应该在商业模式和管理实践等方面体现出中国特色，体现出社会主义市场经济的先进性、优越性和引领性。

（一）抓住思想引领的"牛鼻子"

习近平总书记强调："要把思想政治工作作为企业党组织一项经常性、基础性工作来抓。"东方电气在实施领先战略、加快建设世界一流企业过程中，主动提高站位，把开展高质量思想政治工作当作企业高质量发展的重要抓手。

"东汽精神"是东方电气宝贵的精神财富，也是驱动企业不断创造佳绩的强大文化动力。东方电气非常重视红色资源挖掘、保护、利用，通过课题研究、基地打造和文化实践"三位一体"方式，传承"东汽精神"，汇聚干部职工的历史共鸣和情感共鸣，建立企业的文化自信。东方电气开展了国家社科基金重点项目和中央企业党建政研课题研究，打造"东汽精神"教育基地、"东电印迹"工业历史文化园、东锅迹忆园等一批企业红色基地，开展文化主题实践活动，用实际行动为"东汽精神"注入新的时代内涵。

通过强党建，以党建带团建、带工建，东方电气的思想政治工作持续深化，企业内部全面从严治党向纵深推进。企业成功构建"334 大监督"格局，完善党风廉政建设和反腐败工作协调小组机制，一体推进"不敢腐、不能腐、不想腐"，通过召开警示教育大会，开展"廉洁文化月"等一系列活动，使"同心守正、廉洁致远"的理念深入人心。在 2023 年公布的国资委 2022 年度中央企业负责人经营业绩考核中，东方电气时隔15 年再获 A 级评价，党建考核被评为 A 级、董事会建设获评"优秀"、改革三年行动再获 A 级评价、深化三项制度改革再次获评一级、审计工作被评为 A 级、定点帮扶工作成效连续第 3 年获最高等次评价。

东方电气重视建立健全常态化学习机制，建立"135"学习体系，即"1"是以习近平新时代中国特色社会主义思想为核心，"3"是指联动集团公司党组、企业党委、基层党支部三个层级，"5"是覆盖领导人员、党支部书记、党务工作者、党员、职工五类人群，通过多种方式组织开展专题研讨、专家授课、理论学习。

东方电气集团坚持开展高质量集中宣讲，用干部职工"有共鸣、听得懂、愿意听"的方式，推动党的创新理论、党的路线方针政策和社会主义核心价值观进车间、进班组、入脑入心。东方电气党组带头开展党的二十大精神"百场宣讲进基层"，组建集团公司党的二十大精神宣讲队，举办"小辅导、小辩论、小交流、小演讲、小征文、小评比"等"六小系列"活动，以每年几十场宣讲和上百次"微传播"，讲述干部职工身边拼搏奋进争先的鲜活故事，展示企业改革发展与践行社会主义核心价值观融合互促的生动实践，用党的创新理论凝心铸魂，引导干部职工把思想和行动统一到党的二十大精神上来，增强学习的系统性和有效性，推动党建思想引领和生产经营深度融合。

（二）实施领先战略

东方电气认为，随着新一轮科技革命和产业变革的深入发展，以新型工业化为核心的现代化产业体系正在加快建设，以能源革命为重要内容的"双碳"目标也持续落地，新技术、新商业模式层出不穷，企业生存和发展正面临新的重大挑战。在这样的背景下，东方电气锚定成为世界一流装备制造集团的战略定位，以"领先战略"为牵引，不断提升自身核心竞争力，迈向高质量发展。东方电气的"领先战略"，由人才领先、技术领先、质量领先、成本领先和产业领先的这"五个领先"构成，并坚持以科技引领、绿色低碳和数字化转型为抓手，大力推动装备制造业向高端化、智能化、绿色化发展。

人才领先具体体现在人才密度大、结构好、质量强、效能优，成为引领行业高质量发展的人才高地。技术领先具体体现在落实企业科技创新主体地位，成为引领行业创新变革的活跃力量。质量领先具体体现在产品卓著、服务优质，成为行业可信赖的合作伙伴。成本领先具体体现在效率效益持续改善，企业价值创造能力达到行业一流。产业领先具体体现在品牌世界知名，在各细分领域拥有龙头企业，具备行业引领地位。

"五个领先"既各有特指，又相互联系、相辅相成，构成一个有机统一的整体。从理论逻辑上看，人才领先是基础，技术领先是关键，质量领先、成本领先是支撑，产业领先是最终表现，实现了前四个领先，则实现产业领先、打造行业龙头顺理成章，水到渠成；从工作实践上看，产业领先是其余四个领先的灯塔和载体，其他四个领先要围绕实现产业领先设置目标、开展工作，以创新链、产业链、资金链人才链深度融合，推动产业创新发展。

可以说，"领先战略"的具体内容，既是提高核心竞争力的工作目标，也是提高核心竞争力的工作抓手。

在人才领先方面，俞培根认为，"形势倒逼我们要把落实人才领先战略作为构建新发展格局的战略支点和实现高水平科技自立自强的强力支撑，以高质量管理融汇高质量人才，促进高质量创新、推动高质量发展"。东方电气提出要着力建强"三支队伍"：对党忠诚、勇于创新、治企有方、兴企有为、清正廉洁的经营管理人才队伍；掌握关键核心技术，引领技术创新的科技人才队伍；爱岗敬业、技艺精湛，善于创造性解决工艺难题的技能人才队伍，真正做到"聚天下英才而用之"。

通过实施"头雁工程"，东方电气聚焦产业发展需要拓宽选人用人视野，公开招聘引进紧缺急缺领导人员，多渠道外部"引雁"，多方式内部"选雁"，实施领导人员"369"定期交流机制，培养了一支既有基层经验，又有顶层视野；既有专业水平，又有领导能力的复合型管理人才队伍。

东方电气在多年前就开始探索实行经理层任期制和契约化管理。通过市场化选聘人才，打破身份的"铁饭碗"。东方电气积极组织开展市场化选聘领导人员，实施了包括集团内竞争上岗、面向社会公开招聘、委托猎头推荐引进人才等多种市场化选聘方式。多渠道开展市场化选聘领导人员让越来越多的东方电气人认识到：国企工作不再是"铁饭碗"，想要凭进国企一劳永逸、靠熬年头升职加薪也已经成为过去式。2021年通过施行规范的任期制和契约化管理，东方电气所属企业东方投资外部引进人才占比达到67%；东方锅炉参与竞聘的113名中层领导人员中94人上岗，19人退出，2023年东方锅炉将"竞争择优"的竞聘方法再次"下沉"到职能班组长这一企业管理的最基础环节，进一步完善市场化选人用人的机制，以打造一支政治过硬、专业扎实、管理有方、作风优良的班组长队伍为抓手，贯通抓牢落实公司生产经营各项部署、完成生产经营任务的"最后一公里"。东方电气集团及所属企业内开展的竞聘和任期制改革真正打通了干部能上能下通道，充分激发了干部队伍活力。通过优化人才资源配置，对新产业用工计划单列支持、校招计划不设上限、人才流动加强引导，形成了与各产业发展阶段基本相适应的人才队伍结构。东方电气还积极打造雇主品牌，校园招聘影响力显著提升。前移招聘端口，建立多渠道、多方式校企沟通协作机制。打造"东方电气微招聘"媒体平台，五次蝉联"最具社会责任感雇主"奖。招聘入职应届毕业生975人，"双一流"高校占比70.6%，硕士以上学历占比46.1%。近10年东方电气人事费用率、人工成本利润率、全员劳动生产率持续向好，达到历史最优水平。

为了用好考核"指挥棒"，东方电气集团建立了导向明确的任期业绩考核体系，建立了关键业绩、提质增效、服务战略、约束指标四类指标库，引导企业既注重当期目标实现，又坚持高质量发展方向。同时在业绩考核体系设置上突出一企一策考核，不搞"一把尺子量到底"，根据企业功能定位有针对性地设置指标。实施任期考核时，东方电气采用三年得分连乘，同经营班子签订任期契约书、业绩考核方案、薪酬挂钩方案，即"一书两方案"，在放大年度业绩作用、拉开差距的同时，更强化稳中求进的导向，引导经理层把眼光放远。同时，把任期考核目标向经理层成员、企业各部门、各分子公司进行层层分解和压实责任，实现企业任期目标的有效承接。

在选聘、考核之外，东方电气科学使用薪酬激励手段，在薪酬体系设计方面，建立当期与中长期相结合的激励体系，各企业经理层除按规定领取年度、任期薪酬外，全部纳入上市公司股权激励计划。并且将业绩和薪酬目标直接写入任期契约书，实现"以绩定薪"。坚持绩效导向，连续三年超额完成目标的，经理层年均薪酬可增长50%—70%，部分企业可翻番；连续三年完成目标的，经理层年均薪酬可增长20%以上；连续三年未完成目标的，经理层年均薪酬将大幅下降，最低只有目标薪酬的50%。在激励兑现时，既奖全能冠军，也奖单项冠军，建立单项指标挑战奖励规则，对任期利润超过目标30%以上的部分，实施超额利润奖励；对超额完成市场开拓任务的企业，单独给予奖励。对于年度经营业绩考核不合格的，扣减全部绩效年薪；对于超额完成考核目标任务或做出突出贡献的，确保激励到位；对于经考核认定存在不适宜继续任职情形的，中止任期、免去现职。三年任期结束后，双方可选择是否续约。

东方电气集团打通领导人员退出通道，制定出台《推进领导人员能上能下若干规定》，畅通到龄退出、考察考评退出、不适宜担任现职退出、改革退出、违纪违法问责退出、无法正常履行工作职责退出、自愿退出、组织安排退出等多种退出渠道。近四年，东方电气按规定退出领导岗位的比例年均超过10%，真正形成了"能者上、平者让、庸者下、劣者汰"

的良好氛围。东方电气把年轻人才培养选拔摆在突出位置，加强优秀年轻人才的选拔使用力度，推进基层管理骨干知识化、专业化、年轻化，创造机会选拔、任用各种复合型人才到能发挥他们优势的管理岗位。

科技是第一生产力，人才是第一资源，技术领先的前提是要培养出一流的人才。东风电气着力建立健全科技人才引进—培养—使用评价机制，打造"青年骨干、杰出人才、专业领军"三层级科研人才队伍体系；建立科研人员专项奖励基金，推进中长期激励向科研一线骨干人才倾斜，对重大科研团队一律实施工资总额单列管理。构建了全面覆盖技术、管理、技能三支人才队伍的专家人才选拔评价体系，连续四年组织选拔东方电气青年科技拔尖人才和东方电气首席技师。自2021年以来，东方电气连续三年举行青年职业技能大赛，设置钳工、焊工、机床装调维修工、工业机器人应用、三维建模、PPT设计制作等竞赛项目，在企业内部营造创优争先的良好氛围。

"十四五"以来东方电气集团研发经费投入年均增长率超过17%，新增专利数量较"十三五"末增长近50%。推动资源配置模式创新，在集团内部建立集中力量办大事的研发经费统筹机制。实施科技创新人才培养工程，建立领军人才、杰出人才、青年骨干三层次人才梯队培养体系。重组全国重点实验室，获批国家能源中小燃气轮机产业链关键技术和装备研发中心。国家级研发平台增加至4个，省部级研发平台增长至18个。2022年2月，国家发展改革委公布的国家企业技术中心2021年评价结果中，东方电气国家级企业技术中心获评优秀，在全国1744家参评企业中排名第7，持续列能源装备制造业首位。

东方电气建立了由中央研究院、区域研究院、联合创新研究院构成的"1+N+X"顶层创新研发体系，与浙江大学、四川大学共建联合创新研究院。强化区域协同，新成立福建研究院、长三角研究院，筹建成都研究院，在西藏林芝开工建设世界首个高原水电机组产研基地。率先成立集团级创新联合体，建立起跨企业跨单位跨专业的协同研发机制。东方电气集团国家企业技术中心建立了面向前沿技术、共性技术研发的顶层研发机构，与分布于各地区的产品开发机构共同形成了"多层互动、内外统筹"的科技创新体系，在关键核心技术攻关方面投入和产出形成了良性互动，取得了一系列重大科技成果。

东方电气坚持以重大项目建设为载体，集中优势资源突破重点领域和重点方向，深化关键核心技术持续突破，近三年共获得省部级以上科技奖项63项，其中国家科技进步特等奖1项、二等奖1项，省部级特等奖2项、一等奖10项，成为央企突破"卡脖子"技术的样板。2023年获省级和全国性行业组织科技奖项44项，其中"白鹤滩百万千瓦水轮发电机组关键技术和应用"获得电力创新大奖，"10兆瓦级海上风力发电机组关键技术与应用"等7个项目获省部级科技进步一等奖。

能源装备产品的质量，关系国计民生。东方电气以严格的质量要求和科学的管理体系，确保电力设备的高质量和稳定性，为全球市场提供高质量产品和服务。集团以"481"人才培养为抓手，打造高素质质量管理人才队伍，一企一策打造"QC小组活动"等管理标杆，在全集团的推广和应用白鹤滩精品质量管控经验，把质量管理指挥棒从"符合性质量管控为主"向"卓越质量"转变。集团坚持数智管控变革方向，推动以大数据为基础驱动质量管理数字化转型。以质量管理成熟度评价为抓手，通过全过程、全要素的量化评价，有效实现质量管理由宏观定性管理向微观数据化管理转变。

东方电气在国内外市场所取得的一系列成绩，所参与研制、铸造的诸多"大国重器"便是这家企业高质量发展最好的证明。东方电气这个电力装备制造领域门门功课都优秀的优等生，通过多年践行"一丝不苟抓质量，工匠精神铸精品"，把"六电六业"做得风生水起，水火核风光气一并阔步向前，在全世界赢得了良好的品牌声誉和客户信赖。东方电气持续完善质量管理制度、标准，推动全员、全要素、全过程、全数据的新型质量管理体系应用，以"遵章守规、一次做好、精益求精、客户满意"为方针，确保质量管理成熟度和产品质量的持续提升。

为提高产品质量和稳定性、提高生产效率和降低成本，东方电气持续深入推进精益管理，在下属企业广泛应用精益六西格玛管理方法。通过选树精益"黑带"标杆项目，强化示范引领作用，每个季度对数百个精益改善项目和精益模块推进工作进行督导并确保完成，这一方法取得了良好的实践效果。

在成本领先方面，东方电气不以损失质量的代价降成本，并且通过率先进行"数字化"转型，在降成本的同时提高效率。2020年3月25日，东方电机数字化建设项目通过国家验收，建设成果被国资委认定为"国有重点企业管理标杆创建行动"的标杆项目。2023年8月建成行业首个5G全连接数字化工厂，成为业内首家通过智能制造成熟度3.0认证的企业，数字化生产线达到了人工无法企及的精度和速度。例如，定子冲片车间在智能制造数字化升级前，一条生产线共有12—14个人，而现在只需要2—4个人就可以负责整条生产线，人均产出提高620%，产品不良品率降低20%，能源利用率提高56.6%，劳动强度降低了90%。通过全域数据处理系统，连接1500余台生产设备、9个数字化车间的21条数字化生产线，建立数字研发、数字管理、智能制造、智慧产品服务、智慧园区五大板块，每日能够并行处理超500G数据，实现人员、技术、资源、制造、产品全领域数据互联互通，使经营效率大幅提升、生产成本不断降低、产品质量持续改善。

"产业领先"战略在破解产业发展不平衡、后劲不足的问题时，一方面，积极引领传统产业转型升级，确保煤电、气电、水电、核电等优势产业领先地位，推动风电、高端石化、电力电子等已有产业锻长板、补短板，逐步扩大领先领域；另一方面，积极培育孵化未来产业，依托传统产业技术设备优势，在新型储能、氢能、太阳能、新材料、综合能源等新领域加快产业集群化发展，努力抢占科技革命和产业变革的制高点，形成更多的领先增长极。

除了积极推进数字化转型外，东方电气抢抓新一轮科技革命和产业变革的机遇，积极布局绿色低碳转型。我国"双碳"目标公布后，东方电气集团深刻认识到，实现"碳达峰""碳中和"是党中央统筹国内国际两个大局做出的重大战略决策，是贯彻新发展理念、构建新发展格局、推动高质量发展的内在要求，事关生态文明建设整体布局，更与能源行业发展紧密相关，必须以高度的责任感和使命感积极融入。东方电气将能耗强度和碳排放强度指标作为重点纳入所属企业经营业绩考核，强化对所属企业过程监督及问效问责，将能源节约与生态环境保护责任未落实、履职不力以及发生突发环境污染事件等情形纳入责任追究事项。东方电气从 2021 年开始大幅提高在环保方面的投入，当年比 2020 年投入强度要高出约一倍，直接从 3033 万元跃升至 5960 万元，连续三年保持环保投入递增。

集团组织所属企业全面梳理可减量或可替代的有毒有害原辅材料，制订减量、替代实施行动计划，减少有害物质源头使用。以挥发性有机物排放治理、焊接烟尘排放治理、地下污水管网隐患整治、敏感噪声治理、危险废物贮存治理为防治主线，有效管控环境污染风险，保持了不发生一般及以上环境事件，不发生被节能、环保主管部门处罚的良好纪录。2022 年度东方电气生产的低碳、零碳产品每年减碳约 3117 万吨，折合节约标煤 1199 万吨。

东方电气大力推动能源的循环利用，加强在钢铁、冶金、化工、建材、医药等工业应用领域的节能降碳技术研究，不断完善冷热电三联供、低品位能源利用、余热余压余能利用等综合解决方案。企业大力推动资源的循环利用，探索退役风电、光伏、动力电池等再生资源规模化、规范化、清洁化利用。探索推动能源装备再制造，以发电机组延寿为抓手推动再制造技术发展，延长能源装备的生命周期，最大限度节约制造资源。践行产品全生命周期绿色管理理念，推动原材料采购、产品制造、产品销售、产品服务各环节实现"绿化"。东方电气还通过开展行业对标和全面梳理能耗、污染物控制、资源综合利用等评价标准，制定并发布了东方电气的绿色车间评价标准，对照评价标准开展自评和整改工作。

（三）把创新驱动作为发展根基

习近平总书记指出，国有企业特别是中央所属国有企业，一定要加强自主创新能力，研发和掌握更多的"国之重器"。东方电气深刻认识到中央企业担负的创新主体重任，聚合最优势的资源、人才奔着国家和人民最紧急、最紧迫的问题去攻关，从"快速突破"和"久久为功"两个层面加快科研布局，构建实施"政治引导、重点指导、调研督导、常态化跟踪反馈"攻关促进机制，积极推进"揭榜挂帅"，把科技成果快速转化锻造成最鲜明的竞争优势。

东方电气推出了一批科技创新保障措施：

一是持续增强研发投入强度，研发投入强度列中央企业前列。俞培根和东方电气集团领导班子高度重视技术研发工作，集团企业的研发投入从 2020 年开始均保持两位数以上增长，研发经费投入强度持续保持在5.5% 以上，拥有的有效专利数也从 2020 年的 2971 件、2021 年的 3322 件、2022 年的 4554 件，提高到 2023 年底的 5210 件。

二是围绕"人才领先"，持续建强人才队伍。所采取的主要措施有：加强科技人才"引培用评"，采取"结对子、引路子、压担子、搭梯子"等措施，打造"青年骨干、杰出人才、专业领军"三层级科研人才队伍体系；建立领导人员胜任力标准，开展领导人员"画像"和二级企业班子运行评价，形成领导人员多岗位锻炼、常态化交流任职工作机制，系统推进"领航、领才、起航"梯队培养工程；把引进高层次人才和自主培养集团级、专家级人才相结合，比如 2023 年东方电气引进高层次人才 109 人，新增培养集团级以上专家人才 168 人，1 人获得首届国家工程师奖，1 人入选国家万人计划；优化人才激励机制，坚持以效益、业绩决定企业工资、职工薪酬，实现工资总额与效益同步增长；围绕科技创新、战新产业、高层次人才开展单列薪酬定向激励，2023 年新增实施中长期激励 12 项，中长期激励累计覆盖人数占比提升 3.8 个百分点。

三是成功构建一批协同创新平台。比如与清华大学等一批高校建立智能制造协同创新中心，与 70 余家企业成立先进电力装备等 4 个创新联合体，协同创新能力进一步提升。

企业把技术创新活力转变为技术竞争力的关键在于创新驱动力，创新驱动发展，但以什么来驱动创新呢？

一般来看，创新驱动力往往来源于兴趣（理念、价值观）、国家安全需要、国际化市场竞争等一种或多种因素的叠加。特别是在技术变革、技术突变不断加速的时代，企业面对颠覆性技术层出不穷的全球市场竞争形势，必须重视技术的经济性和性价比，努力走出一条投入技术研发—掌握关键技术—获得相对竞争优势—投入迭代研发—升级核心技术—扩大市场规模—建立品牌优势—获得更大竞争优势的可持续发展道路。

2023 年，东方电气持续强化着力完善创新体系，重组了集团公司科技委员会，新设了长三角创新研究院，逐步形成了"1+N+X"创新研发体系，建立了集团层面科研经费统筹机制，东方电气"全国重点实验室"成功重组并进入实施阶段，"国家能源中小功率燃气轮机产业链关键技术和装备研发中心"也获批建设，这些措施确保了东方电气在争当原创技术"策源地"和现代产业链"链长"方面成果卓著。2023 年在国家能源局公布的"2023 年度能源行业十大科技创新成果"，东方电气作为完成单位的成果独占三项，分别是应用于白鹤滩—江苏 ±800 千伏特高压直流工程、广东电网目标网架工程等重大电网工程系统的"大规模电力系统电磁暂态仿真平台",实现我国高水头大容量冲击式水电机组关键核心技术"从无到有"突破的"150兆瓦水电机组大型冲击式转轮",以及应用于湖北应城和山东肥城压缩空气储能电站项目,推动我国先进压缩空气储能技术迈向新台阶的"300兆瓦压缩空气储能系统压缩机和膨胀机"。

2023年,东方电气战略性新兴产业营收占比超过42%,全年发电设备产出量达到4395万千瓦的历史新高。东方电气的核心产业布局从京津冀到粤港澳,从长三角到成渝双城经济圈,呈现出遍地开花的景象。整个"十四五"时期,东方电气累计为地方贡献税费超过65亿元,增加就业机会3.3万个,通过积极拥抱能源绿色低碳转型,推动高端装备制造业向数字化、智能化升级,东方电气这家能源装备央企的发展已经被按下"加速键"。

2024年1月2—5日,俞培根率队在四天时间里先后密集访问了中国华能、中核集团、中国中煤、中国华电、国家能源集团、国家电网、中国大唐等七家央企,就加强协同创新、产业合作、服务国家战略、加强关键核心技术攻关、新型能源体系构建和共谋战略性新兴产业发展等问题深入交流。新年的日历才刚开始翻动,东方电气已经在构建能源装备协同创新更坚实稳定的"朋友圈"了。

东方电气,正如俞培根所说,永远攀登高峰,永远追求世界之最!

数智中国的卓越领袖

——中国移动通信集团有限公司案例研究

　　信息通信业既是一个与每个人的生活密切相关的行业，也是支撑现代经济社会发展的战略性、基础性、先导性行业。从 1994 年国务院提出改革邮电管理体制、实行政企职责分开后，我国的通信业在 30 年的时间里，经历了多次波澜壮阔的改革重组。

　　1999 年，原信息产业部按照专业化经营原则，将原邮电部电信总局拆分为四个独立的公司：寻呼公司（中国寻呼通信集团公司，后并入中国联合网络通信集团有限公司）、卫话公司（中国卫星通信集团有限公司）、固话公司（中国电信集团有限公司）、移话公司（中国移动通信集团有限公司）。后来又经过一系列分拆、重组、更名动作，逐渐组建形成了中国移动、中国联通和中国电信三大通信运营商，三家企业最初分别以移动通信、宽带网络和固定电话等业务进行市场划分，以避免同行业恶性竞争，并逐渐形成了有利于激发科技创新、持续推动信息通信业高质量发展的市场格局。

　　中国移动正式成立于 2000 年 4 月，这家由我国电信体制改革孕育而生的企业，具有天然的改革基因。1997 年其部分业务资产在香港和纽约上市，被称为"央企海外上市第一股"，2022 年回归 A 股，成为"红筹公司 A 股主板上市第一股"。中国移动多年来稳居行业龙头地位，目前是全球网络规模最大、客户规模最大、收入规模最大"三个全球第一"，实现创新能力、品牌价值、公司市值、盈利水平"四个全球领先"的电信运营企业，是首批创建世界一流示范企业之一。

中国移动的"三个全球第一"中，第一个是网络规模全球第一，是指累计建设移动基站超 660 万个，约占全球的 1/3；建成全球规模最大5G 网络，开通 5G 基站超 190 万个，占全球 5G 基站数近三成。第二个是指客户规模全球第一，中国移动继续保持全球运营商规模第一的成绩。截至 2024 年 2 月，中国移动用户总数 9.9 亿户，5G 套餐用户数 7.98 亿户，在 5G 用户规模上，中国移动的用户规模最大。第三个是指收入规模第一，2022 年中国移动营业收入规模达 9390 亿元，首次超过美国运营商威瑞森电信（Verizon），居全球电信运营商首位。2023 年，中国移动营运收入首超万亿元，达到 10093 亿元，同比增长 7.7%；其中通信服务收入达到 8635 亿元，同比增长 6.3%，高于行业平均增幅。净利润达到 1318 亿元，同比增长 5.0%，创历史新高。2023 年 8 月，《财富》发布的 2023 年世界 500 强榜单中，中国移动居总榜单第 62 位，是该榜单全球排名第一的电信运营商。

中国移动是一家与亿万国民的日常生活和国家信息安全息息相关的中央企业，随着移动互联网经济的迅速崛起和国家信息基础设施建设的全面提速，中国移动已经从一个传统通信运营商变成一家综合性网络信息服务提供商，是勇担科技强国、网络强国、数字中国建设的主力军，今天正坚定地走在创建世界一流信息服务科技创新公司的时代征程上。

一、躬耕科技自立自强的行业典范

移动通信技术的迭代速度非常快，从第一代发展到现在第五代、第六代移动通信技术，只经历了30多年的时间。而每一代技术，都比上一代技术速度提高10倍以上。

我国的第一代模拟通信系统，即1G于1987年11月18日开通并正式商用。模拟通信是指用电信号或电磁波信号对所传递信息进行直接模拟，当时最具代表性的终端产品是"大哥大"，重量将近1公斤，形似一块"板砖"，被认为是那个年代身份与地位象征的"高科技"产品，基本功能只能打电话，连短信都收不到，不仅通话费用高，通话质量还非常差，存在听不见、听不清、听错了、没信号等一系列问题。2001年12月底，中国移动关闭了在我国运行长达14年的1G系统，用户数最高曾达到660万。

2G—3G时代是包括笔者在内的很多"80后""90后"，在学生时代所亲身经历的，故而印象非常深刻。2G是以数字语音传输技术为核心的通信技术，能够打电话、发信息，直板、翻盖、滑盖等各种各样的按键手机开始走入普通人的生活，成为每个人与外界联系的基本通信工具，2004年全球2G用户已经超过10亿人。不过，昂贵仍然是很多人心中非常深刻的时代记忆，2000年12月中国移动推出移动互联网业务品牌——移动梦网，那时孩子们偷拿父母手机点几下新闻、图片，订阅几个搞笑彩铃，很可能就会欠费几十元，少不了挨一顿骂。当时流行的手机游戏，如贪吃蛇、俄罗斯方块，现在几乎没有孩子玩了。

3G则进入全民触控时代，手机成为可以发邮件、拍照和传照片、看社交网站的重要工具，也正是从那时起，安卓和IOS系统开始崛起。2009年1月，我国三大运营商均推出3G网络服务，各种触屏手机成为人们的生活伙伴。

3G网络推出仅4年后，2013年工信部便向三大运营商发布了4G牌照，4G网络开始在中国正式商用，"流量够不够""流量贵不贵"更是成为普通人心头的"焦虑"：刷抖音、刷朋友圈、刷微博、微信聊天、玩游戏、移动支付、看直播、购物、点外卖等成为占据大部分人闲暇时光的"网事"，手机真正成为现代人生活和工作都必不可少的工具。

"5G元年"是"2019年度中国媒体十大新词语"。2019年6月6日，5G商用牌照正式发放，中国正式进入5G商用时代。在5G超高速和超低时延网络能力的支持下，人、物和数据实现了远超4G时代的远程互联，以前存在于文学创作和天才想象中的场景开始变为现实：智能交通、智能家居、工业互联网、智慧农业、无人驾驶、远程教育、远程医疗、数字乡村等各个领域开始蓬勃发展。人在另一个城市，通过一部手机就可以远程遥控家里的扫地机器人、智能窗帘和门窗、智能电饭煲、空调、热水器等电器工作，并且这只是5G改变人类生活的一些非常普通的场景。实际上，人类正在开启一个真正实现万物互联的新世界，借助于万物互联，无人驾驶可以实现大规模应用，远程诊疗和医疗资源共享会成为现实，制造业工厂能够用数据连接起从原材料到生产到消费者全过程，未来人类的生产生活活动都会变得更有计划、更加智慧。

随着通信技术的快速迭代，比5G更先进的6G时代正在到来。移动通信技术每升级一代，流量带宽速度将增加10倍以上。如果说1G是单车道，2G则是10车道，5G能够跃升至万道并行，6G则有足够能力为各种实时互动应用程序和物联网设备的大规模数据传输提供更加安全可靠的网络支持。所以说，新一代信息通信技术是构建国家信息基础设施，是开启万物互联数字化新时代的重要新型基础设施，能够赋能千行百业的数字化转型，故而被认为是全面支撑经济社会发展的战略性、基础性和先导性产业。

从1G空白、2G跟随、3G突破到4G并跑、5G引领，我国的移动通信技术用20多年的时间就完成了从"追赶"到"引领"的跨越式发展进程。1G时代我国属于旁观者，2G时代我们是跟学者，3G时代中国成长为可替代全球技术的同行者，4G时代我们开始成为走进全球通信技术舞台中央的主角之一，5G 时代我国成为全球新一代移动通信技术的核心领导者和无可争议的绝对主角，相信这种优势也必将延续到 6G 时代及其以后的技术竞争中。

21 世纪之初成立的中国移动，虽是一个年轻的企业，却领导和参与了我国 3G 突破、4G 并跑和 5G 引领的全过程。也可以说，中国移动的发展壮大就是一部我国通信企业在国际通信领域积极争夺话语权、持续提升话语权的历史。

3G 时期，中国移动追求技术上的自主突破，主动扛起了研发和运营 TD-SCDMA 3G 网络的大旗。由于 TD-SCDMA 路线同传统技术和系统的差异很大，中国移动必须通过技术创新"带着大家走"，而不是"跟着别人走"，最终通过技术攻关掌握了具有完全自主知识产权的 TD-SCDMA 技术，并成功将其推广为国家标准，获得国家科学技术进步奖一等奖。中国移动带领产业合作伙伴进行的联合创新，推动我国首次形成了覆盖芯片、终端、系统设备、仪器仪表、大型应用软件、网络建设与运营等各环节的完整的移动通信产业体系。

4G 时期，中国移动实现了与全球移动通信技术的"并跑"。通过自主创新将 TDD（Time Division Duplexing，时分双工）做大做强，推进 TD-LTE 标准成为国际标准，联合产业界克服了技术、产业、组网、测试、组织机制五大困难，第一次实现了由中国主导的技术在全球实现规模应用的历史性跨越，并带动我国移动通信产业在芯片、仪表等薄弱环节实现群体突破。因为 TDD 创新突破成绩显著，中国移动"第四代移动通信系统（TD-LTE）关键技术与应用"获得"国家科学技术进步奖特等奖"，这是我国通信领域的第一个特等奖，也是目前为止行业内唯一的特等奖。这一时期，中国移动在 TD-LTE 的成功，不仅将中国主导的移动通信技术推进到国际主流标准并走向了全球，也极大地提升了中国移动通信产业的全球影响力和话语权，中国移动通过自主创新带动了一批中国移动通信设备和终端制造商在全球竞争中崛起，将中国移动通信产业的国际地位提升到前所未有的高度。

正是得益于在 3G、4G 大力突进技术研发和自主创新所打下的坚实基础，中国移动在 5G 时代才得以实现"领跑"。5G 时代，中国移动推动了我国主导的 TDD 技术成为 5G 系统的基础和主流，并推动 2.6GHz 产业链与 3.5GHz 产业链成熟度基本持平以及 SA（独立组网）端到端产业逐步成熟。

除了在自主科技创新问题上迎难而上，中国移动也非常重视中国标准"走出去"和"立得住"的问题。在 5G 时代，中国移动在 ITU（国际电信联盟）、3GPP（第三代合作伙伴计划）等国际组织中牵头的关键标准项目立项和提案数，在全球电信运营商中名列前茅。目前，中国移动在标准制定方面的工作成果已稳居全球运营商第一阵营，至今累计提交国际标准化文稿 2.1 万余篇，主导 5G 国际标准 181 项，在 5G 领域 R17 和 R18 牵头立项数均居全球运营商首位。与此同时，中国移动着力培养造就"高精尖缺"人才，集团数智化人才占比已经超 35%，获国家科学技术进步奖特等奖 14 人、国家技术发明奖 3 人、中国青年科技奖 2 人、30 余人在 ITU（国际电信联盟）、3GPP（第三代合作伙伴计划）等顶级国际通信组织担任领导职务，实现了我国科学家在多个国际标准组织领导职务从 0 到 1 的突破，有效提升了我国在 5G 国际标准化领域的地位和影响力。

中国移动高标准开展关键核心技术攻关，推动物联网芯片、操作系统等 10 项攻关任务超额完成目标，填补了我国多项技术空白。高效率开展 5G 联合创新，联合 22 家央企、200 多家产学研用主体协同攻关，建成 7 个企业联合实验室、12 个高校联合创新载体。有了高水平科研平台的支撑，中国移动在新一代通信技术研发方面不断取得世人瞩目的亮眼成绩。

2024 年 2 月，在巴塞罗那 2024 世界移动通信大会上，中国移动宣布将在我国超 300 个城市启动 5G-A 网络商用部署，率先打响了 5G-A 商用的"第一枪"。5G-A 是 5G 的"升级版"，5G-A 引入了通感一体、无源物联等新一代信息技术，能更好地适配人工智能、万物智联、低空经济等场景应用，其理论速率能达到 10Gbps，网络能力相比 5G 有了 10 倍提升，支持上行千兆和下行万兆、毫秒级时延、低成本千亿物联，将有效支撑 5G 超高清直播、VR/XR 虚拟现实、裸眼 3D 等应用网络需求，作为 5G 向 6G 的过渡阶段，5G-A 既是 5G 的升级版，也是在为 6G 提前探路，其成功商用将标志着万兆时代的真正来临。2024 年，中国移动将分阶段梯次导入 5G-A 关键技术，率先实现 RedCap 商用，实现全国所有城市县级以上区域 RedCap 的连续覆盖，并预计推出超 20 款 5G-A 终端，发展超 2000 万 5G-A 终端用户，加速万兆时代的到来。

目前，按照"移动通信使用一代、建设一代、研发一代"的整体安排，中国移动已经瞄准 2030 年 6G 商用，开启了 6G 研究。2022 年 6 月 21 日，中国移动发布《中国移动 6G 网络架构技术白皮书》，提出"三体四层五面"的 6G 总体架构设计，这是业界首次正式提出的系统化的 6G 网络架构设计，构筑了 6G 移动通信系统的骨骼和中枢，以敢于亮剑、勇于引领的精神，为 6G 的发展奠定坚实网络基础。2023 年 3 月，中国移动携手 16 家国际运营商发布了第三本 6G 白皮书——《6G 需求与设计考虑》，白皮书从运营商立场定义了 6G 需求，包括实现数字包容、能源效率、环境可持续性和灵活部署的演进路径需求以及未来应用场景的新能力需求，并提出 6G 系统架构与设计考虑，推动了 6G 研究从需求愿景到系统设计的跨越。

2024 年 2 月 26 日，在世界移动通信大会（MWC2024）期间，美国、英国等十个国家发表了支持 6G 原则的联合声明，强调各国将共同致力于推动开放、自由、全球互通、可互操作、可靠、弹性且安全的 6G 无线通信系统研发。3 月，中国国家市场监管总局、中央网信办、国家发展改革委等 18 部门，共同印发了《贯彻实施〈国家标准化发展纲要〉行动计划（2024—2025 年）》，明确提出将聚焦下一代互联网技术路径演进等新场景，强化区块链和分布式记账技术的标准体系建设，并着重开展 6G、区块链、分布式数字身份认证等关键技术领域的核心标准研究工作。

当前，全球 6G 技术研发正处于标准制定和原型机试验的阶段，在通信代际的提升过程中，前一代技术具备核心优势的国家更有希望在下一代际竞争中取得相对优势，从而延续技术领先态势。相信以中国移动为代表的中国企业，将继续在新一代通信技术研发和标准制定中承担重任，并以优势地位全面参与全球竞争。而这样的竞争，往往已经超越了中国企业同国外企业之间竞争的范畴，已上升为国家与国家之间争夺未来产业优势和战略高地的竞争。

纵观中国移动从 3G 到 5G、6G，从"跟随者"成长为"引领者"的 10 多年时间，其有效授权发明专利已经突破万件，专利成果也屡获殊荣。中国专利奖金奖是中国专利领域的最高荣誉，目前中国移动是我国电信运营商中唯一曾获得中国专利奖金奖的单位，连续三年获得 3 项银奖，连续 11 年获得 21 项优秀奖。

在这些出色的成绩单背后，是中国移动十年磨一剑的坚持与奋斗。中国移动坚持科技创新引领，始终保持企业以变应变的前瞻性和主动性，以健全科创体系提升"决策力"，以用人和激励机制改革打造"战斗力"，以改革产业创新模式激发"凝聚力"，以变革协同攻关方式激发"创新力"，通过打造广聚创新合力、发挥人才能力、激发全员活力的"三力型"组织，激发企业发展内生动力。

在健全科技创新体系方面，中国移动通过制定实施科技创新三年规划，构建起内环、中环、外环、合作环、海外环协同互动的"一体五环"研发布局。内环以科学研究打造关键技术，中环以技术创新构筑优质产品，外环以产品推动市场发展，合作环以联合创新实现全流程贯通，海外环促进核心能力出海和海外高端人才引进。高新技术创新往往需要持续的资金重投入，中国移动研发机构已经超 10 家，参与建设了 7 个国家级工程实验室，技术类人员占比达 30%，特别是近几年中国移动的科研投入强度急速提升，2022 年中国移动研发费用投入 217 亿元，同比增长 17%，2023 年中国移动研发费用支出达到 287.11 亿元，同比增长58.7%。

2023 年，中国移动在数智创新方面取得了很多成果，比如算力网络自主关键技术取得突破，构建了业界首个算网大脑，实现算力网络算力供给能力、数据处理能力、网络联通能力、业务供给能力的最大化。目前，中国移动的算网大脑已在全国试商用，支持"东数西算"、智算超算、数据快递等 115 种算网业务，并应用于大规模数据灾备存储、影视渲染、天文、医药研发等领域。在算网大脑的基础上，公司研发"百川"算力并网平台，联合国家超级计算中心、行业头部云厂商共同发起并网行动，接入通算、智算、超算、量子计算等社会算力规模超过 3.3 EFLOPS，1EFLOPS 等于每秒执行 10^{18} 次浮点运算。通过对 300 多个地市进行网络覆盖，中国移动实现了东、西部算力枢纽节点间的全互联组网，并创造了 400G 全光网超过 6000 公里超长距离传输的世界纪录。

2023 年，中国移动以原创的"体系化人工智能"技术体系为核心，实现大模型领域全链路核心技术掌控和自主创新，中国移动与设备商和芯片设计公司携手，共同研制了我国首款可重构 5G 射频收发芯片——"破风 8676"，助力攻克 5G 关键核心技术壁垒。"破风 8676"芯片是可广泛商业应用于 5G 云基站、皮基站、家庭基站等 5G 网络核心设备中的关键芯片，填补了我国在该领域的国内空白，有效提升了我国 5G 网络核心设备的自主可控度。2023 年，中国移动"破风 8676"芯片入选了"2023年度央企十大国之重器"，中国移动呼和浩特智算中心也成功入选"2023年度央企十大超级工程"。

中国移动自 2013 年开始进行人工智能技术和产品的自主研发，十年来勇当国家科技创新主力军，树立了"可上九天揽月"的高远目标。中国移动打造了包括九天大模型和人工智能平台在内的一系列标志性产品，加速从"5G+"向"AI+"延伸拓展，构建以"大算力""大模型""大数据""大平台"为特征的新型智能基座，正在成为智能时代的"供给者、汇聚者、运营者"，促进千行百业锻造新质生产力，为我国经济社会数智化转型注入强劲动能。中国移动布局的大模型赛道成果斐然，2023 年正式发布"九天·海算政务大模型""九天·客服大模型"，自主攻坚百亿、千亿等参数规模的"九天"基础大模型，与产业共建共创"九天·众擎基座大模型"。中国移动的九天·网络大模型助力我国多省网络调参效率提升 30%、性能问题工单处理效率提升 80% 以上，其中"九天·客服大模型"已在中国移动 10086 在线客服场景实现规模化应用，是业界首个将大模型用于超大规模客服生产系统的工程化案例；"九天·海算政务大模型"是中国移动打造的面向政务领域的行业大模型，依托该模型的政务服务系统将具备强大的政务事项理解能力、多维度的信息关联能力、面向复杂事项和复杂流程的多元交互能力，以技术手段真正实现"数据多跑路，群众少跑腿"，能够推动"一网通办""一网统管""一网协同"等政府项目智能化提质增效。2024 年 4 月 2 日，中国移动"九天·自然语言交互大模型"也正式通过国家网信办大模型备案，标志着中国移动九天 AI 大模型可正式对外提供生成式人工智能服务，也成了同时通过我国"生成式人工智能服务备案"和"境内深度合成服务算法备案"双备案的首个央企研发的大模型。

中国移动的"九天人工智能平台"具备为各个行业提供强大支持和赋能的能力。比如在智慧城市方面，九天国产算力 AI 城市治理算法仓，有能力面向人居和交通环境治理、中小微商铺智能化服务两类场景，实现垃圾乱扔识别、车辆违停识别、人流量检测等 AI 应用，助力城市数智化跨越式发展。在智慧医疗方面，九天推理一体机探索云边一体化 AI 平台与能力在医疗行业应用。在航空交通方面，依托九天人工智能平台构建飞机 AI 辅助检测场景解决方案，向上层提供全国产化的人工智能服务，保障飞机飞行安全。在服务企业管理方面，融合九天 AI 能力打造的"中移獬智"智慧法务产品，实现企业合同管理标准化、智能化、可视化，获得第 28 届全国企业管理现代化创新二等奖。在教育方面，九天·毕昇平台能够赋能高校人工智能教学实训、创新活动及科学研究活动，助力高校人工智能人才培养及科研创新。中国移动以数字技术赋能千行百业已经进入深水区，构建的各种"人工智能大平台"，正在成为通用智能的供给者、汇聚者和运营者，为实体经济带来新价值和新机遇。

"5G+ 北斗"高精定位系统，是实现 5G"地上的网"和北斗系统"天上的网"优势融合的高精度定位系统，能够提供实时、亚米级、厘米级和静态毫米级的高精度定位服务，带来海量高精度、高时效的地理大数据，适用于很多人力无法触及、人工不易实现的领域。5G 具有高速度、大容量的特点，可以稳定传输北斗地基增强时空位置修正信号，使北斗的时空精度更高。高精尖的北斗系统同中国移动在地面覆盖全国的通信网络能力相互赋能，能够将高精度定位服务覆盖到人类和机械能涉及的所有空间，在诸如工程建设、测量测绘、环境监测、码头装卸、机场调度、自动驾驶、智慧港口、智慧物流、精准农业、无人机、手机高精度定位、智慧矿山等广泛领域产生颠覆性技术和应用。

比如在春耕播种、插秧等农业作业领域，"5G+ 北斗"厘米级定位能力已经应用于农机自动驾驶导航、无人机植物保护作业等，实现耕种全程自动化；亚米级定位能力可应用于农机定位、农机作业监管等，实现农机作业轨迹、作业速度、作业状态实时监测。比如在隧道导航场景中，"5G+ 北斗"高精度定位实现了北斗室内外无缝衔接的车道级导航，解决了北斗定位技术在隧道场景的应用难题，有效提升了隧道通行效率和安全性，减少了隧道事故及损失。在危险化学品、石油、冶炼、钢铁等重大生产领域，通过"5G+北斗"高精度定位，可以实现精准无缝定位、危险区透明监控，实时连续岗位监控、规范巡查，能提早主动预防危机事件产生。在智慧矿山建设中，结合5G网络和北斗定位技术，可以实现矿山挖装、运输、监测等环节的无人化远程操控，提高生产安全性，降低事故风险。"5G+北斗"技术还可应用于测量测绘、无人机电力巡检、智慧养老、重大活动指挥管理等更多生产生活和社会治理领域。目前，中国移动已经建成了全球规模最大的"5G+北斗"高精定位地基增强网络，致力于为各行业带来全新的发展机遇。

今天的中国移动已经深度融入国家创新体系，获批新一代移动通信技术国家工程研究中心，与清华大学等多所高校设立联合研究机构，设立了"国家自然科学基金—中国移动企业创新发展联合基金"，积极参与京津冀国家技术创新中心建设。中国移动围绕强化国家战略科技力量，深入落实创新驱动发展战略，充分发挥中央企业国家队、排头兵作用，高质量建设科技创新体系，努力成为自主核心技术的需求牵引者、技术供给者、创新组织者、应用推广者，努力为支撑高水平科技自立自强、创建世界一流示范企业贡献更大力量。

二、中国经济社会高质量发展的忠实服务者

根据联合国关于老龄化的划分标准，60岁以上人口占总人口比重超过20%或65岁以上人口比重超过14%，则认为该国进入"中度老龄化"社会。2024年1月17日，国家统计局发布的数据显示，2023年末60岁及以上人口已占全国人口的21.1%，这意味着我国已正式迈入"中度老龄社会"。老年人由于活动能力下降，需要获得比其他人群更多的社会支持和服务，这既是一个社会管理问题，也是一件民生大事。

为帮助老年人和偏远地区居民等特殊群体跨越数字应用鸿沟，中国移动持续创新产品和服务。

从"沟通从心开始"到"全心全意为您服务"，再到"心级服务　让爱连接"，中国移动近年来的宣传语和企业文化，都同"心"紧密联系，致力于以"专业、热诚、执着"的服务，为用户带来"舒心、贴心、暖心"的美好体验。

目前，中国移动在超过 1.95 万个营业厅设置了爱心座椅，在超过 1.88 万个营业厅设置了爱心通道；在 1.56 万家营业厅提供厅店下单、配送到家的服务；在 1.9 万个网格为老年客户提供上门服务；举办了近 1.66 万场老年人智能手机使用讲堂，从查话费、交话费，到进行反诈科普宣传，为广大老年人用户提供高质量的便捷服务。中国移动率先在浙江开展的"银龄跨越数智鸿沟"计划，入选 2022 年度"全国最佳志愿服务项目"。

中国移动系统构建了"五个一"适老化服务体系（一系列专属资费、一系列厅台服务、一系列线上服务、一系列适老化终端、一系列公益活动等）。截至 2023 年 12 月底，中国移动推出的适老化资费及优惠惠及超过 2645 万名老年人。

为了提升便民惠民利民的服务质量，中国移动建立了"心级服务"常态化机制，组织开展了总经理接待日、全员站店、倾听投诉声音、总经理抓服务、以客户为中心大讨论、服务面对面等多种特色服务文化活动，真正把提升服务质量当作"一把手工程"。中国移动董事长杨杰和各级负责人率先垂范，带头深入 10086 客户服务一线，亲自接听客户来电，了解客户对信息通信服务的需求，解决他们的诉求、困难和问题。

我国幅员辽阔，自然环境千差万别，地区之间的经济发展水平差异大，但中国移动的通信信号却努力跨越山海，为不同地区、不同民族的人们带来同样高效、高质量的信息服务。过去人们讲"要想富、先修路"，而在信息化时代，要想富不仅要修公路、铁路，更要建 5G、宽带等"信息高速公路"，因为中国移动的很多案例都证明：只有"网络好"，才能"富得快""富得早"。

福建宁德三都澳，是闽东沿海的"出入门户，五邑咽喉"，由5个单岛和1个半岛、14个岛屿、17座礁、5处滩涂等组成。三都澳海域海岛多、渔村多，台风也多，网络建设难度大，中国移动克服重重困难在这里打造了全国第一家海上营业厅，这个矗立海中的营业厅20年来持续服务着区域内的近万名渔民和养殖户。近年来，借助于5G网络的信息化手段，渔民们通过开展直播带货活动销售鲍鱼、大黄鱼等海产品，将闽东特产送到全国各地消费者手上，渔民也借此更快地富起来。

通过积极开展海域新技术研究，中国移动2022年率先在福建宁德建成了全国首个5G海域精品示范网，形成"陆、海、空、天"一体的海上5G覆盖标准。中国移动在这片海域上，完成了超300个5G站点的建设，基本实现50公里海域全覆盖、海域网络速率提升70%、容量提升2倍，既实现了高清视频监控画面的实时回传，满足了渔民安全生产和防盗预警的需求，也让他们在茫茫大海里也能随时随地打视频电话、发朋友圈、看视频。目前，中国移动的5G智慧海洋方案已在我国沿海11省实现规模应用。

多年来，中国移动践行央企的使命担当，在西藏持续推进"村村通"、电信普遍服务等惠民工程，通过加大5G、物联网、大数据等新基建建设力度，在青藏高原架起一座座沟通世界的无形桥梁，消弭了高海拔地区的数字鸿沟，为雪域高原建起连接世界的"信息天路"。

2020年，中国移动在珠峰海拔6500米前进营地，开通了全球海拔最高的5G基站，实现5G信号对珠峰北坡登山线路及峰顶的覆盖。传输光缆从海拔5300米的珠峰大本营敷设到6500米前进营地，共计需要25公里。敷设3公里铠装光缆，每盘重达700千克，25公里光缆重达5.8吨。在珠峰运输一盘3公里光缆，需要40多个人手拉肩扛。为全力做好基站供电工作，中国移动做了多种灾备和应急预案，包括保障级别划分、巡查维护、油机备份、油料储备，等等。但是，油机也有因低压、低氧导致油机输出功率不足的"高原反应"，连工作人员网络维护使用的笔记本电脑也存在"高原反应"，值守人员晚上睡觉要把电脑抱在怀里，第二天电脑才能开机工作……

在青藏高原的冈仁波齐，有一家世界屋脊上"不关门"的夫妻营业厅，一对藏族夫妻其美多吉、边巴卓玛无畏严寒、不惧孤独，以不懈的坚持和热情为群众提供周到服务，他们的故事被中央电视台拍摄成为40分钟的专题纪录片《青春西藏·神山爱情故事》广为流传。2003年以来，中国移动一直承担对口支援西藏改则的任务，在海拔5000多米的雪山下架起一张张通信网，2023年实现了乡镇以上区域5G网络的全覆盖。2022年12月，在中国海拔最高的乡——西藏浪卡子县普玛江塘乡（平均海拔5373米），也成功开通了中国移动的5G信号。通过一张张看不见的通信网络，西藏的虫草、牦牛肉、奶制品得以走向全国，用信息化、数字化赋能当地经济社会和教育文化的发展，不仅提高了藏民的收入，还为他们提供远程诊疗服务，将发达地区的优质医疗资源引入藏区偏远区域，解决了牧区牧民看病难的问题。

在青海，通过中国移动建设的5G网络，三江源、祁连山、青海湖、可可西里等重点地区生态情况均可实现远距离、大范围、全方位的实时监测。近几年，随着无数移动5G基站的接连挺立，以"5G远程视频巡检＋现场值守"相结合的方式，提升了各自然保护区的实时监控能力，守护青藏高原的生态安全。2023年5月31日，三江源国家公园可可西里卓乃湖中国移动5G基站开通运行，标志着我国面积最大、海拔最高的世界自然遗产的中心区域可通过5G网络连接全球，利用5G技术在可可西里保护区向世界传递"中国生态保护"的声音。

中国移动是我国西北地区算网融合的"先行者"，早在2015年就立足青海省潜力巨大的清洁能源、丰富的碳汇资源、冷凉的气候环境等优势，布局了西北地区规模最大的大数据中心，打造了"零碳、极速、高效、智能、安全"新一代大数据中心，率先建成青海绿色智算中心，为青海政务服务、智慧医疗、智慧城市等领域300余家客户提供智算服务，助力青海经济社会的高质量发展。

在新疆南隅的和田，这个南抵昆仑山、北临塔克拉玛干大沙漠，因盛产玉石而闻名遐迩的地方，一年之中沙尘天气大约能占60天，素有"一天要吃半斤土，白天吃不够，晚上还要补"的俗语。尽管这里牧民居住分散，通信设施建设成本和难度非常大，但中国移动坚持网络建设"一处都不能落下"的原则，工作人员克服重重困难，翻越高山、穿过沙漠，硬是在茫茫黄沙中建起一座座通信基站，把一座座"信息孤岛"变成一个个"信息绿洲"。随着通信网络的建成，和田大枣、和田地毯等商品经由网络走进了全国亿万家庭，带动了当地经济的发展。

2009年10月底，中国移动在我国纵贯世界第一大流动沙漠塔克拉玛干大沙漠的沙漠公路上，建成了两座90米移动通信铁塔，实现了移动通信在大面积流动沙漠区域近千公里交通线路全程的率先覆盖，为塔里木油田近3000名职工，以及各类奔赴在沙漠公路上的运输货车和过往旅人等提供安全、快捷的通信服务。

2023年5月，在位于新疆巴音郭勒蒙古自治州轮台县的塔克拉玛干沙漠，中国移动开通了首个沙漠公路700MHz 5G超远覆盖基站，覆盖距离达30公里，让新疆人民和来疆游客在感受沙漠风光的同时，还可以流畅地使用智能导航、视频直播、高清通话等业务，用图片、视频的方式与亲朋好友分享旅行见闻。

在岛上、在海上、在山上，在高原、在沙漠、在冰天雪地里，哪里有人民，哪里就有中国移动的信号覆盖，这种"无处不在"的背后，是无数中国移动员工为国为家长达20多年的无私奉献和默默付出。

在惠民、便民服务方面，中国移动近年来通过不断降低数字化服务的获取"门槛"，促进普惠于民的各项措施落到实处，让老百姓得到实实在在的实惠。

2015年5月，中国移动为全面落实国务院《加快高速宽带网络建设推进网络提速降费的指导意见》要求，先后推出了流量不清零服务、取消手机国内长途和"漫游"费、取消流量"漫游"费、推广大流量资费、推动国际资费下调、家庭宽带全面提速、中小企业宽带提速降费、特殊群体精准降费等一系列举措，有效降低了中小企业和个人用户每月的通信费用支出。截至2023年12月底，这些措施累计惠及客户超10亿户，累计让利金额超7000亿元，手机上网平均单价较降费前下降超96%、企业宽带平均单价下降超90%、互联网专线平均单价下降超80%。

2019年11月11日，工信部印发《携号转网服务管理规定》，中国移动坚决落实党中央决策部署，高要求做好组织保障、高效率推进系统改造、高质量开展用户服务、高标准优化市场环境，累计投入约10亿元专项资金，全力保障"携号转网"工作顺利实施。截至2023年12月底，中国移动累计为9024万用户提供了"携号转网"服务，服务人次在运营商内排名第一。

在服务乡村振兴战略方面，2023年7月，中央农村工作领导小组通报了2022年度中央单位定点帮扶工作成效考核评价情况，中国移动获评第二名。这是自2018年正式考核以来，中国移动连续第五年获得最高等级评价"好"，并连续四年在中央企业中位居前三。中国移动近年来充分发挥网络强国、数字中国、智慧社会主力军作用，全面推进"数智乡村振兴计划"，助力巩固拓展脱贫攻坚成果和推进乡村振兴有效衔接，不仅是全球唯一入选"国际最佳减贫案例"的通信运营商企业，也是全国唯一荣获信息社会世界峰会（WSIS）最高项目奖的企业。

中国移动聚焦中央安排的8个帮扶县、地方政府安排的1434个帮扶点，认真落实各项帮扶任务，在资金、人才、产业、民生、消费、智志、党团等方面积极作为，为我国脱贫攻坚和乡村振兴战略推进做出了重要贡献。

2022年，中国移动无偿捐赠帮扶资金3.5亿元、累计捐赠超25亿元；累计派出5700余名干部全职帮扶；参加国资委"兴农周""新春行动"等活动，以消费促帮扶金额达4.7亿元；帮助4.9万户农民实施厕所改造，为552个农村整治村容村貌，为新疆349个易地搬迁点提供宽带网络；通过"蓝色梦想项目"捐建多媒体教室4300余间，培训中西部农村中小学校长近13万人；爱"心"行动为6.3万余名先心病患儿提供无偿筛查检查，免费救治7400余名儿童；培训基层干部群众9万人次，助力转移就业6500余人；面向新疆、西藏、青海高校毕业生开展专场招聘，招录三地户籍毕业生400余人；积极推进八批电信普遍服务，实现3.8万个偏远农村通有线宽带，在偏远农村建设4G基站3.2万个、5G基站381个，在边境线、海岛建设4G基站3831个，为全国脱贫地区网络信息服务累计投入专项帮扶资金超2200亿元，基本实现5G网络乡镇连续覆盖和部分发达农村良好覆盖，乡村家庭宽带管线覆盖超2.5亿户，资费帮扶套餐惠及1700余万人、让利93亿余元。

中国移动通过持续推进农村地区5G网络建设，实现家庭宽带管线覆盖2.56亿户农村家庭，推动千兆平台能力向有需求、有条件的乡镇农村延伸，乡村地区千兆快装快修及时率达到95%以上。

从巩固拓展脱贫攻坚成果到全面推进乡村振兴，中国移动以信息化优势助推"三农"工作更上一个新台阶，把推动农业数智化转型作为推动乡村振兴的重要抓手。近年来，通过全面开展"特色产品神州行"帮扶行动，中国移动推动农产品销售，助力乡村电商发展，鼓励农产品直播带货，帮助实现消费帮扶逐渐向市场化过渡，为128个帮扶县展销产品超千种；为支持现代农业发展，中国移动在全国打造5G智慧农业示范项目450个，依托5G、无人机等技术，拓展农村经济新业态；中国移动为提升平安乡村治理能力建设，所打造的 5G 数智乡村平台，能够提供乡村综治、助农惠民、医疗养老教育等数智乡村服务，已经覆盖全国 30 余万个行政村；中国移动向县医院和基层医疗机构提供数智医疗服务，推广远程医疗、家庭医生等服务，推动优质医疗向偏远乡村地区下沉；中国移动将 5G+ 智慧教育成果扩展至乡村，持续推广远程教育、VR 教室、5G 智慧云考场建设，在甘肃、江苏等 19 个省份乡村地区建设智慧校园 954 所；中国移动通过"守护宝""绿色上网"等产品，为乡村留守老人提供位置安全守护、乡村数智反诈等关怀服务，保障他们的人身财产安全。

在服务高质量发展方面，中国移动发挥中央企业市场和场景牵引作用，通过理论创新、积极实践以及与产业的紧密协作，基于自智网络为垂直行业提供了全面的数字化解决方案，帮助企业实现数字化转型。一方面，自动化、智能化运维技术降低了运营保障的人工成本，使得垂直行业能够更加专注于业务创新和发展。另一方面，自智网络具备业务快速部署、智能调度优化等能力，可以高效满足垂直行业的相关需求，加速千行百业的业务创新和转型升级。以吞吐量位居国内前列的宁波港为例，中国移动通过 5G 网络和自动化、智能化技术对港口生产与运营管理进行赋能，实现了对港口集装箱吊装、运输的远程管控，使人力成本降低 50% 以上，集卡工作效率提升 40% 以上，帮助这个传统港口实现了数字化转型升级。相似的案例在国内外多个港口进行了复制推广。

中国移动通过努力筑强创新链，构建融通生态，培育了一批具有核心竞争力的龙头企业和细分领域"专精特新"隐形冠军。比如，中国移动积极打造国家级"双创"示范基地，带动产业链上中下游、大中小企业融通创新，累计吸引超 17 万名内部员工和 1.3 万支外部创客团队参与；构建了立体式双创孵化载体体系，开展品牌赛事、参与国家级活动；中国移动已建立包括 9 个和创空间、8 大特色能力平台在内的立体式创新孵化体系，开展了创客马拉松大赛、自主开发大赛等一系列品牌赛事。

中国移动不仅持续惠民利民，作为央企，也勇担守护信息服务"生命线"职责，在重大通信保障、应对突发事件时，有效保证了信息通信网络的畅通。中国移动 5G 信号"上珠峰""下矿井"已不是新闻，在四川九寨沟地震、河南极端暴雨等各类突发事件中的应急处置，以及在中华人民共和国成立 70 周年、建党 100 周年、北京冬奥会等重大活动中，中国移动承担党政军各类通信保障任务 5000 多次，任务完成率均为100%。

2008 年汶川地震后，中国移动发现在震中地带的大多数通信基站建筑物都倒塌了，但是一些设在低矮建筑物内的基站却保持完好，受此启发，中国移动决定建设一批超级基站，这些超级基站的土建标准比当地建筑物抗震最高标准还要严苛，基站的所有配套设备均要求具备超高抗震能力，超级基站内部配置大容量蓄电池和自启动油机，能够在市电供应中断的情况下保障电力供应，同时采用光纤加卫星双路由传输链路，在通信传输光缆因灾中断的情况下，实现与卫星通信的自动切换。

目前，中国移动已经建成覆盖全国的宽带 VSAT 网、短波网，在灾害易发地区预置"天通一号"卫星电话，空天地海一体化的应急通信网络基本形成。中国移动依托"5G+北斗"高精度定位，推出形变监测服务、监测预警服务、大数据三大模块 N 项服务，已累计支持全国防灾减灾工作 10 余次，预警达万次，保护超过百万的居民生命安全，累计减少上亿元的财产经济损失。

党的十八大以来，中国移动牢记"国之大者"，践行红色通信初心使命，贯彻新发展理念，服务构建新发展格局，持续为我国经济社会高质量发展和民生改善做出自己的贡献。

三、经验与启示

（一）深化国企改革的先行者

国有企业是中国特色社会主义的重要物质基础和政治基础，是我们党执政兴国的重要支柱和依靠力量，是中国特色社会主义经济的"顶梁柱"。党的十八大以来，我国国有企业改革不断向纵深推进，作为我国国企改革的典型企业之一，中国移动在改革浪潮中，通过激发内生动力、聚焦科技创新、优化运营体系等举措，成为深化国企改革的先行者。

在加强党的全面领导方面，中国移动牢牢把握新时代新征程国资央企新使命新定位，坚持围绕中心抓党建、服务大局促发展，充分发挥党的政治优势和组织优势，先后制定并压茬推进两轮党建工作三年规划，明确构建"标定一流、标准规范、标杆引领、标尺严格、标志显著"的中国移动"高标党建"工作格局，持续发挥各级党组织和广大党员在深化改革、推动转型发展中先锋模范作用，为1.8万个基层网格配齐配强党建指导员，先行先试打造央企党建信息化平台"星火党建"，扎实开展"新动力量"基层宣讲，推动党的创新理论武装进基层、进网格、进一线，大力推广"三必知、四必谈、五必访"思想政治工作法，连续开展四届"最美移动人"先进典型选树宣传，深入推动"5G点亮红色文化"，为公司改革发展提供坚强思想保证、注入强大精神动力、营造良好文化氛围。

在激发内生动力方面，中国移动通过积极落实《国企改革三年行动方案（2020—2022年）》，锚定深化治理、用人、激励三项机制改革任务，在体制机制方面攻坚突破。为确保国企改革三年行动落地见效，中国移动按照"可衡量、可考核、可检验、要办事"的要求，将三年行动与公司战略、三年滚动规划深入融合，充分发挥考核"指挥棒"作用，系统谋划、精心组织、上下联动、立体施工，全面推进改革方案落实落地。

截至 2022 年 6 月底，中国移动国企改革三年行动主体任务全面完成，并在 2021 年中央企业改革三年行动重点任务考核中获得 A 级。

在公司治理方面，中国移动按照权责法定、权责透明、协调运转、有效制衡的要求，不断完善中国特色现代企业制度，厘清党组与董事会、经理层等治理主体的权责边界，充分发挥董事会、经理层作用，不断健全法人治理结构，夯实公司治理根基。通过优化完善董事会制度体系，强化董事会监督职责，规范履职保障工作，加强子企业董事会建设，全面推进深化改革，防范和化解各类风险，完善市场化经营机制，全面强化商业道德与反腐败，建设受各方信任的负责任企业，形成经济价值与社会价值互为助力、相互促进的企业发展新格局。

中国移动党组书记、董事长杨杰在其 2022 年发表在《党建研究》上的文章《把民主集中制制度优势转化为国有企业治理效能》中，介绍了移动议事决策的做法："重大决策事先经过调查研究、征求意见、充分酝酿等程序再提交集体研究。建立预研究机制，提请决策前通过专题办公会议充分听取相关部门意见，达成共识，提高决策效率。会议安排和议题相关材料提前预告与会人员，不搞临时动议。严格执行组织规则，坚持集体领导、民主集中、个别酝酿、会议决定，按照民主集中制原则讨论决定。形成决策后抓好跟踪督办，推动议定事项不折不扣落实，确保科学决策与高效执行的有机统一。"

在用人方面，中国移动抓实任期制契约化改革的"牛鼻子"工程，层层穿透、全面覆盖全部所属单位及其各级子、分公司全部经理层成员，推进经理层成员从传统"身份管理"向市场化的"岗位管理"转变。在科研人才管理方面，中国移动在企业内部探索市场化发展路径，对市场独立性强、盈利模式清晰、核心能力突出的科研团队，大力探索公司化运作和市场化激励，将其扶持打造成有核心竞争力的市场新主体，推进企业的研发能力及创新成果更好地市场化。

在人才激励举措方面，中国移动坚持给政策给资源、出成果出人才原则，将经营业绩与薪酬分配紧密挂钩，不断优化人工成本总量分配"获取分享制"，制订"超额＋专项"特别激励计划，在集团内部推行"成本包干""揭榜挂帅"等制度。通过推动科技创新人才管理改革，强化市场化激励约束机制，加大授权放权力度，探索打造"特区"机制样板，率先实现科技型企业"项目分红"等中长期激励政策的落地应用，实现了考核激励的精准牵引。中国移动"九天"人工智能团队作为"特区"机制试验田，内部实施项目成本包干制，充分授权放权，团队自主经营管理，打破以往复杂的职级体系，建立了基于动态任务的、去职级化的、能上能下的角色体系，这些举措都取得了良好的成效。

以中国移动"先行先试"打造的样本——芯昇科技有限公司为例。

为了用足、用好改革政策，中国移动子企业中国移动物联网有限公司分拆自身的芯片业务，于2020年12月成立了芯昇科技公司，2021年7月2日，芯昇科技开始独立运营，中国移动物联网公司的160余名干部员工按照"自愿加入、双向选择"的原则加入该创业团队。

在企业治理能力优化方面，芯昇科技建立完善"三会一层"制度，中国移动为芯昇科技制定了15大类92事项的授权清单，从"无"到"有"建立了以资本为纽带的管控方式；在人才引入机制提升方面，芯昇科技通过实施战略领军人才"攀登者计划"、高层次专家人才"拔尖计划"、卓越工匠"博才计划"、优秀青年人才"金种子计划"等相关举措，努力打造物联网芯片领域人才高地；在体制机制改革推动方面，芯昇科技优化企业股权结构，在中国移动绝对控股的前提下，引入战略投资者，同步开展员工持股，实现员工与企业风险共担、利益共享、价值共创。芯昇科技还建立了容错纠错机制"包容失败"，为创新者释放更大空间。

中国移动加大业务资源整合力度，构建形成了"集团管总、区域公司主战、专业机构主建"的"管战建"高效协同的组织运营体系。具体来说，就是提升集团总部的指挥效能，强化全集团产品统筹管理，优化政企客户经营和网络维护等专业条线的组织架构；深化区域作战体系改革，将全国近2万个经营末梢单元打造为灵活经营、充满活力的网格，网格化运营改革是中国移动独具特色的改革举措之一，通过"划好责任田、选好责任人、建好责任制"，将"揭榜挂帅"、自主组阁、任期制和契约化管理等改革举措穿透落实到基层，打造"一线围着客户转、部门围着一线转"的倒三角组织架构，让"听得见炮声的人呼唤炮火"；强化专业公司生产能力，深入推进云计算、智慧家庭、数字生活等领域的组织变革与产品能力建设，着力满足人民群众对美好信息生活的需求。

2023年6月，中办、国办联合印发《国有企业改革深化提升行动方案（2023—2025年）》（被称为"新三年计划"），中国移动将价值创造行动作为建设世界一流企业的关键举措，着力提高核心竞争力、增强核心功能，加快实现从数量型规模型向质量型效益效率型转变，切实发挥科技创新、产业控制、安全支撑"三个作用"，向世界一流信息服务科技创新公司迈出更大步伐。

（二）提前布局产业升级的先行者

中国移动自成立以来，就着力围绕信息技术产业关键领域和"卡脖子"技术，持续加大研发投入，提前布局未来技术和产业。从3G到今天的5G、6G，中国移动非常重视全链路核心技术上的自主创新能力建设，并且面向国家重大需求和未来技术，牵头建设了新一代移动信息通信技术国家工程研究中心、新一代人工智能开放创新平台等多个国家级科创载体，积极承担人工智能、新基建等数百项国家重大科研任务，成为践行新型举国体制的主力军。无论是研发"破风8676"芯片，还是打造实现动态厘米级和静态毫米级监测的"5G+北斗"高精定位系统，以及在九天大模型、基础软件等重点领域形成一批重大科技创新和应用成果，在多个领域实现从 0 到 1 的突破等，中国移动都主动把握机遇、积极应对挑战、提前谋划布局。

中国移动不断加大战略性新兴产业的投入力度，积极打造以 5G、算力网络、能力中台为重点的新型信息基础设施。中国移动建成实现全国市县城区、乡镇基本连续覆盖的，全球规模最大的 5G 和千兆宽带网络；提前部署泛在融合算力网络，建设运营商最大单体智算中心，构建全国20 毫秒、省内 5 毫秒、地市 1 毫秒的三级算力时延圈；创新建设业界标杆级能力中台，广泛汇聚超 1000 项内外部优质中台能力，支撑全社会"上云用数赋智"，在这些新型信息基础设施建设方面，中国移动是当之无愧的先行者。

在深度融入经济社会民生方面，中国移动构建了"连接＋算力＋能力"的新型信息服务体系，落地 5G 行业商用项目近 3 万个，建设数字乡村达标村超 40 万个、智慧社区超 14 万个，切实提升全社会数智化水平。

在积极培育战略性新兴产业和未来产业方面，中国移动把科技创新作为构建企业核心竞争力、增强核心功能的关键抓手，面向算力网络、人工智能、前瞻研发 6G、大数据价值转化、放大"能力中台"赋能效应、强化网信安全能力等"六大领域"实施"BASIC6"科创计划，加快培育壮大战略性新兴产业集群。"BASIC6"具体是指，B——Big data（大数据）、A——AI（人工智能）、S——Security（安全）、I——Integration Platform（能力中台）、C——Computility network（算力网络）、6——6G。中国移动近年来牵头承担国务院国资委 150 项战略性新兴产业任务，承担领域数、任务数均居中央企业前列。特别是在人工智能大模型领域，为众多行业的生产运营优化、服务创新升级注智赋能，抢占新一轮人工智能发展的制高点。

中国移动党组书记、董事长杨杰认为，随着新一轮科技革命和产业变革的深入发展，数据成为新生产要素、算力成为新基础能源、人工智能成为新生产工具，共同构成新质生产力的重要驱动因素。他提议在国家层面推动"AI+"行动，强化顶层设计和统筹规划，构建技术、服务和应用齐头并进的新局面，充分发挥人工智能在推动科技跨越发展、产业优化升级、生产力整体跃升方面的巨大潜能，并在筑牢"AI+"发展根基、打造"AI+"产业高地、厚植"AI+"创新沃土、筑牢"AI+"安全屏障等四方面，为我国加快形成新质生产力提出具体建议。

2023年10月，中国移动面对经济社会数智化发展需要，宣布将全面发力"两个新型"，即系统打造以5G、算力网络、能力中台为重点的新型信息基础设施，创新构建"连接+算力+能力"新型信息服务体系。中国移动提出的上述两个新型计划，体现了企业对未来发展趋势的深刻洞察，不仅是行业发展的必然要求，也是中国移动提升竞争力的关键所在。虽然中国移动在企业转型发展中也面临如技术更新换代的压力、市场竞争的加剧、用户需求的变化等一系列困难和不确定因素，但中国移动瞄准的方向，也正是全球优秀运营商共同布局和竞争的方向，并且中国移动也有自身优势，比如在构建云基础设施、5G网络和算力网络能力，资金以及技术等方面，中国移动具有规模大、效益好、技术先发优势突出等优势，且已经具备向千行百业提供"AI算力+大模型"服务的能力。

（三）企业高质量发展的先行者

中国移动营业收入从2020年的7681亿元、2021年的8483亿元，增长到2022年的9373亿元和2023年的10093亿元，同期利润水平也从1078亿元增长到1318亿元。中国移动一年一个台阶，向"世界一流信息服务科技创新公司"稳步前进，向建设成为产品卓越、品牌卓著、创新领先、治理现代的世界一流企业迈出坚实步伐。

我国古代行军打仗讲究"兵马未动，策略先行"，对于现代企业经营管理而言，这句话可以改成"企业发展，战略先行"。企业成功的战略规划是企业高质量发展的"定心丸"，虽然并不能完全消除企业经营管理过程中的所有风险，却能实实在在提高内部管理的目标一致性，增强中高层管理人员的方向感，提高企业抵御不确定风险的能力。中国移动积极顺应全球经济向数字化、网络化、智能化发展变革的大趋势，持续提高通信信息服务的供给能力和质量，树立并坚持基于规模的价值经营理念，从 CHBN 四端（C——个人移动业务、H——家庭业务、B——政企业务、N——新兴业务）全向发力，积极布局新领域、新赛道，有效满足和引领广大客户数字消费升级需求。无论是布局新技术研发，还是参与全球竞争，中国移动都走在同行业前列，体现了企业领导班子在战略谋划和顶层设计方面的卓越能力，这是其能够持续取得良好发展成效的首要原因。

作为一个员工总数超过 48 万人的超级大企业，中国移动并没有因体量庞大而行动变缓，反而保持了敏捷、旺盛的创新活力，可持续发展能力不断增强。党的十八大以来，中国移动加快推进科创体系布局优化，持续扩大开放合作生态，充分释放改革管理效能，通过启动实施"BASIC6"科创计划，中国移动以网络技术引领、赋能千行百业发展，重大创新成果不断涌现。比如，中国移动牵头 5G-A 国际标准 60 项，居全球运营商首位；推动算力网络成为国家战略性新兴产业重要方向；布局 6G、算网内生安全、量子通信等新兴安全技术；初步建成技术和规模全面领先的全国性算力网络，数据中心能力覆盖国家"东数西算"全部枢纽节点等；以及中国移动在推动"两个新型"数智化转型工作发展质效和关键能力突破提升，孵化"芯昇科技"等 11 支"专精特新"团队，加强"AI+"战略布局等方面的敏捷行动，都让人们真实地感受到这家央企的卓越速度和能力。

习近平总书记强调："中央企业等国有企业要勇挑重担、敢打头阵，勇当原创技术的'策源地'、现代产业链的'链长'。"中央企业不仅自身要实现高质量发展，更要勇担职责，汇聚产业创新合力，带动整个产业链优化升级。近年来，中国移动通过战略合作、资本合作、创新合作、生态合作等多种方式，在数智生态领域不断扩大"朋友圈""合作圈"，勇担原创技术策源地和现代产业链链长责任，着力破解制约产业链高质量发展的堵点卡点，已经汇聚超1300家上链企业，围绕90余项产业关键共性需求协同攻关。2020年以来，中国移动累计为超1000家产业伙伴提供1300亿元供应链金融服务，初步形成了央企协同引领、大中小企业广泛参与的现代产业链，还联合12家企业发起成立信息通信产业知识产权联盟。目前，中国移动已经形成了由中移资本、中移投资两个直投主体，母基金、主导基金、政策基金三个基金平台组成的"两直三基"投资运作体系，聚焦产业链核心技术和关键环节，培育了一批战略性新兴产业的领军企业和"专精特新"企业。其中，中国移动的直投项目超过80个，投资生态企业超过500家，股权投资规模超过1900亿元。董事长杨杰表示，要用好资本链，完善"创新＋资本"协同机制，借助"链长"基金、直投等手段，推进百亿生态投资计划，扩大战略投资，强化新兴产业投资布局，打造了一批产研投用协同典范。

无须谦言，今天的中国移动已经成为建设数智中国的卓越代表，正在向数智赋能百业全力奔跑，正在以创新者、变革者、先行者、领导者的昂扬自信，聚焦我国战略性新兴产业发展大局，在新一代移动通信、人工智能等领域代表国家参与全球竞争并积极实现突破，为构建新发展格局、全面建设社会主义现代化国家持续贡献数智力量。

改革开放与中国汽车工业发展的"东风样本"

——东风汽车集团有限公司案例研究

　　在汉语语境里，"东风"二字具有特殊的含义。一方面，东风特指来自春天的讯息，诗云"小楼昨夜又东风""一年两度锦城游，前值东风后值秋"等，来自春天的风不必火热，却融土化冰带来生机无限；另一方面，新中国成立后，东风又被赋予强烈的政治意味，比喻革命的、进步的力量和形势，在这种语境下往往特指社会主义阵营。1957年，毛泽东在讨论世界局势时，针对当时帝国主义和社会主义两个阵营的对峙，曾有一句经典论述："不是东风压倒西风，就是西风压倒东风。"

　　时隔60多年，"东风""西风"的政治话语已经很少被使用，东西方之间的竞争格局也已经发生巨大转变，但说起"东风"二字，人们仍然能够油然而生一种特殊的感情。如果说以"东风"二字命名的国产弹道导弹，是我国国防力量和大国威严的坚实根基，那么以"东风"二字命名的汽车，则是与亿万国民风雨同舟、一路同行的亲密生活伙伴。

　　回顾新中国史，汽车工业的成长与共和国同发展、共命运。1949年新中国成立时，我国汽车、飞机、机床、拖拉机和坦克的产量都是"0"，甚至连钉子都需要进口，称为"洋钉"，那个时候以"洋"字命名的事物还有很多。汽车曾被视为现代工业文明的标志，而新中国成立初期的我们却不能自主生产一辆汽车，民族汽车工业的振兴已然迫在眉睫。直到1953年，在苏联的支援下，中国一汽在长春奠基，1956年建成投产并制造出新中国第一辆"解放"牌卡车，1958年制造出第一辆"东风"牌小轿车和第一辆"红旗"牌轿车。

当第一汽车厂在长春开始建设时，中央就曾考虑到我国幅员辽阔，应该在南方择址建设第二汽车制造厂。1969年在湖北山城十堰开始大规模建设的中国第二汽车制造厂，便是东风汽车集团有限公司的前身，由我国自主设计、自主建造。

第二汽车制造厂的选址和建设过程充满波折，国家曾先后考虑武汉青山、武昌东湖、成都郊区等地作为厂址，但建设计划均因故搁置。1958年，国家希望建设二汽的计划第二次被提出，却很快遭遇三年困难时期和中苏关系恶化，计划被迫再次搁置，直到1966年才最终确定选址湖北十堰。1969年，第二汽车制造厂正式开始大规模建设，经过6年艰苦卓绝的奋斗，终于在1975年7月正式投产；同年11月，二汽将其生产的汽车品牌正式命名为"东风"。但到1979年下半年时，由于国家财政紧张，二汽又被列入"停建和缓建"清单。1980年，二汽提出利润由国家和企业对半分成的方式，把企业留下的利润继续投入建设，不足部分由企业向银行贷款，才得以继续建设和发展。

二汽建设初期，我国还处于计划经济体制下，整个社会生产什么、如何生产、为谁生产、怎样分配等基本经济问题，由各级政府通过层层下达计划指令的方式来确定。根据计划分工，二汽当时生产的汽车主要服务于国防和军队建设。第一代二汽人在极其艰苦的环境下，以锤子、扳手等手工单件加工的方式在1975年建厂之初就生产出我国第一代东风

EQ240、东风 EQ140 系列越野军用卡车。1978—1979 年，二汽生产的大批绿色军用汽车参加对越自卫反击战，在战场上立下了汗马功劳，被誉为"功臣车""英雄车"。从一开始，二汽就在我国的强国强军事业中发挥了至关重要的作用，奠定了作为中国最大军车制造商的地位。直到今天，东风汽车已累计向国防建设贡献军车 40 多万辆，所生产的军车在我国使用的现役军车中至今仍占据约 1/3 的份额。2008 年，东风汽车研制的中国新一代高机动性军用越野汽车"东风猛士"，获得国家科技进步奖一等奖，这是我国军车研制领域目前所获得的国家最高奖项。

在民用车领域，1978 年，东风 5 吨民用货车 EQ140 下线，成功实现军转民。20 世纪 80 年代，二汽在 EQ140 的基础上拓展了多个系列的民用车，通过产品拓展，实现了"军民并举、长平并举、汽柴并举"的产品格局，成为国内产品系列最全、技术水平最高的汽车制造厂之一。越来越多的东风汽车开始驰骋在祖国的城市和乡村，东风卡车几乎占据了中国当时公路运输 2/3 的市场份额，成为一代人心中难忘的集体记忆，这些成绩的取得奠定了东风在国内汽车市场上的骨干地位。20 世纪 90 年代，东风汽车 8 吨重型载货车上市，代表了当时中国重卡开发的最高水平。21 世纪以来，东风汽车又相继推出东风天龙重卡、天锦中卡、第三代轻卡等载货车型。

1981 年，二汽与另外 8 家汽车制造厂组建了跨省区、跨部门的东风汽车工业联营公司，之后联营公司逐渐从生产联合向经营联合再向资产联合演变。1992 年，东风汽车公司正式成立，成为我国汽车行业第一家集团化公司。

进入 21 世纪以来，东风汽车推出了东风风行、东风小康、东风风神、东风猛士、东风岚图等一系列使用东风标识的乘用车品牌，逐渐积累了自主品牌乘用车技术能力和市场份额，具备完全自主开发能力和健全的产业链体系，并成功打开了海外市场。

当前,新能源汽车作为全球汽车产业转型升级、绿色发展的主要方向,已成为形成新质生产力、推动经济高质量发展的重要载体。在新能源汽车领域,东风汽车近年来实现了成功转型,完整构建了覆盖豪华、高端、主流全领域的新能源乘用车格局,包括面向豪华越野市场的"猛士"品牌、面向高端新能源市场的"岚图"品牌,以及由东风风神、东风奕派、东风纳米三大商品品牌组成的"东风"品牌,形成新能源汽车系列产品的规模效应和品牌合力。

今天的东风汽车,是中央直管的特大型汽车企业,业务涵盖商用车、乘用车、新能源汽车、军车、关键汽车总成和零部件、汽车装备以及汽车相关业务。这家经过一波三折建设起来的汽车制造企业,通过不断创新、开放合作,已经从单一的军用车辆制造商,发展成为一个拥有全球影响力的综合性汽车集团,旗下拥有多个备受国内外消费者欢迎和认可的品牌。截至 2023 年底,东风汽车现有资产总额 4993 亿元,员工人数 12.7 万人。

回顾东风汽车的发展历程,可谓一路伴随着改革开放的伟大历史进程而成长、壮大、兴盛,这是一家具有深厚改革、开放和创新基因的中央企业。东风汽车集团有限公司党委书记、董事长杨青说:"东风总是在不断的变革创新中,持续焕新出发,全力打造一个绿色智能电动化的东风、一个高水平科技自立自强的东风、一个源源不断为客户创造价值的东风。"

的确,东风汽车人始终怀抱产业报国的初心,以超凡的胆识和智慧不断调整发展战略、优化产业布局、突破发展瓶颈,推动企业从高速度增长向高质量发展,从引资合作向科技自立自强快步迈进。

一、引资合作、筑巢引凤

燃油车时代,汽车主要由发动机、底盘、车身、电气设备四大部分组成。

面对西方国家在发动机、变速箱等领域经过近百年发展所建立的全面技术壁垒和先发优势,中国本土车企要在发动机等核心技术上实现自主突破、在车架制造工艺和零部件质量精度上迅速提高,面临的困难非常大。因为,全球汽车生产巨头手中掌握了大量的汽车行业专利,中国企业当时要生产一台四驱车,就需要向博格华纳这样的供应商购买四驱系统,而想要绕过外资已经建立的庞大传统技术专利体系另起炉灶,从技术和成本上都非常难。这也是中国汽车企业在燃油车时代需要广泛引进外资、长期"以市场换技术"的内在原因。从 1984 年德国大众汽车进入中国市场算起,我国车企同国外车企合资合作,引进西方造车技术、理念、生产线,在中国市场卖车的历史,已达 30 多年。

1983 年至 1985 年,中国汽车企业通过引进美国切诺基、德国桑塔纳和法国标致等品牌技术,产生了北京吉普、上海大众(后改名上汽大众)和广州标致等第一批合资车企,它们生产的合资汽车开始大规模在中国本土销售。在这波合资造车的浪潮中,二汽成为中外合作造车的重要先行者之一。

从 1987 年开始,二汽先后与 14 家国外汽车公司进行合作意向谈判,最终选定与法国雪铁龙汽车公司进行合作。1992 年,二汽与雪铁龙公司合资成立了神龙汽车有限公司。当年 9 月 4 日,第一辆组装的富康轿车在襄樊(后更名为"襄阳")东风装试厂正式下线,这是神龙公司利用从法国进口的汽车零部件组装生产的第一款汽车,中文名定为神龙富康。神龙富康的投产,是东风汽车发展轿车事业迈出的第一步,随后又推出了东风雪铁龙凯旋、C2、新毕加索、东风标致 307、东风标致 206 等家庭乘用车车型。神龙汽车是中国汽车合资企业的先行者之一,为东风乃至我国汽车工业开展更广泛的国际化合作做了有益的探索、积累了丰富的经验。

改革开放后,我国把汽车工业列入发展国民经济的支柱产业。其后的十多年，我国汽车工业掀起一轮轮合资合作、扩建改造、提高质量、增加产能的热潮，面临着布局分散、重复或低水平建设等突出问题。当时全国有 125 家汽车厂，是全世界车企数量最多的国家，但汽车总产量却仅有 100 万台左右。同时，我国汽车工业长期存在的零部件依赖进口、产业链相关产业基础和能力薄弱、产品性能差、精益水平低、供求矛盾突出等问题日益凸显。

1994 年 7 月 3 日，国务院正式颁布了《汽车工业产业政策》，共有 13 章 61 条，鼓励汽车行业利用外资，明确了汽车工业对外开放股比的底线，大胆放开汽车零部件合资合作的限制，并首次提出"国家鼓励个人购买汽车"。这是我国第一个系统阐述汽车产业的政策，也是国家第一次公开提及对"私家车"的政策支持，为中国汽车工业发展提供了指导方针，标志着我国汽车工业进入了新的历史阶段。此后，中国汽车工业加速发展，到 2000 年全国汽车产销量已经突破 200 万辆。东风汽车生产的神龙富康，同桑塔纳、捷达并称为当时汽车市场占有率最高的"老三样"。直到 2008 年，上市长达 16 年的富康才正式停产，成为国人关于汽车的记忆中最经典的品牌之一。

2001 年 12 月 11 日，中国正式加入 WTO，中国汽车工业也迎来爆发机会。大批外资汽车巨头开始抢占中国市场，同国内车企的合资合作进入新高潮。彼时一汽丰田、东风悦达起亚、北京现代、东风标致、华晨宝马、上汽通用五菱、东风日产、东风本田、广汽丰田、北京奔驰、长安福特等品牌合作陆续启动，在中国汽车市场上大放异彩。2000 年 2 月，风神汽车有限公司在深圳成立，股权结构中东风汽车占 60%，台湾裕隆占 40%。风神汽车主要生产日产蓝鸟牌轿车，成立当年售出 2560 辆汽车，实现了当年成立、当年投产、当年盈利，堪称中国汽车工业史上对外合资合作的经典案例之一。

2002 年开始，东风汽车先后与韩国起亚合作，与日产全面合资，与雪铁龙的合资合作提升至母公司法国标致雪铁龙集团（PSA 集团），与本田的合资从零部件、发动机扩展到整车领域，创造了中国车企对外合资合作的"东风模式"。其中，东风和日产的合资是当时国内汽车行业合作领域最深、合作规模最大、合作人员最多、合作范围最广的一个合资项目。21 世纪初，受国际竞争格局演变、市场下行等问题影响，全球汽车产业并购重组频发，日产公司 1999 年前曾连续 7 年亏损，产生了 50 亿美元的巨额亏损。当时，法国雷诺购得日产 36.8% 的股份，双方成立雷诺—日产汽车联盟，将目光投向中国市场。而后来同东风的合作，不仅直接拯救了这个当时深陷业绩沼泽的日本车企，也让它有机会从低谷崛起，再次进入全球十大车企之列。

2002 年，日产公司提出"180 计划"，即在 2004 年结束财政年度之前，实现全球汽车销量较 2001 年度增加 100 万辆，同期取得 8% 的营业利润率，汽车业务净债务保持为"0"。为实现这一目标，日产和东风经过前期考察、谈判，于 2002 年 9 月 19 日在北京钓鱼台签署长期全面合作协议。按照协议，日产方面直接投资 85.5 亿元人民币，东风以对等的商用车业务和原风神汽车的资产入股，两方合资组建注册资金达 167 亿元的东风汽车有限公司，国内当时最大规模的中外合资汽车公司宣告诞生。这一合作让东风有限成为国内首家拥有全系列乘用车、轻型商用车产品的中外合资汽车企业，也是截至当时中国汽车行业规模最大、层次最深、内容最广泛的对外合资企业。

日产和东风合作后，合资公司迅速进入快速发展期：

2003 年 6 月 16 日，东风日产乘用车公司成立；

2004 年 5 月 18 日，东风日产花都新工厂竣工投产，该工厂占地 94 万平方米，在冲压、焊装、涂装、总装等各方面达到了当时国际领先水平；

2004 年 9 月 29 日，襄樊新工厂竣工投产，该工厂和花都工厂一起，成为东风日产乘用车公司在中国布局的两大轿车生产基地；

2005 年 12 月 15 日，东风日产乘用车公司发动机分公司成立；

2008 年 9 月 19 日，东风日产第 100 万辆整车下线，仅用 5 年零 3 个月就达到乘用车百万产销规模，创造了中国车企的最快发展速度；

2010 年 9 月 20 日，郑州新工厂正式竣工投产，成为东风日产继花都、襄樊工厂之外第三个生产基地；

2006 年至 2012 年，东风日产实现飞速发展，创造了合资车企完成 300 万台产销量的最快纪录；

2013 年 6 月 16 日，东风日产成立十周年，第 450 万辆整车下线；

2014 年 10 月 18 日，东风日产大连工厂正式投产，成为我国北方地区规模最大的乘用车整车生产基地之一；

2017 年 12 月 18 日，第 900 万辆整车正式下线；

2018 年 8 月 27 日，东风日产第 1000 万辆整车产量达成。

东风日产的发展足迹展现了一家优秀合资车企高质量发展的韧性和全价值链体系实力。不过，没有任何一种模式、一项制度、一种产品可以一劳永逸，更何况汽车行业的风云变幻之快远超业外人士的想象。

2012 年，我国政府出台了《节能与新能源汽车产业发展规划（2012—2020 年）》，为新能源汽车的发展指明了方向。此后，国家通过增建充电基础设施、加大消费者购车补贴、突破电动机、动力电池、电控系统等关键技术瓶颈等方式，按下了新能源汽车发展的"快进键"。

新能源、智能化电车迅速颠覆并重构了国内汽车行业生态，但越是规模大、业绩好的传统汽车生产商，面对转型问题时的挑战和压力就越大，决策动作就越缓慢，因为以往的成功经验和庞大的技术累积以及组织架构已经形成了巨大的决策惯性，很难被快速扭转。此外，合资车企在向新能源转型方面还会面临中外双方决策碰撞、意见不一的问题，更会显得"迟疑"。这也是很多合资车企都没赶上前几年中国新能源汽车市场爆发机会的重要原因。比如东风日产在 2022 年 9 月才推出艾睿雅（ARIYA）

纯电动车，该车型除了电池是国产外，智能驾驶、智能座舱、电机等配置或进口或由独资企业生产，导致整车价格远高于中国本土品牌。这并非孤例。面对我国本土新能源车的快速迭代和崛起，合资车企在新车型开发周期、"三电"产品本土化、供应链等多方面已经呈现出"疲态"。

反观中国本土汽车品牌，因为对中国消费者的喜好、需求更为了解，且发展起点低、技术积累和包袱小，从一开始就抓住了国家政策引导的先机，迅速向研发和生产新能源车转型。

这正像是一种有趣的"轮回"：有经验的师傅会逐渐老去，甚至在他尚未退出舞台时，他的大部分经验就与时代逐渐脱节，甚至被抛弃了。那些朝气蓬勃的后辈们，却在师傅未曾指点和走过的方向上，无限接近自己的梦想。等师傅回头望向他曾经的后辈们时，他们之间已经隔了千重山、万重水，距离很远很远了……

回望中国汽车工业的崛起之路，走的正是一条从"引进来"到"走出去"、从"跟学"到"领学"再到"领跑"的发展道路。在新能源汽车制造领域，中国汽车产业深度参与了国内外的市场竞争，正朝着独步全球的目标阔步前进，这一成绩的取得绝非模仿、跟学得来。道理很简单，连中小学里最平庸的学生都知道：靠抄袭别人的答案，永远考不了第一名。

有人认为中国新能源车能有今天，归功于马斯克在 2014 年 6 月宣布开放特斯拉的"所有专利"，这是不客观、不现实的。首先，特斯拉 2014 年真正开放的专利既不多，也并非全部；其次，特斯拉在电池、电机、电控、整车制造、人机交互、充电桩六大领域的技术路线同国内新能源车企有根本不同；最后，对于任何一个想长期造车的正规车企来讲，"善意"使用特斯拉公开的专利，特别是涉及电驱、电池、电控"三电"系统和辅助驾驶方面的专利，既不实惠更不安全，不如自主研发。

不过，特斯拉给大多数中国车企以正向的启发和鼓舞，让它们抓住了汽车行业向"智能化""电动化"快速迭代的历史机遇，深刻冲击并带动了我国汽车产业的发展，是个曾指点了方向并领航了新赛道的高明师傅。正是由于在新能源赛道的换道超车，中国汽车自主品牌得以一扫改革开放近 40 年被外资车企全面压制的局面，展示出越来越大的影响力和话语权。

根据中国汽车工业协会 2024 年 1 月 11 日披露的数据，2023 年我国汽车产销分别累计完成 3016.1 万辆和 3009.4 万辆，汽车产销量创历史新高。2009 年，我国汽车产销量首次突破 1000 万辆大关，并成为世界汽车产销第一大国；到 2013 年我国汽车产销量突破 2000 万辆，仅用时四年。之后随着新能源汽车的崛起，从 2015 年起，中国新能源汽车产销量已连续 10 年站上世界新能源汽车的群山之巅。2023 年，在新能源汽车的助力下，中国汽车产销量双双突破 3000 万辆，连续 15 年稳居全球第一，汽车出口量也首超日本问鼎全球第一。

经过短短十年时间，中国汽车工业从招商引资转变为"反向合资"，比如 2023 年全球销量第一的汽车集团牵手中国造车新势力为中国市场开发产品，奥迪借力上汽集团技术以更快适应中国市场的新能源汽车政策和推广要求，这些都是非常明显的信号，说明中国车企经过厚积薄发，正在成为跨国大车企"取经"和学习的对象。

尽管在加速换道超车，但我国汽车行业实际还面临着平均利润不高的问题。2023 年，我国汽车行业收入达到 100976 亿元，同比增加 12%，但其中成本 87627 亿元，同比增加 13%；利润 5086 亿元，同比增加 5.9%，汽车行业利润率只有 5.0%，相较于我国整个工业企业平均 5.8% 的利润率来说，汽车行业的利润率很低。而没有雄厚利润支撑的创新是异常残酷且难以持久的，这也是整个中国汽车工业企业所要面对的共同挑战。

东风汽车作为我国汽车行业的"排头兵""顶梁柱"之一，在布局新能源、推动民族汽车品牌向上、建设汽车强国方面承担着重要使命。

得益于早在 20 世纪 90 年代就已经意识到传统燃油车的能源消耗问题，东风汽车迅速赶上新能源车发展的时代风潮，并且认为要突破自身发展瓶颈、解决深层次矛盾和问题，根本出路在于自主创新，只有把核心技术掌握在自己手中，才能真正掌握竞争和发展的主动权。

2021 年，东风汽车发布了"东方风起"计划和科技创新"跃迁行动"，旨在推动企业在新能源和智能驾驶领域的发展。2023 年，东风汽车部署实施"转型升级三年行动"，推动经营从主要依赖合资业务，转向合资与自主并重；推动产品从主要以燃油车为主，转向燃油与新能源并重；目标是到 2025 年，东风自主乘用车与合资品牌的销量比例达到 1：1，各 200 万辆，其中新能源汽车销量占自主品牌的 50%，占自主品牌乘用车的 70%。在"转型升级三年行动"战略部署下，东风有序构建"4+2"事业布局，大力开展东风新能源"跃迁行动"、研发领域"跃动工程"、实施车型项目制管理、"双目标"考核管理、商用车"跃升工程"等。通过一系列体制机制变革举措，东风持续推进核心能力构建，夯实高质量发展基础。

有人说造车是一场充满激情和疲惫、不分上下半场也没有终点的超级马拉松，特别是在中国的新能源汽车产业格局被激烈的竞争深度重塑的今天，打造汽车全产业链、推进智能化技术迭代、加速出海参与全球化竞争等越来越成为中国车企高质量发展的主旋律。在以东风汽车为代表的中国车企的共同努力下，我国 90% 的新能源汽车都实现了国产化，从上游电池矿产资源的开发提炼，到电池、电机和电控等核心零部件研制生产，再到汽车智能技术的创新与应用，新能源汽车产业链上下游合力形成了强大的变革潮流，让中国车企在与拥有超百年造车史的欧美国家的同场竞技中，不仅实现了局部领先，还跑出了令人惊艳的"中国速度"，这是值得欣喜的一方面。

另一方面，造车这条路异常艰辛。一路走来，有人倒在黎明之前，有人还在匍匐前进，有人则已经踌躇满志走在队伍前列。但不论怎样，总有人能在残酷的汽车竞斗场中成为那个站在未来的猛士。

二、自主品牌、强势崛起

鲁迅先生曾说过："真的猛士，敢于直面惨淡的人生，敢于正视淋漓的鲜血。"此话道出了那个时代的猛士该有的样子。

猛士，也是东风汽车一款自主车型品牌的名字。

1991年海湾战争时，作为美军高机动性多用途轮式车辆的悍马军车，以出众的有效载重能力、极强的越野通过能力以及可以兼顾的机动速度在军车市场上名噪一时。受此启发，东风汽车开始研发适应中国本土情况的类似军车车型。1998年，在缺乏一手数据、车架工艺和零部件精度要求高等诸多困难的情况下，东风汽车推出了第一代东风猛士，主要用于部队训练、野外作战。该车型拥有威武霸气的外观和优越的机动性能，不仅满足了我国对高机动性多用途军车的需求，填补了中国自主研发此类军车的空白，也为中国军车事业的崛起奠定了坚实基础。2008年，"1.5吨高机动性军用越野车"猛士 EQ2050 开始量产，此后猛士军车一直被视为国内军车领域的优秀代表，具有极其出色的机动性、可靠性、越野性、安全性，能够适应高温、极寒甚至腐蚀等复杂环境，素有"美军有悍马，解放军有东风猛士"的美誉。不过，除了少数资深车迷和军迷外，大多数民众并不了解这种军车车型。

2021年，东风猛士推出第一款军转民猛士车型——东风猛士 M50；2022年，东风猛士举行第二款军转民车型——东风猛士 M20 体验品鉴会。东风猛士以军工的优越品质同时兼顾民用越野的多功能要求，赢得市场上越来越多消费者的关注和认可，成为国产硬派越野车的典型代表之一。

近年来，随着新能源汽车对传统汽车行业的深度颠覆，国产硬派越野车市场也呈现出两种不同的技术流派，一派坚守传统燃油技术，一派则积极探索新能源越野车,东风汽车便是我国电动越野车的优秀先行者之一。东风汽车于 2022 年正式发布豪华电动越野品牌猛士,探索电动越野新市场、新领域,这是首次有车企将越野车与电动化结合,是从 0 到 1 的伟大跨越。

从时间上来看,东风汽车新能源转型之路始于 2001 年。当年 8 月 16 日,东风电动车辆股份有限公司创立。成立之初,全公司仅有 8 名员工,除对"电动汽车的研究开发与产业化"相关理论、概念进行研究外,并没有明确的业务方向。在成功跨越初创期的迷茫后,东风电动车公司逐步形成了以研究开发、示范运营和生产制造三大业务为核心的成熟产业布局,奠定了在中国电动汽车领域的先发地位,成为国内第一个实现混合动力电动汽车商业化销售的企业。2009 年 6 月 3 日,东风电动汽车产业园获评我国首个国家级电动汽车专利产业化试点基地,为东风新能源汽车创新成果的知识产权化、商品化和产业化搭建了优良平台。

2015 年,东风风神上市了微型电动车 E30,紧接着又推出了纯电紧凑级轿车东风风神 E70,多用于 B 端市场的出租车、网约车。2021 年,东风风神展示了一款智能纯电 SUV "eπ2021" 概念车。而后,2023 年,东风汽车接连发布国民纯电专业品牌东风纳米和主流科技电动品牌东风奕派。至此,以东风风神、东风奕派、东风纳米三个产品系列品牌组成面向主流市场的"东风"品牌。

2021 年 4 月,东风汽车在上海宣布将打造一个高端电动越野品牌;2022 年 2 月 3 日,东风汽车旗下的猛士科技智慧园区破土动工;2022 年 8 月 22 日,东风汽车在武汉正式发布了"猛士"品牌和全新的"M"标识;2023 年 3 月 28 日,猛士科技园区产线全面贯通,充分展示了央企速度;2023 年 8 月 19 日,这个占地面积 476 亩,研发及园区建设总投资 63 亿元的"零碳"园区正式开园。

猛士科技园区大量应用先进的新技术、新工艺、新材料、新理念,在流程、品控、管理等多领域全面突破，一期能够实现年产 2 万辆的生产能力。在员工停车场、焊装车间及总装车间屋顶均安装分布式光伏板，实现了电能"自发自用，余电上网"，每年可为企业提供清洁电能 573.76 万千瓦时，可节约标准煤约 1750 吨，减少二氧化碳排放量约 4670 吨。焊装车间共有 62 台机器臂手，具备 100% 焊接自动化、双主拼设计和不限车型数量的柔性生产能力。涂装车间采用水性面漆工艺和全哑光清漆喷涂方案，喷涂自动化率 100%，可同时满足越野车、SUV、皮卡等车型的涂装要求。总装车间主线采用国际先进的柔性全 AGV 输送线，全面覆盖内饰线、底盘线、合装岛及最终线，可结合产品需求及规划，灵活调整工艺布局和输送方式，支持承载式车身、非承载式车身和定制化车身的混流生产。园区内既有高端智造智慧工厂，也有实景越野体验公园，处处彰显着央企制造的速度、品质和科技实力。

2023 年 8 月 25 日，猛士品牌首款中大型豪华电动越野车型猛士 917 正式上市。作为新生品牌，猛士 917 发布当天收获了超过 137 万人次关注。东风汽车也高度重视猛士品牌的发展，在战略、技术、人才和资金等领域给予全方位的支持，并表示："东风将举全集团之力，以超级平台、超级越野、超级动力为标准，打造新时代意义上的超能猛士，致力成为豪华电动越野文化领先者，成为自主品牌汽车一颗耀眼的恒星。"

与很多造车新势力追求小步快跑、着急交付，出厂前研发验证环节不够"沉稳""舍得"，寄希望于交付之后再逐步优化迭代的做法不同，东风猛士 917 上市前坚持军规级测试验证。从 -40℃ 的冰天雪地到 60℃ 的沙漠戈壁，猛士 917 的足迹跨越大半个中国的各种复杂地形和气候条件，经过超 600 万公里的越野可靠性、耐久性验证，表现出强劲的输出功率和卓越的越野性能，并创造了七个中国"第一"：是中国首个直拔腾格里沙漠天坑的量产车型；是中国首个完成火焰山连续两小时零百加速挑战的新能源车型；是中国首个成功穿越 219 国道边境密线、大海道、克里雅古道的车型；是中国首个成功登顶 4772 米世界海拔最高沙峰库木库里的量产车型；是中国首个通过 4 轮次国军标耐久强度试验的车型；是中国首个完成沙漠翻滚安全挑战的车型；是中国首个完成 21 次硬质路面飞跳试验的车型。猛士 917 研发期间，超千名工程师无数次深入极寒的雪地、酷热的沙漠、险峻的山地极境，还原 99.5% 的用户使用场景。强大的技术让猛士 917 拥有强悍的越野性能及极高智能化水平，也让猛士的客户理念——"越·山海、阅·不凡、悦·人生"成为现实。

硬核实力的背后是东风猛士不断提升的科研创新和智能制造能力。东风自主开发的猛士智能越野架构 M TECH，包含 MORA 猛士滑板越野平台、MEGA POWER 猛士动力、M ATS 猛士越野全地形智能解决方案三大核心技术集群，融合了"超级平台、超级动力、超级越野"三大硬核技术，实现了军车越野技术与智能电动技术融合创新，目前累计申请各项专利已达 450 多项。其中，猛士滑板越野平台 MORA 是中国首个自主非承载式豪华电动越野平台，它充分融合智能电动车与越野性能，兼容纯电与增程两种动力形式，支持多功能线控、融合式域控、智能热管理等前沿技术，性能指标处于全球领先水平。该平台可以实现跨越尺寸和级别、高度灵活的全域拓展，兼容 SUV、皮卡多种车身型式，就像坚实的地基，为东风汽车未来开发更多新车型提供了可能。

猛士动力 MEGA POWER 赋予车辆强悍动力，纯电版东风猛士的动力输出相当于 1088 匹马力，轮边扭矩达到 16200N·m，拥有全球首个采用集成差速锁的两挡变速箱，可实现 100%（45°坡角）最大爬坡度，这也是猛士 917 经受严苛工况考验仍能表现出强悍性能的根本原因。

猛士 917 全地形系统 M ATS，拥有"雪地、泥地、沙地、岩石、涉水"五种越野驾驶模式以及智能越野 AUTO 模式，可跟随地形与路况变化，智能选择最佳越野模式。猛士 917 搭载 VMC 底盘动态域控制技术，具备 150 毫米可调空气悬架和 900 毫米涉水能力，拥有 10.6°后轮线控转向和

5.1 米最小转弯半径，支持蟹行模式……通过广泛应用智能化技术，猛士极大降低了消费者驾驶越野车的门槛，并努力提升越野体验。随着良好口碑的累积，猛士品牌未来有望作为中国豪华越野车的优秀代表，抢占国内外越野车消费市场的核心位置。

作为东风汽车"东方风起，科技跃迁"的战略先锋，同时也是东风加速推进新能源战略布局落地的重要一环，东风猛士在创新和新产品的研发和应用方面展示出业界领先的"猛士速度"，充分彰显了东风的技术自信、产品自信、品牌自信与价值自信，这也是它得以引领豪华电动越野新风尚的原因。

2020 年 7 月，东风汽车发布了岚图汽车品牌，此后推出岚图FREE、岚图梦想家和岚图追光 3 款车型，覆盖 SUV、MPV、轿车市场。东风猛士注重打造"豪华电动越野文化领先者"的品牌形象，东风岚图则着重凸显"高端智慧电动汽车"的品牌形象。

回顾 2023 年的中国汽车市场，不得不提的是让人为之侧目的东风岚图黑科技——轮毂电机技术。目前全球真正具备轮毂电机车型量产和上市能力的车企，只有东风汽车一家。

轮毂电机并非新概念，早在 1896 年，保时捷创始人费迪南德·保时捷就在英国注册了轮毂电机的专利，并于 1900 年制造出第一辆前轮轮毂电机驱动的电动车。此后的 100 多年，由于内燃机成为汽车主流技术路线，依靠电力驱动的轮毂电机技术一直未被有效发展，存在很多世界级的技术难题。轮毂电机是在车轮内安装电机，被誉为未来智能电动车的理想驱动解决方案。其最大特点就是将汽车的动力系统、传动系统、刹车系统高度集成到车轮内，电机不经过任何机械结构的传递，直接驱动车轮，可以省掉大量传动硬件，从而简化汽车结构、提升传动效率、延长续航里程。

2023 年 3 月 12 日，东风汽车打响了轮毂电机全球示范运营的第一枪，抢占了轮毂电机技术的领跑优势。2023 年 4 月 18—27 日的上海国际车展上，岚图追光轮毂电机版车型吸引了大量关注，展现出中国汽车企业在轮毂电机方面的领先优势。岚图追光轮毂电机车型实现了分布式四驱，具有高集成、高效率、多种驱动三大优势。高集成为车带来更大空间，前后机舱空间提升 50%，让同等尺寸的车型拥有更宽敞、更舒适的车内空间；高效率为车提供更长巡航，轮毂电机驱动效率提升 15%，相当于利用 85 度电池就能达到普通车型 100 度电池所行驶的续航里程；多种驱动能够实现前驱、后驱以及四驱模式的智能切换，大幅缩短车辆转弯半径，轻松实现坦克掉头、蟹行模式等功能。

东风岚图仅用三年时间就实现 SUV、MPV 和轿车三品类车型的全布局，体现了"岚图速度"，开创了中国汽车创新发展的新模式。定位"中式豪华电动轿车"的岚图追光，搭载了东风自研的 ESSA 架构和 SOA 电子电气架构，行业内首次运用量产的半固态电池，拥有双电机四驱，零百加速只有 3.8 秒，是同品类汽车中的佼佼者。定位"电动豪华旗舰 MPV"的岚图梦想家，引领我国多用途汽车进入 5 秒级零百加速时代，是 2022 年国内唯一成功挑战超美国标准高速追尾测试的车型。定位"性能级智能电动 SUV"的岚图 FREE，零百加速达到 4 秒级，配备了 100 毫米可调空气悬架，标配 8155 芯片的 5G 智能座舱，在 C-NCAP 汽车安全测试中获得五星佳绩。

借助东风汽车的优势资源，东风岚图在自建工厂的规划和布局方面高举高打，建成了世界级 4.0 数字工厂，集合大数据、边缘云、AI 及物联网等全球领先技术，坚持自主研发具备全球竞争力的核心技术，工厂年产能 15 万辆。东风岚图数字化工厂拥有高效智能的冲压车间、全自动焊装车间、无尘化智能环保涂装车间、全自动树脂车间以及数字化总装车间。其中，总装车间可以进行完全数字化运营，包括整车软件版本、配置、功能以及整车异常或正常的状况都能做到 100% 可追溯。ESSA 和

SOA 两大架构，为东风岚图的三款车型注入了更先进的电池、车身和底盘技术。其中，"琥珀"和"云母"两大电池系统提升了岚图汽车的用电安全和续航里程。车身方面采用 TRB+Patch 复合结构热成型 A 柱和 2000MPa 铝硅涂层热成型车门防撞梁等技术，将安全性放在整车设计的首位。凭借自建的世界级 4.0 数字工厂和自主研发核心技术的卓越能力，岚图汽车成功取得豪华电动车市场的标杆地位。

2023 年 8 月 16 日，东风汽车对自主乘用车新能源事业进行重大管理体制调整、架构调整后，东风汽车成立东风乘用车销售有限公司和东风乘用车制造总部，一体化管理东风汽车旗下东风风神、东风奕派和东风纳米三个自主新能源品牌产品线的营销、制造工作。与此同时，东风汽车还将三大产品品牌的商品企划与项目管理集中在集团总部统一管理，实现商企集中、制造集中、营销集中。调整后，东风风神定位智慧悦享主流汽车品牌，加速从燃油车向节能车转型，东风奕派定位面向主流市场的科技电动品牌，东风纳米为面向小型细分市场的国民纯电专业品牌。这是东风汽车顺应汽车行业新能源快速发展形势的又一布局，希望通过架构调整压缩管理层级、提升决策效率、发挥协同效应，以在中国快速爆发的新能源市场更好地把握市场机会。

目前，东风汽车已全面完成新能源品牌、平台及产品的战略布局，当下和未来的战略重点是做强做大自主品牌和新能源板块，推进高质量发展。东风汽车在自主新能源乘用车领域将突出打造"东风"（东风风神、东风奕派、东风纳米）主流品牌、"岚图"高端品牌和"猛士"豪华三大品牌，做强做大东风岚图、东风猛士、东风风神、东风奕派、东风纳米五个新能源产品矩阵。

在平台开发方面，东风汽车已打造了三大电动化平台，包括 M TECH 猛士豪华电动越野架构、东风量子智能电动模块化架构、DSMA 多能源低碳节能模块化架构。东风量子架构是全数字化、高拓展性的机电一体化架构，可实现硬件层、软件层、服务层、生态层"四位一体"，为客户提供多样化、全场景出行解决方案。目前已完成全系列产品布局，未来将打造 16 款车型矩阵，冲刺 100 万台的年产销目标。在商用车领域，东风打造了中重卡、轻卡电动化平台。

在技术创新方面，东风汽车坚持超级混动（PHREV）、纯电、氢能并进的技术路线。特别是在氢动力研发领域，东风汽车打造了"氢舟"技术品牌，可满足乘用车、商用车等不同车型的需求，功率覆盖 20—350 千瓦，并推出了国内首款 80 千瓦全功率燃料电池乘用车，正在布局 150 千瓦和 350 千瓦氢动力平台产品，实现了全功率、全系车、全场景、全覆盖。"东风氢舟"包含"东风氢元"燃料电池系统和"东风氢芯"燃料电池电堆两个子品牌，作为"东风氢舟"的核心，"东风氢芯"已实现关键技术完全自主掌控。"东风氢舟"已在多款乘用车和商用车上搭载，并在大湾区佛山、武汉等地开展公务出行、环卫等示范运营。目前，东风汽车的氢燃料商用车销量已超过 3500 台，占全国氢燃料电池车保有量的 30%，位居行业第一。东风汽车在氢能领域已累计布局发明专利 700 多件，位列国内主机厂第一。

在智能化技术方面，东风自主打造了中国第一个全新一代中央集中式 SOA 电子电气架构，该架构采用 1 个中央智慧大脑和 4 个区域控制器，实现全域融合，整车控制器减少 30 个、线束减少 500 米，不仅能满足国际标准 ISO 26262 最高功能安全体系要求，实现千兆以太网的超快响应，还能软硬件解耦，与用户共创千人千面的多场景体验。

在智能网联方面，东风还率先开展了 L4 级 5G Robtaxi 示范运营，在武汉智能网联示范区累计运行里程已经超过 200 万公里；联合中远海运、中国移动先后为厦门港、武汉阳逻港，打造了 5G 无人集卡"无限星"智慧物流解决方案；第一个参与雄安新区智慧交通和智慧城市建设，东风 L4 级无人驾驶共享巴士（Sharing-Bus）在雄安新区示范运营。

此外，东风汽车在电机、电控、电池领域均做到自主掌控，已基本完成新能源"三电"产业化布局。截至2024年3月，东风汽车已在湖北建成年产60万套电机及驱动总成、30万套电控、20万套电池系统、60万套IGBT、5000套燃料电池动力总成的生产能力。

在"十四五"期间（2021—2025年），东风研发投入将跨越1000亿元，力争自主掌控2000多项关键核心技术，掌控率达到95%。到2025年末，东风汽车科技人才占比将提升到1/5左右，年轻化、知识化、专业化、形象化、国际化等"五化"人才规模实现倍增，同时培育一批行业TOP 30人才。

如果说2023年是东风汽车推进"转型升级三年行动"的开局之年，2024年则是承前启后加快转型升级的关键一年。数据显示，2023年东风汽车公司累计销售汽车242.12万辆，新能源汽车占比21.6%。其中，新能源汽车销售52.4万辆，新能源乘用车销售约43万辆；商用车销售约51万辆；海外市场实现出口23.1万辆。

未来三年，东风汽车将推出30款自主新能源乘用车车型和14款新能源商用车基础车型。在2024年，即东风汽车建设55周年时，实现自主乘用车主力品牌全新车型100%电动化，2025年新能源汽车销量比2022年翻一番、冲击100万辆的总目标。如果目标达成，东风汽车将成为央企中率先实现"自主新能源汽车销售百万辆"目标的车企，这是极具挑战性的目标。

从拓展海外市场角度来看，从2003年开始，东风汽车从国内走向海外，汽车出口量逐年上升，至今已累计向全球140多个国家出口30多款汽车，总销量超过100万辆，发展海外经销商网点770多家，服务网点700多个。通过引进、消化、吸收、再创新，加强和合作伙伴的深度融合，东风汽车的核心竞争力和综合实力不断增强。作为中国汽车"走出去"的先行者，东风汽车近年来海外出口不仅实现了量的持续增长，也有质的提升，在中东、欧洲等成熟市场上受到越来越多的认可。2022年，东风风神奕炫、奕炫MAX、AX7等战略车型成功导入沙特阿拉伯，东风风神E70的KD项目在俄罗斯顺利推进。2022年9月，500台岚图FREE从武汉运往挪威，标志着岚图汽车走向全球市场，扬帆出海登陆欧洲。至今为止，岚图已经成功进入挪威、以色列、芬兰、丹麦、荷兰、保加利亚等国家。

2023年，东风汽车海外事业部全年累计出口汽车23.1万辆，销量目标达成率101.6%。其中，东风风神成功开拓南美、中东等市场，东风风神皓极、奕炫等车型广受好评，相关产品陆续进入阿曼、阿联酋等国；东风岚图成功进入挪威、芬兰、丹麦等欧洲国家市场，继岚图FREE在2022年开始交付欧洲客户后，新岚图梦想家也获得欧盟整车型式认证（WVTA），岚图追光也在欧洲完成亮相布局，东风岚图全系列2023年正式打入传统汽车强国市场，深度参与全球竞争；东风猛士917硬派越野车通过了海湾目击认证试验，海外销售步伐将加速；东风柳汽在德国首发亮相了4款新能源车型，其纯电新能源产品首次大批量出口海外市场；此外，2023年东风商用车销量在东南亚、中亚、非洲、美洲等区域市场也取得了突破性增长。东风汽车的海外产品结构不断改善，业务线、生产交付、销售网络和口碑持续进阶。不过，整体而言，包括东风汽车在内的中国车企由于海外生产基地较少，在打造世界级汽车品牌方面，还有很长的路要走。

作为"造车国家队"的一员，置身新能源汽车市场不断变迁、"造车新势力"势如破竹的复杂环境中，改革攻坚、转型升级成为东风汽车高质量发展的关键举措。东风汽车加快创新驱动和科技跃迁，实施"转型升级三年行动"，基本完成了新能源汽车业务布局和商品布局，平台、技术和资源的体系能力基本形成，这是东风汽车呈现出较好发展势头的底气和支撑。面对百年未有之大变局和中国汽车产业的转型升级，东风汽车集团有限公司党委常委、副总经理尤峥提出："我们要不负时代、不负客户、不负使命，抢抓新能源、智能网联赛道新机遇，坚定不移做强做优做大自主品牌。要携手构建合作共赢、共生共荣的产业生态，在关键技术协同攻关、产业上下游合作、供应链产业链重构等方面强化合作。营造风清气正、公平公正、自主品牌向上的舆论环境，不做民族自主品牌向上的'吹灯人'和'挡路人'，共同提振消费信心、传播行业正能量，携手助力汽车产业高质量发展，为中国式现代化贡献新的力量。"

三、经验与启示

改革开放40多年，东风汽车在实践中积累经验，在实现高质量发展、加快建设具有全球竞争力的世界一流企业的征程中，始终以梦为马、日夜兼程、矢志不渝地追求进步、追求卓越、追求成长，创造了中国改革开放和汽车工业发展的"东风样板"。回望东风汽车50多年波澜壮阔的发展历程，独特的改革者气质和精神推动着这家企业在无论是面对内部体制机制调整，还是外部市场及行业的各种挑战时，始终能够锐意进取，保持蓬勃旺盛的创造力。

（一）改革者精神释放蓬勃创造力

东风汽车一路伴随着中国改革开放的步伐成长起来，其在一次一次的改革中寻求突破，在一次一次的创新中寻求发展，书写了我国民族汽车工业发展的"东风篇章"，可以说改革就是东风事业发展的法宝。

二汽成立之初，影响、困扰企业建设和发展的一个关键问题是：二汽到底以军用产品为主，还是以民用产品为主。1980年7月22日，我国改革开放的"总设计师"邓小平同志在视察二汽时曾斩钉截铁地指出，二汽搞军用产品当然好，但是从长远从根本上说，还是要搞民用产品。小平同志对"和平与发展"这个时代主题的高瞻远瞩和深思熟虑，为二汽后来下决心调整发展部署起到决定性作用。小平同志当时还为二汽提出诸如加强新产品开发，注意多品种系列化生产，打破"小而全"、推动联合组建大集团，大胆利用国外技术和外资，注意培养青年干部等一系列具体要求和建议，为二汽的二次创业指明了战略方向。

有了改革开放"总设计师"的亲自把关，二汽在企业精神中厚植了"改革基因"。1981年4月，二汽组织了联营公司二汽集团，之后逐步扩大范围，实现了以二汽为龙头，从产品装配，到分工开发基本车、变型车、改装车、专用车的转变；从单纯设计制造5吨级长头汽油车，到开发6吨级至8吨级平头柴油车的转变；从内向型封闭生产到开放型市场经营的三大转变，实现了汽油、柴油车并举，大、中、轻三种车型并举和军用民用车并举。

在产品多品种系列化之外，二汽还勇于扩大地域，一方面建设第二基地，从十堰、到襄樊、再到武汉，实现了"三级跳"，建设了湖北500公里汽车长廊；另一方面向上海、浙江、广东、广西、四川、云南、新疆等省市区扩大集团成员，帮助各省市区汽车企业的改造和发展。

在这种改革精神的指引下，二汽彻底摆脱了在计划经济体制下，一个特大型企业只能在一个地区生产一种吨位和车型、单纯采用汽油发动机的孤立被动局面，走上了全方位、全系列、多种车型、使用多种油料，在全国开展汽车生产大协作大发展的正确道路。

在东风汽车的发展历程中有很多曲折和不易，但改革精神总是让二汽快速走出困境。1982年，二汽在行业中率先成为实行利润递增包干的试点企业。1983年，二汽又开始推行全面技术经济效益承包责任制。1985年，"自筹续建"的二汽开始对企业领导体制进行重大改革，试行厂长负责制，不仅没有向国家要一分钱投资，而且提前两年建成了年产10万辆汽车的生产基地，同时还开始建设襄樊第二基地，增加了相当国家基建投资的固定资产3.9亿元，实现利润8亿多元，上缴税收4亿多元，还增建了技术中心、汽车道路试验场、自备热电厂、电视广播中心，填补了过去"先生产、后生活"的欠账。20 世纪 90 年代，东风汽车曾陷入经营低谷，公司通过"债转股"将约 80 亿元的债务划转资产管理公司以减轻债务负担，并构建起决策主体层、生产经营主体层、经营基础单位层三个层次的公司体制，使公司真正步入建立现代企业制度的轨道。

1992 年 9 月，二汽正式更名为东风汽车公司，从"二汽"到"东风"，不仅仅是名字的改变，更意味着东风面临的是国内经济体制转轨、市场转型和需求结构发生重大变化的挑战。

2002 年以来，在国家政策的支持下，东风汽车进行了以"主辅分离"为主线、"主业国际化、辅业市场化"为目标的体制机制改革。推进"主辅分离"，专注主业做强做大，加快剥离企业的社会职能，推进非主业企业混合所有制改革和市场化运行，使东风汽车能够轻装上阵。

2003 年 9 月 28 日，东风汽车公司总部迁往武汉，为公司更有效实施集团管理、谋求更大发展奠定了坚实基础，企业也开始了新的创业。

党的十八大以来，东风汽车又启动了新一轮改革，一系列重大改革举措陆续出台，解决了长期遗留的一些历史问题和困扰企业发展的改革难题。东风汽车主营业务改革向纵深推进，"三项制度"改革、卓越机关建设、同质业务整合、"僵尸企业"治理等改革举措的落地实施，为东风汽车建设具有全球竞争力的世界一流企业，形成现代化、国际化的企业治理体系增添了活力、奠定了基础。

可以说，东风汽车对体制机制进行脱胎换骨的改造，不断探索发展新路径的决心和宝贵的创业者、改革者精神，是激活企业发展潜力的重要财富，使企业持续焕发出蓬勃的生机和希望。40 多年来正是由于多次开展大刀阔斧的改革，这家企业才一次次转危为安并步入高质量发展的快车道，开创了国家特大型企业以改革求发展的先河，开创了国有企业不依赖国家投入来扩大再生产的自主发展、勇毅创新的局面。

（二）开放合作、自主创新锻造强大竞争力

以开放促改革、促发展，是我国经济发展不断取得新成就的重要法宝之一。改革与开放相辅相成、缺一不可，共同构成经济社会发展进步的两大动力。就汽车行业而言，发达国家在传统汽车制造领域有百年的技术积累，东风汽车在21世纪之初积极推动与外资车企进行合作，迅速将世界先进的汽车技术、发展理念、管理制度等"引进来"，推行精益生产等先进的生产管理方式，通过系统结构、人员组织、企业文化、运行方式和市场供求等方面的变革，锻造优质高效的卓越生产力。

可以说，国际化是东风跻身世界一流汽车企业行列的一张重要通行证。

从20世纪90年代中后期开始，面对世界汽车工业新一轮大规模资产重组浪潮，东风汽车人审时度势，提出了"立足湖北、面向全国、走向世界"的战略口号，主动参与全球一体化进程，全面谋划着与跨国汽车集团的合作。2001年秋，东风取得悦达起亚汽车公司25%的股权。2002年9月，东风与日产以50：50的股比建设中国汽车业最大的合资企业——东风汽车有限公司；同年10月，东风同法国PSA集团合作，实现雪铁龙、标致双品牌共线生产。2003年7月，东风与本田共同组建东风本田汽车（武汉）有限公司，生产本田经典SUV车型CR-V。东风形成了与几大国际汽车集团和零部件集团的直接深度合作。2012年，东风收购瑞典T工程技术公司，开启了东风主动、主导海外收购合资的新篇章。2013年，东风与沃尔沃合作，拉开了东风"以我为主"的升级版合资合作的序幕。2014年，东风以8亿欧元入股PSA，与法国政府和标致家族并列成为第一大股东，标志着中国汽车企业首次战略性入股世界著名汽车企业，进一步深化了东风在全球范围内的全价值链合作，开创了中国汽车企业国际化发展的全新模式。2015年，东风和沃尔沃以55：45的股比组建东风商用车有限公司，大力发展"东风"品牌商用车。

2018 年，为加速海外资源投放能力建设，东风汽车着力构建"3+3+N"事业布局，即着力打造 3 个深度 KD 制造基地、建立 3 家海外销售公司、打造 N 个海外机遇性储备项目，加速东风由"走出去"升级为"走进去"，并不断加速品牌"走上去"。

然而，要突破自身的发展瓶颈、解决企业发展过程中的深层次矛盾和问题，根本出路还在于自主创新。特别是党的十八大以来，我国经济已由高速增长阶段转向高质量发展阶段，新一轮科技革命和产业变革向纵深发展，人工智能等新产业、新技术、新业态加速迭代，只有把核心技术掌握在自己手中，才能真正掌握市场竞争的主动权。令人欣慰的是，虽然东风汽车在合资合作方面取得了较大成功，但企业却并没有墨守成规，没有单纯依赖于合资合作和外部技术，而是坚持自主研发和自主发展，在开放发展中坚定不移地走自主研发、自主创新之路。

站在智能网联的风口，东风汽车及时把轻量化、电动化、智能化、网联化、共享化"五化"作为战略引领，通过加大对汽车新材料、新技术的自主研究，不断优化产品结构和商业模式，推动智能互联与汽车产业的深度融合，不断挖掘企业发展新动能。东风汽车始终聚焦"卡脖子"技术攻关和关键技术"白盒化"，推动科技创新向精、深、特、细、好跃迁，加强平台、架构、软件能力建设，强化新能源"三电"关键技术和核心资源自主掌控，厚植高质量发展新优势。为了激发创新活力，东风设立了 T 创空间、智慧生态圈、T 创实验室等员工自主研发"黑科技"的平台；东风襄阳工厂为了增加高技能后备人才储备，以打造智能焊装为目的，开展了点焊、滚边示教高技能人才培养活动。

2022 年，东风汽车发布"426 知识产权强企行动"，全年发明专利公开量 6069 件，同比增长 24.11%，授权发明专利 2357 件，同比增长 127.51%，双双位居汽车行业第一，并形成了 52 个高价值专利群，在数量与质量方面均有提升，成为名副其实的专利"大王"。

2023 年 5 月，在中国汽车知识产权年会上，东风汽车作为主办单位之一，联合法制日报社、国家知识产权局专利局专利审查协作湖北中心、北京 IP 研究院共同发布《2022 新一代汽车专利发展报告》。该报告显示，我国已经成为全球汽车工业创新的新重心，是全球新一代汽车有效专利的最大来源地，70% 的新一代汽车有效专利排名前 20 的专利申请人 / 专利权人为中国企业。截至 2022 年，东风及主要相关公司合计拥有有效专利 17381 件，其中，授权发明专利 4635 件，有效实用新型 9443 件，有效外观设计 3303 件。东风汽车通过积极布局发动机、混动电驱动、总成匹配三大核心领域的专利集群，已产生 246 项专利技术。在燃料电池领域，规划布局发明专利 260 项，其中仅燃料电池堆一项就布局专利 145 件。

2023 年 5 月 20 日，国务院国资委发布了《中央企业科技创新成果产品手册（2022 年版）》，东风汽车共有 8 项科技创新成果上榜，成为本次上榜数量最多的车企，展现出企业在核心电子元器件、关键零部件等领域的科技实力。2024 年 4 月 1 日，国务院国资委发布《中央企业科技创新成果产品手册（2023 年版）》，东风汽车共有 6 项科技创新成果入选，涉及零部件、软件产品领域，展现了东风在智能驾驶、动力系统以及应用软件产品等方面的最新成果。

除了发明专利，标准法规也是展现企业科技实力的重要标准，东风汽车在行业标准制定方面也走在行业前列。截至 2023 年 3 月，东风汽车已累计主持和参与 280 多项国家、行业标准的制定修订工作，正在研制的国家、行业标准超过 270 余项，处于行业领先水平。在智能网联汽车国内行业标准领域，东风汽车已先后主持制定了智能限速系统、驾驶员监测系统、多车道行驶控制等多项国家标准，同时正在联合牵头智能座舱标准体系研究课题。在国际标准领域，东风汽车全程参与了中国汽车标准国际化中心的成立和日常运营工作，为制定汽车领域国际标准贡献东风方案、中国智慧。

在"东方风起"计划和科技创新"跃迁行动"的指引下，东风汽车在多个领域科技的创新成果得到产业化应用。在半导体领域，东风与中国中车联合研发的IGBT模块，已形成年产30万套的规模，并将在未来三年达到100万套的年生产力，除了能够满足东风企业的内部需求，也已实现向行业头部企业规模化供货。在动力领域，东风在燃气喷射系统、涡轮增压器、发动机整体等方面都拥有技术优势。其中，马赫动力C15TDR发动机是东风最新一代1.5L增压直喷发动机，包含13项行业领先技术，且其中4项技术为行业首次量产应用，不仅能适配传统燃油车型，还能适配HEV/PHEV/REV混动车型，截至2023年6月，已面向行业提供产品和技术服务，实现6款车型投放市场。在自动驾驶领域，东风无人驾驶乘用车Robotaxi、5G自动驾驶汽车以及Sharing-Van开发均达到了L4级水平，并已在全国多个城市开展示范运营，Robotaxi累计运行里程已经超过200万公里，东风第一个参与雄安新区智慧交通和智慧城市建设，首批20台东风L4级无人驾驶共享巴士（Sharing-Bus）已在雄安新区开展示范运营。此外，东风汽车在"十四五"期间将掌握L5级智能网联汽车关键核心技术。

面向汽车智能化"下半场"，东风汽车锻造新能源竞争新优势，打造东风悦享智能品牌，自主掌控智能座舱、智能驾驶、智能车控、智能生态等核心技术，并与华为等头部ICT企业携手，构建开放合作新生态，坚持双轮驱动，加速抢占"汽车下一代"制高点。

这些成绩的背后，是东风汽车持续增强研发实力、加大科研经费投入强度的结果。东风汽车每年将销售收入的5%投入到研发领域，2021年东风汽车科研研发投入同比增加8.4%，近几年的综合科研投入强度高达8.8%。未来三年，东风将投入超600亿元，加快自主掌控关键核心技术，在新能源下一代超级融合平台、电池底盘一体化、高效电驱动、全固态电池、6C超级快充、车用操作系统、高阶自动驾驶等领域取得重大突破。正是由于东风汽车在自主创新方面的出色坚守，才有其技术转型升级的累累硕果，目前东风汽车的电子电气架构、车规级芯片、自主控制器、车载操作系统等开发水平整体已经进入车企第一阵营。

（三）精益管理挖掘高质量发展内生动力

精益管理的目标是在消除无效劳动和浪费的基础上，追求生产过程和结果的尽善尽美。面对竞争激烈的市场环境，东风汽车通过推行全方位、多层次、涉及企业运营所有环节的精益管理，不断提高企业的效率和竞争力。

东风日产位于广州花都的生产基地，每57秒就能生产一辆汽车，这一令人叹为观止的速度，不仅依赖于先进的生产线设备，更是杰出运营管理水平的表现。东风将从零部件到整车每一个环节的生产工序精确到秒，并且在生产领域大量应用协同机器人，利用机器人的高效生产和深度挖掘能力，把工人从重复性、机械性工作中解放出来，以更好地发挥人在现代生产中的思考、组织和监管作用，这是其能够实现高效装配的秘密所在。

精益管理工作取得突破的关键，是实现内部突破。东风汽车通过内部会议、培训、党建活动等方式，将精益管理的理念深入贯彻到每位员工的工作中，通过跨部门协同工作，打破部门之间的壁垒，使精益管理能够在整个企业范围内得到推广和应用。集团内部还定期组织一系列党建活动，强化干部员工"一点一滴降成本，添砖加瓦增收益"的理念，积极参与到寻找"浪费源""问题源""改善源"的生产实践中去。

东风汽车重视员工技能水平和综合素质的培训，注重培养员工的创新意识和团队合作精神，鼓励员工提出改进管理和生产流程的意见和建议，并建立了定期评估和反馈机制，不断调整和优化管理措施。在生产环节，东风汽车注重发挥基层一线员工在优化生产流程、减少浪费、降低成本方面的主体责任，对于优秀的改善提案，集团会给予物质和精神上的奖励。企业还定期举办精益管理知识竞赛、技能比武等活动，从而激发员工参与精益管理的热情。

为了加强供应链管理，东风汽车与供应商共同推进精益生产，通过优化供应链的流程、降低库存、提高物流效率等方式，实现供应链成本的降低和整体运营效率的提升。

东风汽车积极推行数字化管理，通过信息化技术的广泛应用优化管理流程，利用大数据和人工智能技术对生产数据进行深度挖掘和分析，以优化生产流程和资源配置，提高管理效率和科学决策能力。通过引入物联网技术，实现对生产设备、产品质量、生产环境等关键信息的实时监控和数据采集，从而提高生产过程的透明度和可控性。这些新技术手段让这个拥有近13万名员工的大型央企变得更加敏捷，进一步提高了生产效率和产品质量。

2024年，东风汽车确立的经营目标是销量重回300万辆，达到320万辆，按照这一目标，销量同比将增长约33%，这意味着新能源汽车、海外市场将成为东风汽车主要的业绩增长极。2024年一季度，东风汽车实现了销量"开门红"，共销售汽车66万辆，同比增长28.3%。其中，自主乘用车领域，1—3月共销售20.1万辆，同比增长93.7%；商用车领域，1—3月共销售14.5万辆，同比增长16.1%。且在新能源汽车和高端车领域取得显著的增长，展现出转型突破、赶超跨越的良好发展态势。

东风汽车数十年的实践证明，企业要真正拥抱改革、敢于改革，才能更好地生存下去；而企业要发展壮大，却必须在坚持开放、团结协作的同时，锚定自主创新和科技自立自强。东风汽车的案例说明，体量庞大并不必然导致决策和转型"缓慢"，中央企业在释放创新潜能、攻克关键核心技术、抢占国际科技竞争制高点、实现高水平科技自立自强等方面也能当好"尖子生"，跑出"加速度"。

今天的东风汽车，正走在加快建设卓越东风、开启世界一流企业发展的充满希望的新征程上。

引领中国制造高质量发展的
杰出典范

——珠海格力电器股份有限公司案例研究

　　珠海，一个融汇了英雄之气与商业文明的现代城市，因地处珠江汇入南海之地而得名，虽偏于一隅却也见证了中国历史的沧桑巨变。1279年，宋末政治家、民族英雄文天祥兵败被元军所俘，在伶仃洋留下"人生自古谁无死？留取丹心照汗青"的豪迈诗篇。1979年，珠海由县升级为市，作为我国最早实行对外开放政策的四个经济特区之一，得改革开放之风气最先，享市场经济之风潮也最先，迅速成为中国最具经济活力的区域之一。这儿曾经发生过很多精彩的创业故事。

　　格力电器的前身是珠海一家年产能不足2万台的"海利"空调厂。1991年"海利"空调厂和"冠雄"塑胶厂合并后改名"格力"。经过一系列现代企业改革、技术革新和30多年的时光洗礼、商场鏖战，格力电器成了孜孜以求掌握核心科技、引领中国制造高质量发展的杰出典范。

　　今天的格力电器，有近8万名员工，其中研发及技术工人约5万人，历史最高市值达4000多亿元，在国内外建有77个生产基地、16个研究院。

旗下拥有格力、TOSOT、晶弘三大消费品牌及凌达、凯邦、新元等工业品牌，产业覆盖家用消费品和工业装备两大领域，产品远销190多个国家和地区。

30多年来，格力电器的优秀企业家和经理人团队，以优秀的企业领导力和对科技自主创新的坚守，将公司从一个名不见经传的"作坊式"窗机组装小企业，发展成为一家多元化、科技型的全球工业集团。

一、逆袭之路："好空调，格力造"

经过30多年的持续优化，在格力珠海总部的空调生产线车间，生产一台空调所需的1000余道工序，已实现人机高效协同，产业工人们无须手忙脚乱、汗流浃背便能完成他们的工作。一台台空调顺着生产线被依次组装好，它们经过异常严格的质量监控，最后才打包运输到国内外的消费者手里，成为与千家万户的寒热冷暖息息相关的忠实伙伴。

"都是好空调！"车间主任指着待加工的铜管对笔者介绍说，"格力的空调挂机使用的都是纯铜管，你掂一掂这分量！同其他相同型号的空调相比，格力的空调更舍得用真材实料！"

格力对完美质量的执着，不是一两天、一两年地下功夫，而是长达30多年的"痴迷"，并形成了"追求完美、至臻至善"的质量管理模式。

格力的第一任总经理朱江洪，1970年毕业于华南理工大学机械系，到格力工作之前曾担任过广西百色一家矿山机械厂的车间质检员，理工科思维和质检员的工作经历，让他非常关注质量、技术等问题。朱江洪算"非典型"国企领导，他不爱坐在办公室里喝茶、谈话、看材料，而是一有时间就跑车间找工人、技术员研究技术、工艺和产品质量，在格力成立之初他便努力把"讲奉献、重品质""少说空话、多干实事"等精神内核注入格力的创业基因中。

1995年9月，朱江洪签发《格力电器总经理令》，对空调质量产生较大影响但又比较容易忽略的 12 条细节问题，如 "真空度不够时，严禁强行灌注""严禁插件插不到位或插不牢固"等施行零容忍、严处罚。此后，总经理令经过 4 次修改升级，内容从 12 条扩充为 33 条，至今仍是格力电器质量管理方面威名赫赫的 "尚方宝剑"，与格力后来建立的 "安全生产禁令"等制度文件一起，带领着格力走上一条与众不同的精品路线，塑造了格力与众不同的市场形象、质量理念和文化基因。

20 世纪 90 年代，我国东南沿海各省市接到了改革开放的第一波 "泼天富贵"，随着城乡居民生活水平的显著提高，紧俏的家用电器只要生产出来就能卖出去，很多企业疲于营销根本没时间关心质量、品牌、技术等根本性问题，格力却不惜停工、停产也要主动对产品质量进行整改，成为那个时代在市场经济浪潮中 "赚快钱"的队伍里少见的逆行者。

朱江洪、董明珠的前后相继，以及他们对技术和质量的极致追求，对品牌和营销的强大掌控，共同成就了格力的成功。

董明珠，现任珠海格力电器股份有限公司董事长兼总裁，担任第十届至第十四届全国人大代表，曾三次被评为 "CCTV 中国经济年度人物"，类似级别的荣誉称号还有几十个。

1991 年 11 月 18 日，董明珠所在的海利公司参与组建的珠海格力电器股份有限公司正式成立。1992 年，身为一名业务经理的她，在安徽省创造了 1600 万元的销售业绩，成为格力公司的 "金牌销冠"，时年 38 岁。1994 年，董明珠出任格力经营部副部长。2001 年，朱江洪出任格力电器董事长，董明珠出任格力电器总经理、副董事长，正式成为格力电器的领导核心之一。2012 年 5 月朱江洪退休后，董明珠出任格力电器董事长兼总裁，成为格力真正意义上的 "一把手"。从 1990 年开始，董明珠为格力工作 34 年，如果从 2001 年她担任总经理开始算起，实际领导格力电器已达 23 年，可以说董明珠对格力电器的塑造和影响是任何人都无法相提并论的。

　　早在担任销售员、身在市场一线时，董明珠就从家电产业的一片繁荣景象中、从自己所销售的一件件空调产品身上看到了格力这家企业的深刻"忧患"：生产模仿、零件采购、整机组装，整个格力没有任何自主掌控的生产技术。也不仅是格力，整个东南沿海最先动起来的制造业企业中，大多都在埋头"模仿"国外产品，在核心技术上完全依赖外国厂家。外资企业今天要涨价，明天要限制产量，中国企业只能被动接受。回过头来，这些企业又为了在市场竞争中胜出，发起了一轮轮"伤敌一千，自损八百"的价格战，并不自觉地陷入一种"价格更低—质量更次—活不下去"的恶性循环。

　　比董明珠还早一年加入海利的谭建明说，销售员董明珠本事大，脾气也大，每次她从市场一线回到珠海总部的时候，总是来给技术研发部门"挑刺"，带着销售时遇到的问题提要求，"逼着"技术人员想方设法改进质量。在谭建明眼里，董明珠"跟别的销售员不一样，别人只讲卖货拿提成，她更关心产品质量和消费者的体验"。

　　董明珠的与众不同，不仅表现在她对产品质量的各种"挑剔"和"苛刻"，也表现在她对个人职业生涯的清晰界定和对格力这家企业该如何长远、高质量发展的深谋远虑。

　　20世纪90年代，活跃在东南沿海市场一线的优秀销售员有不少能轻松拿到十几万，甚至几十万元年薪，但普通员工和技术人员只有区区几万元年薪，因此员工都更愿意做销售员。1994年，当朱江洪打算把格力电器的销售提成比例从原来的1%下降到0.28%—0.38%，逐渐拉平收入差时，格力主管销售的副总马上拉着几乎全体销售精英"集体跳槽"去了一个能提供"3%的提成，外加2%的广告费用"的企业。这一"人事地震"使格力刚刚签下的价值10亿元的市场订单一夜间变成废纸，企业一时被疯传"摇摇欲坠""前途暗淡"……

　　董明珠当时面对的是高达200多万元年薪的巨大诱惑，但她却"逆向而行"，不仅选择留在格力，更是接受了比做销售员工资还要低10倍的经营部部长的职务任命。即便以今天的视角来看，能接受这种"升职降薪"安排的职场人士并不多。

应该承认，正是因为董明珠在职业生涯的关键点上，把"赚钱"的目标放在提升"个人价值"之后，今天她才能掌控和拥有远超一个销售员所能预期的财富，我们也才得以窥见一个优秀企业家在个人职业生涯规划上所显露的卓越远见。

2023年12月，董明珠在格力内部大学生入职讲座中说的年轻人"只想着挣更多钱跟行尸走肉没差别""钱不应该是大学生的梦想"等言论迅速冲上热搜，受到国内年轻网民的集中"声讨"，说董明珠又"站到年轻人的对立面了""又翻车了""年轻人谈钱何错之有"，等等。其实，其他的中国企业家如冯仑、曹德旺等人都曾劝年轻人不要过于追逐金钱，而是要注重提升个人价值，但唯有董明珠的言论能迅速引起网民"民愤"，可能这也是她"性格耿直"的一个佐证。

其实，董明珠作为企业家，说话有个性是非常必然的事情。一个企业家之所以取得卓越的成就，不在于表现出来的若干独特个性，而在于这些个性背后那无形的品质、价值观和思想特质，比如优秀企业家身上所表现出来的目标坚毅、有远见、有魄力、有定力和对技术、品牌、创新、品质的痴迷与坚守，等等。

时间回到1994年，董明珠出任格力经营部副部长，完成了从一个销售员向企业中层管理人员的转变。她开始考虑：作为经营部副部长，怎么干才能让企业活得更好？

董明珠在同笔者复盘格力发展的三个阶段的问题时表示，1995年是格力的第一次革命，这年7月格力成立行业内独一无二的筛选分厂，这个部门不受其他部门管控，只负责在零部件上线装配前对其进行"海关式"的检验筛选，经过筛选分厂检验不合格的零部件不仅要退回厂家，还要对供应商进行考核，倒逼采购部门控制零部件质量，把不合格的产品挡在格力门外。董明珠说，这是格力历史上一次重大变革，用筛选分厂的严格把关同供应商产品质量问题做斗争。

筛选分厂的办法立刻得罪了一些格力的"利益相关者"，有人跟董明珠说"水至清则无鱼""不要损害别人利益"等，董明珠却认为最应该做的就是"统一对利益的认识"，国家利益最重要，其次是企业利益，最后才能考虑个人利益，企业好了，个人不就好了吗？董明珠为什么对品质如此看重？时至今日，她仍然对各种以低价为噱头、不谈质量的营销行为表示厌恶："没有质量做支撑，营销就是行骗。"

这一时期，董明珠还领导了格力在营销方面的制度创新。1995年，格力迈出了营销创新的第一步，确立了"先款后货""淡季返利"等一系列奠定格力长期发展优势的销售制度。

为了彻底推行营销制度变革，董明珠决绝到了"六亲不认"的地步，广泛流传的她被亲哥哥从"族谱"中愤而除名的故事就发生在这一时期，董家兄妹因公司利益、个人利益的纠结而产生隔阂长达10多年。

解决销售员拿捏公司这一"痛点"的办法，是到各省推行"大经销商模式"，董明珠用"淡季返利"的方式刺激各地经销商代理格力的空调。空调销售的旺季是夏季，淡季是9月至次年3月。格力将销售返利开始的始点设置在9月，经销商可享受提货额1%—2%的返利，从而有意愿在淡季大量提货，而当季积压的库存正好填补了旺季销售供货紧张导致的货源短缺。

对于格力而言，"淡季返利"政策使得供货商淡旺季提货量的波动远小于销量的波动，避免了供应链在销售淡季的闲置和旺季的产能不足。该政策使得各省销售大户在"真金白银"的激励下快速扩张市场。1995年，格力依靠销售体系创新，创造出惊人的业绩：实现营业收入25.64亿元，归母净利润1.55亿元。尤为难得的是，这一年格力空调销售增幅达 17%，销出 97 万台（套），第一次超过行业龙头春兰，其中柜式空调增幅 130%，使得格力成为全国最大的柜机生产厂家。

董明珠说："1995 年是格力电器彻底颠覆的一年，也是在那一年奠定了格力的发展基础，因为 1995 年是格力电器真正盈利的元年，业绩是上一年的 7 倍，真正创造了利润，有了这个基础格力 1996 年 11 月才走到上市，才为公司之后更加严格规范的内部管理体系的建立和完善奠定了基础。"格力从籍籍无名到名扬天下，克敌制胜的法宝主要有两个：一靠品质过硬，二靠销售创新。

1997 年，格力会同武汉四大经销商，在湖北省成立第一家"区域性销售公司"，统一管理、统一价格、统一服务。1998 年，湖北销售公司销售额达到 5.1 亿元，增长 45%。"区域性销售公司"让厂商达成共同培育市场的共识。但是，随着区域销售公司权力增大，某些销售公司出现克扣返利、定价过高等问题，严重损害终端零售商利益。面对这一现状，2001 年，格力进一步梳理了销售公司的行为规范，树立了"服务于市场、服务于经销商、服务于消费者"的全新宗旨，促使销售公司从早期的单纯批发到服务的转变。

格力凭借其精心设计的经销商体系，曾先后直面国美、苏宁等大卖场渠道商的"封杀"并最终取胜，说明好的制度对企业生存和发展的重大意义和价值。

20 年前，国美、苏宁、永乐等一批家电连锁销售企业成长为非常强势的市场力量，这些大卖场出于获取未来行业垄断地位和更多利润的目的，不断挑起价格战，经常采取擅自降价或以低于批发价的方式倾销，以加速清洗行业的中小经销商。这种形势下，生产商们往往在库存减压与盈利需求两者间陷入两难的境地：他们越依赖大卖场，就越得罪中小经销商；越得罪中小经销商，就越依赖大卖场，最终形成一个恶性循环。面对渠道商的施压，生产商的选择往往是事关生存和发展的大事，或者妥协，或者另起炉灶，无论怎么选都会付出不菲的代价。

2004年2月，成都国美未经格力同意，擅自大幅度降低格力空调售价。格力认为成都国美这一行为破坏了格力的价格体系和经销商体系，损害了自己一线品牌的形象，要求成都国美立即停止低价销售行为，并向格力道歉。其实双方斗争的焦点在于：生产商和销售商到底谁拥有定价权。在格力看来，生产商应该有合理的利润，以支撑企业的长期研发投入，如果生产商在零售商的极限压榨下"投降"，则企业只能陷入"低价—劣质—倒闭"的恶性循环，这是格力绝对不能接受的。

退出了渠道商大卖场的格力，并没有像当时一些媒体所预测的那样"很快就交出行业第一地位""跌出主流品牌行列"，而是依靠之前就建立起来的经销商体系，使得当年的空调销量不降反升，一些空调型号甚至因为卖得太火而断货。格力国美"斗法"以格力的胜利而结束，市场深刻认识了格力之前所建立的经销商体系的强大战斗力和董明珠在企业营销制度建设方面的"先见之明"。

其实，格力不向渠道商"低头"，捍卫的不仅是产品的定价权，也是保卫品牌价值的一次绝地反击，格力敢于"亮剑"的底气在于它的产品好、服务好、品牌好，且自有营销体系较为完善和有效。优秀的品牌形象需要依靠一定的价格差距来体现，合理的利润空间是确保任何企业可持续发展的必要且充分条件。董明珠不允许其他公司将自身利益凌驾于格力电器之上。

在董明珠看来，格力电器1995年的筛选分厂、营销体系等大变革是一场渠道革命，2001年则是刀刃向内的第二次革命，董明珠开始担任格力电器总经理，从企业管理全局的角度操盘"全新的企业管理模式的创新和改变"，她的第一个大动作是着手整治公司内部的腐败问题，对挖格力"墙角"的一切行为亮剑说"不"。

董明珠回忆道："我当上总经理那一年格力电器抓了一批人，当时有些技术人员不是研究技术，更多的是寻找资源，谁给好处就让谁供货，成了一个交易市场。我们发现格力最大的隐患是技术人员在厂门口搞一个小工厂，就可以为公司配套零部件，比如小小的电池片和接插线，卖给公司一根 28 元，但整顿这种腐败后，我们发现成本其实只有 2 元。所以格力一路在挑战中成长。任何企业的发展都不是一日之功，而是要不断地修炼和挑战自己，才可能实现可持续发展，其中最重要的是群体的思想文化建设工作，干部队伍整顿、再整顿。腐败的原因很多，只要有交易就有腐败的可能性，所以要不断地纠正错误，对破坏企业的行为必须用铁的制度来约束！所以，我们也说反腐一直在路上。"

董明珠将"总经理信箱"从长期无人问津的厂长办公室门口搬到厂区的各个角落，比如厕所旁、楼道边和食堂内外，让员工们有意见想提就提、要提敢提。信箱里每天被员工的意见和心声塞得满满的，有时一天竟能收到 700 多封信。在这些信件提供的线索和民意基础上，董明珠事必躬亲认真核实每一条线索和意见建议，持续改进企业管理、查处腐败，将一批不称职的干部问责、调岗甚至撤职。

这种"铁腕"反腐迅速给自己招惹了麻烦，董明珠也很快被别有用心的人"举报"，被多次请到上级部门配合调查，之后上级部门还向格力电器派驻了检查组，对账目和相关人员进行了反复盘查。作为一个企业管理者，董明珠长期以来严于律己，明确地把个人利益和公司利益分开，让其在被举报事件和检查组的进驻中未受到影响。

1998 年的中国制造已经有了"世界工厂"的称号，但中国制造"Made in China"在国际市场上相对应的标签却往往是"劣质"和"廉价"。比如，1994 年格力空调就已经成功走出国门，但直到 2003 年仍有不少外国客户坚持要求格力出口的空调和零件上不要出现汉字，"Made in China"的英文标识也要越小越好，外国客商对中国制造的错误认识，甚至是"歧视"，让格力更加坚定地走"掌握核心科技"的道路，以彻底改变国外对中国制造的刻板印象。

其实早在 2002 年时，格力电器便希望斥资数亿元从日本引进最新的多联机中央空调技术，但被日本企业回绝了。格力电器便认识到：核心技术买不来，中国企业的崛起要靠自主研发、自主创新。格力开始下大力气组建技术团队开展技术攻关，自主研发核心技术。经过两年多技术攻关，格力终于自行研制出国际领先的多联机中央空调技术，填补了国内空调业的空白。

在笔者向董明珠本人求证格力早期的发展问题时，她非常坦率地说："格力电器从 1991 年到 2005 年，严格地说并没有自己的核心技术，当时说格力空调质量好，也大体表现在用料好、组装工艺扎实，其实直到 2005 年格力开始掌握空调压缩机的关键核心部件生产技术后，才能谈到格力对整体产品、核心技术的认知。"2010 年，"格力掌握核心科技"的广告语家喻户晓，对于格力而言，掌握核心科技已经不是口号，而是实实在在的行动。

2015 年，为解决空调冷风直吹、热风不暖造成的使用痛点，格力研发出搭载"分布式送风技术"的产品，创新设计上下出风口，实现冷暖风分送，实现"淋浴式制冷、地毯式制热"，该技术于 2017 年获得"国际领先"认证。针对空调在极端温度环境下停机的痛点，2020 年格力完成第二代"冷酷外机"研发，能够实现在高温 65℃ 与低温 −35℃ 极限环境中不停机，并已成功运用到格力的多款空调机型中，为消费者提供更舒适的空调体验。

在珠海格力电器总部，笔者亲自体验了格力家用空调的场景模拟，寒气逼人、冰凌满挂的室外气温低至 −30℃，温暖舒适的室内则仅依靠一台格力空调制热，室内悬挂了数十个实时温度传感器，大屏幕上显示的房间内不同区域和角落的温度分布非常均衡，真实地展示着格力空调超低温环境下稳定制热的硬核实力。

经过 30 多年的发展，格力把空调这一个行业"卷"到了新高度。

每一台格力空调从前期物料采购到交付消费者，全程要经过千余项质量检测工序，上市前还要经过可靠性实验、高低温实验、噪声实验、电器安全实验、淋雨实验、高空摔打实验等一系列"极限挑战"，为保障产品质量可靠，格力电器让空调必须"拼了命"，才能成为那个时刻关心消费者冷暖的"靠谱"的朋友。

2021 年，为了鞭策产品质量进步，格力空调率先打响了"十年免费包修"的第一枪，承诺消费者自 2021 年 3 月起购买格力家用空调产品，均可享受十年免费包修服务，这是中国家用空调行业中最长的包修期。此前的 2005 年，"六年免费包修"的承诺也是格力电器最早喊出来的，这家企业就像一条"鲇鱼"，不断引领、创造新概念、新话题，让生态中的每一个参与者和大众在广泛的讨论、反思、追赶中，为行业整体提升和发展注入更成熟、更理性的推动力量。

董明珠还特意澄清了"包修"和"保修"的区别，指出一些厂商提出的"保修"实际上还需要收取费用，而格力的"包修"则是完全免费的。这意味着，消费者购买了格力空调后，10 年内无须担心任何问题，格力将承担所有的维修责任。毫无疑问，过硬的产品质量是格力敢于承诺"十年免费包修"的基础，正如格力所提倡的那样，"没有售后服务的服务才是最好的服务"。

为践行绿色低碳的高质量发展之路，格力形成长期支持"以旧换新"的有效机制。消费者可随时通过"以旧换新"活动让废旧家电进入格力家电回收体系。在让利消费者、保障消费者权益的同时，助力绿色环保，减少废旧电子垃圾排放。格力"以旧换新"与"十年免费包修"的承诺背后，彰显了企业持续不断地追求卓越工艺、精准严苛地进行质量管理、敢为人先地引领服务标准的强大自信与实力，也代表了格力对消费者的极大关怀与诚意。格力已连续 11 年获得中国标准化研究院顾客满意度测评中心发布的"空调行业顾客满意度第一"。

如今，自主创新、品质保障、智能制造、卓越体验，成为格力电器走向全球的亮眼标签。格力的产品远销 190 多个国家和地区，其中央空调服务于全球 10 万余项工程，2023 年格力中央空调继续以行业第一的身份领跑市场，实现超 300 亿元的销售收入。

谈及格力电器，还有一个老生常谈的问题：董明珠和格力电器到底是谁成就了谁？站在不同的角度来看，人们往往得出不同的结论。历史不容假设，但客观而言，假如没有董明珠，格力肯定也不是今天的模样。

董明珠为格力做出了自己独特而不容抹杀的贡献，格力和社会也对她的付出给予了丰厚的回报和很高的认可，平台和个人终究是相互成就的。这正如：企业是舟，时代是水；水能载舟，亦能覆舟；企业是舟，企业家是船长，舟若交于不擅掌舵者操控，轻则迷航，重则被时代之风浪轻易翻覆。格力此舟之所以行稳致远，有赖于朱江洪和董明珠两任优秀企业家的先后掌舵和领航，得益于改革开放的好时代所带来的宝贵机遇。

因为英雄，只有在英雄的时代才能各领风骚！

二、多元进取："好电器，格力造"

2012 年，董明珠出任格力电器董事长兼总裁，格力此时也进入了新的发展阶段。

前些年，我国一些地方的经济在高速增长的同时出现了"脱实向虚"的不健康苗头：一方面，金融资源在金融体系内部循环，偏离服务实体经济的正常轨道，使得实体经济投资收益率持续下降；另一方面，越来越多的实体企业开始脱离主营业务转而依靠金融投资（投机）盈利，产生了部分实体企业金融化的现象。

2018 年 10 月，习近平总书记视察格力电器时特别强调："实体经济是一国经济的立身之本、财富之源。先进制造业是实体经济的一个关键，经济发展任何时候都不能脱实向虚。中华民族奋斗的基点是自力更生，攀登世界科技高峰的必由之路是自主创新，所有企业都要朝这个方向努力奋斗。"[1] 习近平总书记视察格力电器，为实体经济打气，为格力科研人员的自主创新工作点赞加油，称赞格力电器在贯彻落实党中央关于自主创新、决策部署方面做到了真学真懂真信真用，激励他们"要有志气和骨气加快增强自主创新能力和实力"，更加坚定了格力实业报国、以核心科技服务强国战略的初心使命。

格力电器要做到"好空调，格力造"，必须打造出极致的空调产品。但格力要在中国制造业中持续保持领先地位并实现多元化发展，就不能只做空调，而是应该发展国家需要的技术和产业，在发展战略上也需要从"规模驱动业绩增长"向"创新驱动持续发展"转变。

目前，空调业务在格力的主营业务收入中占比达 70%，是格力不可撼动的"主责主业"。围绕空调主业，格力主要的努力方向是把家用空调、商用空调产品向中高端升级。做强做优做大空调主业，格力有充分的优势条件，空调业务虽不可避免地受到房地产景气度下降、国内外需求萎缩等不利因素的影响，但 2023 年全球高温天气的增多给空调行业带来了不错的市场机遇，成为大家电中增长最快的品类。

在生活电器方面，格力下大力气打造"全屋家电"。围绕"健康、节能、智能、居家美学"等理念，加大了以厨房电器、环境家电、洗衣机、冰箱等为主的生活电器的研发和市场推广，推出了多款创新产品，如晶弘深冻储鲜系列平嵌款冰箱，60 厘米超薄整机实现面板与橱柜平齐不凸出，使用 -33℃深冻储鲜核心技术，采用 PLASMA 全空间除菌净味系统，能够长时间储存新鲜食材。

---

[1] 新华月报编：《新中国 70 年大事记（1949.10.1—2019.10.1）》下，北京：人民出版社，2020 年，第 1905 页。

以"专业护理""AI智能洗涤"为方向，格力把空调压缩机技术搭载到洗衣机上，推出热泵洗护机，实现洗、烘、护三种功能融为一体。用热泵37℃体感舒适的温度来烘干衣物，即干即穿，衣物不用熨烫也能平整如新，这确实是格力以科技硬实力对消费者美好生活追求的温柔呼应。

此外，格力还向市场推出一系列循环冷风扇、无雾加湿器、家庭干燥护理机、多功能电火锅、半导体除湿机、电热饭盒等满足消费者多元化需求与体验的小家电产品。与空调主业相比，格力生活电器业务的营业收入同总营收的占比较小，2022年营收只有45.68亿元，占比不到3%，这也意味着未来增长的潜力和空间还有很多。

2013年，格力进入智能装备领域，在高端装备制造领域，格力主要围绕"互联网＋制造业"，布局智能装备、数控机床、工业机器人、精密模具、精密铸造设备等业务。格力的智能装备不仅为自己的工厂自动化改造提供先进设备，也可以为家电、汽车、食品、3C数码、建材卫浴等众多行业提供服务，一些产品通过技术提升逐步向高端市场升级，成功打通国际市场，形成了新的利润点，拓宽了增值空间。

近几年，得益于格力电器在智能装备与精密模具领域的自主研发，其精密模具制造业在智能产业、大数据技术等的应用研究也已经达到行业前列，覆盖汽车、家电、3C等多个领域，电机铁芯的冲压速度达国际领先水平。目前，格力数控机床已销往欧洲、北美等地区，为全球知名新能源汽车企业供应链提供装备服务。由格力自主研发的新型高效无稀土磁阻电机成为行业首创，摆脱了对稀土资源的依赖，确立了中国无稀土磁阻电机研发应用的国际领先地位。

虽然这些新产业的规模还未发展壮大至与格力空调的产业规模媲美的程度，投资收益还不是很明显，但格力一些智能装备制造的增长态势和未来发展趋势被市场看好，可能帮助格力化解部分空调产业的增长瓶颈压力。

过去的几十年里，芯片成为全球科技产业竞争的焦点。2019年5月，美国第一次对华为宣布芯片禁令后，中美之间的芯片之争公开化，然而这并不是美国第一次开打芯片战。早在20世纪80年代美国就曾因日本存储芯片占据了全球市场半壁江山对日本开打芯片战，1986年日美签订半导体协议，日本政府迫于美国压力减少对半导体企业的政策和资金支持，导致日本半导体企业扩张速度和世界市场影响力的迅速下降。类似的手段，美国后来又分别向韩国和荷兰在20世纪90年代末和21世纪初各使用过一次，目的就是通过技术封锁、市场竞争和法律斗争等方式，确保美国在全球半导体市场的主导地位。

2018年，董明珠宣布格力电器将进入半导体产业并自主研发智能家居家电产品的芯片。

"格力造芯"的舆论迅速引发媒体的广泛关注和质疑：做空调的格力进入芯片领域能成功吗？五年后，当人们几乎遗忘"格力造芯"这件事时，却猛然发现格力电器的子公司珠海零边界集成电路有限公司2023年的芯片出货量已经高达1.35亿颗，格力生产的EM32和EAI系列的产品已经顺利通过严苛的ESD官方检测，累计申请芯片类专利629项。

"格力造芯"并不是一个临时决策。早在2015年，董明珠就成立了格力微电子所和功率半导体所，专门从事MCU芯片、嵌入式的AI芯片以及EP系列功率器件的研究，正是因为在芯片科技研发方面的提前布局，再加上2018年格力参与闻泰科技收购安世半导体这个全球最大的半导体标准设备制造商，"格力造芯"具备了强大的实力和基础，格力才得以彻底解决芯片供应链的问题。

格力掌握核心科技的根本在于持续投入研发。在多元化发展战略的驱动下，格力的技术研发工作也呈现出多元化的特征。

多元化发展战略对格力而言是非常正确的选择，但并不是每个企业走多元化发展道路都能成功，毕竟研发是一个投入很大却不见得一定会有收获的事情。得益于经营生产带来的强大利润支撑，格力能够连续 20 多年持续投入大量研发经费，是这家公司可以持续提高多元化业务成效的背后逻辑。

对研发工作"上不封顶"的支持，也是董明珠领导格力后的一大鲜明特点。格力在研发经费上以"按需投入、不设上限"为原则，对技术、对质量的精益求精，使公司积累了大量的创新成果和技术财富。2001 年以来，格力电器持续 20 多年保持高强度的科研投入，让公司形成了较大的核心技术优势，也获得了市场认可。2023 年上半年格力电器的研发费用是 37.14 亿元，同比增长 18.71%，占上半年总营收的 3.72%。格力研发费用投入占净利润的平均比重也基本超过 20%，所以格力在科研上非常"舍得"。

持续巨额科研投入也产生了相应的回报。截至 2024 年 3 月，格力电器累计申请专利近 12 万件，其中发明专利 6.4 万件；累计获得国内外发明专利授权 2 万余件。格力也是我国唯一连续七年进入中国发明专利授权量前十的家电企业，累计获得国家科技进步奖 2 项、国家技术发明奖 2 项、中国专利金奖 3 项、中国外观设计金奖 3 项、日内瓦发明展金奖 14 项、纽伦堡发明展金奖 10 项。

科技是第一生产力，人才是第一资源。与很多公司招聘时对"海外留学"人员的"偏爱"相比，格力坚定地培养本土研发人员。2023 年 11 月，董明珠在第 17 届中国品牌节上表示，格力对中国的高校有信心，认为中国高校有能力培养出优秀的人才，所以格力不偏爱"海归"。

格力在公司内部设立了多个科研奖项，从 1997 年开始格力便设立了科技进步奖，旨在奖励为产品创新、技术突破、生产工艺改善和管理创新等方面做出突出贡献的团队和个人，从而充分发挥广大科技、管理人员的积极性和创造性，促进公司科技水平稳步提高，加强企业研发实力与竞争力。格力电器至今已经开展 20 届科技进步奖的评选，单项目奖金最高达 120 万元，激励科技人才为公司科技创新做出贡献。

格力电器主动履行社会责任，积极在绿色低碳发展上作出表率。2013 年，格力电器提出"让天空更蓝、大地更绿"的战略，董明珠强调："每一个企业都应成为地球的健康细胞，共同绿色发展，才能让世界变得更美好。"在近十几年的发展历程中，格力着重遵循绿色、节能原则进行创新技术研发，围绕绿色产业深入布局。格力现在拥有的 44 项"国际领先"技术中，有 41 项与绿色节能相关。2020 年，我国正式向国际社会宣布了"双碳"目标，即力争于 2030 年前实现碳达峰，努力争取 2060 年前实现碳中和，而格力在绿色产品技术创新和研发方面已经布局多年。

格力目前已布局了光伏、锂电池和新能源车等领域。格力没有进入新能源家用车领域，而是选择了新能源商用车。2023 年 12 月 21 日格力发布公告称，将作价 10.15 亿元受让 12 名交易对象持有的 24.54% 的格力钛股份，交易完成后格力将控制格力钛 72.47% 的股份。格力钛的前身为银隆新能源，2021 年格力电器竞得公司 30.47% 股权后改名为格力钛，成为格力电器的控股子公司。其主营业务包括钛酸锂电池核心材料、电池、储能、新能源汽车基础零部件，是格力电器新能源业务板块的重要组成部分。格力钛的新能源通勤旅行车、公交车等，已经在北京、上海、广州等 230 多个城市运营。

格力电器自主研发出了全球独一无二的"零碳源"空调技术，这项技术通过将空调、光伏和储能的配合，实现了空调"零电费"运行，为消费者带来了真正的零消耗体验，目前已经在全球 35 个国家和地区得到推广。经过计算，如果能够在全球范围内普及该技术，到 2050 年前可累计减少二氧化碳排放 1000 亿吨，相当于 1160 亿棵树 100 年的减碳量。

格力电器依靠核心科技能力不断推陈出新，包括高效制热空气源热泵、全域养鲜系列冰箱、磁悬浮变频离心机等，不断演绎"好电器，格力造"

的创新篇章。格力电器绿色能源业务在 2023 年上半年实现了 51.32% 的同比增长，成为绿色发展战略的重要业绩支点。

2015 年，我国提出"中国制造 2025"战略计划，旨在通过提高制造业创新能力、强化质量品牌、绿色制造、智能制造、工业基础能力，加快从制造大国向制造强国的转变。同一年，格力也正式提出"让世界爱上中国造"的口号，推动制造业向智能化、数字化转型，格力的"黑灯工厂"便是智能制造转型升级的重要成果。

2020 年 5 月，格力电器总投资 150 亿元，在珠海市高栏港建设格力智能制造工厂，以完美设计理念打造世界一流的"5G 工厂、黑灯工厂、智慧工厂"。该工厂整合智能装备、工业互联网与数字技术产业优势，实现自感知、自学习、自决策、自执行、自适应的智能化全流程生产制造，工厂效率提升了 200%。这个集自动化、信息化、智能化、绿色化于一身的"智慧工厂"，通过利用工业互联网、大数据平台，关键设备实现了100% 互联互通，数据可以实时采集，集控中心负责远程调度管理，智能物流将不同的车间连为一体。

在格力电器长沙工厂，自主研发的伺服机械手臂灵活翻飞、动作精准高效的工业机器人活跃在注塑、钣金、总装等各个车间的生产一线；车间通道上，AGV 导航车与智能电子仓默契配合，实现了智能调度、精准配送；作为工厂"大脑"的智能信息集控中心已实现全产线、全流程数字化，从生产计划到制造执行一目了然，过去 1 万人的工厂现在只需要不到 2000 人就可以完成同样的产值。人机结合实现了高效生产，让工人们从繁重辛苦的体力劳动中解脱出来，享受以人工智能和机器人为新生产工具所带来的生产方式的变化。

凭借积淀丰富的科研成果和良好的品质声誉，格力积极参与全球规则制定，把"产品走出去"提升为"标准走出去"，用技术标准在国际舞台上掌握话语权。2020 年，董明珠担任国际标准化组织制冷压缩机分委会主席，是担任该组织主席职务的首位企业家，并且在 2022 年顺利连任。截至 2023 年 12 月，格力电器主导和参与制定修订国内外标准共 832 项，其中国内标准 774 项，国际标准 58 项，不断向国际社会传递格力方案、中国智慧。格力电器目前参与的国内外标准化技术委员会或标准化组织多达 137 个，其中积极加入 ISO、IEC、UL 等 36 个国际标准化组织，参与美国和加拿大空调电气安全国家标准的制定和修订，协助巴西、老挝等"一带一路"沿线重点国家开展相关标准制定工作。此外，格力还承担建设 WTO/TBT-SPS 国家通报咨询中心制冷设备研究评议基地通过海关总署考核，在国际制冷领域的话语权不断提升。

从"好空调，格力造"走向"好电器，格力造"，格力不断夯实工业制造的基础，拓宽多元化发展版图的边界，从专注于空调生产延伸至多元化高端技术产业，以技术、质量、品牌、服务为抓手，推进全产业链高质量发展，精心磨砺大国制造的格力名片，在打破国外"卡脖子"技术方面取得一系列实际成果。

2019 年，格力开发出高效变频涡旋压缩机和高聚磁、小型化、高精度无感国产化芯片技术的直流电机，全面摆脱对国外技术的依赖；2020 年又自主研发出行业领先的超低温双级增焓压缩机系列产品，能够实现 -40℃超低温下稳定制热。我国自主研发的大负载机器人，当速度过高时减速机很容易颤动，这个技术之前一直被国外所垄断，格力的 GR270/2.65 工业机器人，很好地解决了这个问题，成功实现了对外国工业机器人的国产化替代。

面向未来，格力需要继续保持它在空调领域的传统优势，然后把多元业务发展作为第二增长曲线。净利润，是佐证公司是否真赚钱的一个非常重要的财务指标。2023 年 12 月，格力电器发布的业绩预告显示，2023 年公司净利润预测为 270 亿—293 亿元，同比增长 10.2%—19.6%，这说明具备充沛资金储备以及强大盈利能力的格力有足够的能力支持公司第二增长曲线的长期孵化和成长。

格力电器顺应市场变化和消费者的多元需求，面对竞争激烈的制造行业，坚持走"自主创新"的发展道路，不断通过核心技术与完美质量管理创造出更多优质产品，争做高质量发展的行动派，践行了其"弘扬工业精神，掌握核心科技，追求完美质量，提供一流服务，让世界爱上中国造"的企业价值倡导。

在制造端多元发力的同时，格力在营销方式上也开始了新的渠道变革。从 2020 年夏季开始，受疫情影响不少传统行业开始转战线上带货，格力电器正式推动"新零售"营销模式变革，主要举措是直播带货、推广"格力董明珠店"及线下体验店。董明珠亲自带领格力电器拥抱线上直播带货，2020 年 6 月 1 日，在格力电器"超级品牌日"，董明珠实现了单日直播带货销售额超 65 亿元的纪录，这场直播也被认为是格力开启新零售变革的"里程碑"。随后，董明珠在全国 13 个城市进行直播带货，13 场以线下 3 万门店支撑＋线上"董明珠的店"商城直销且结合地方文化特色的直播，总销售额达到 476 亿元，占格力当年营销额的 1/4。此后，格力新零售引领的渠道变革不断升级，网上直播成为格力常态化品牌运营的主要阵地之一。

格力在全国拥有超 3 万个线下网点，这个庞大的线下销售体系曾经为格力贡献了优秀业绩，格力也凭借强大、完善、科学的经销商渠道优势，保持了长期的市场领先地位，但任何事务都是发展变化的，一个制度、一个规则也不可能永远有效，必须保持始终创新的精神。在与董明珠的交流中，笔者问她"格力的业绩增长是否有天花板？"董总笑了笑说："所有的天花板都来自内心，而不是外部环境，外部虽然会给我们带来一定影响，但并不是决定性因素，关键在于创新。我现在回顾在格力工作的 30 多年，从当部长那一天起我就决定要创新，到今天我认为只是创新的内容在发生变化。企业和个人一样，都像一根橡皮筋，绷得太紧会断，所以企业有时也会'休眠',即使业绩偶尔下滑也很正常,最关键的是企业家要有社会责任感和忘我精神,这样决策就不会失误。"

今天的格力,也许已经站在需要依靠关键变革为赢得未来而战的新十字路口,无论对企业还是企业家来说,这是极为考验战略能力和经营智慧的时刻。董明珠说,斗争和创新,将是格力永恒的话题。

三、经验与启示

格力电器也曾是一家国有企业,近年来格力电器作为我国混合所有制改革的案例被频繁提及。正如上文所言,格力电器是一个高度市场化的企业,具有敏锐的市场嗅觉、良好的服务意识和旺盛的创新动力,对当时一些企业存在的效率低下、资源浪费、内部腐败、缺乏创新等"国企病"非常警惕和反感。

2024年2月,笔者赴珠海访谈董明珠之际,格力集团换帅的新闻迅速冲上热搜,网民们讨论的不是新董事长是谁,而是"董明珠是不是真的退休了",这个"误会"之所以发生,是因为大众并不清楚格力集团、格力电器、格力地产等以"格力"二字命名的企业之间的关系。

在笔者向董总求证格力集团和格力电器之间是否存在某些"恩怨"时,她非常"敞亮"地讲述道:"我从来没觉得有恩怨,这就是每个人站的角度不同对一个问题看法也不同。我觉得格力集团和格力电器都是在纠错和不断解决问题的过程中成长的。"

不论怎样,格力集团和格力电器之间的"斗争"确实曾持续多年,其间也曾发生将格力电器卖给外资的"险情",朱江洪和董明珠在事关格力电器前途命运的关键决策,现在来看是极有担当、极富远见的。随着格力电器不断引入战略投资者,特别是在2005年后开始渐进式混合所有制改革,格力集团逐渐失去对格力电器的绝对控股地位。

2019年底,控股股东格力集团与珠海明骏签署《股份转让协议》,

格力集团以 416.62 亿元总价转让其持有的格力电器 15% 的股份。由于珠海明骏与上市公司其他股东之间没有一致行动关系，也不存在委托表决权和股票代持等情况。因此按照这一架构，格力电器完成混改后，没有任何一个股东可以掌控上市公司超过 50% 的股份，也没有任何一个股东可以实际控制上市公司超过 30% 的投票权。这意味着，历经 10 多年纷争，格力电器从国有控股企业最终变更为无绝对控股股东和实际控制人的公众公司。

在现代公司治理体系中，股权分散有其积极性。股权分散情况下，中小股东与大股东之间有可能形成相互制衡的局面，从而有利于推动公司的民主决策并改善公司的治理环境。通过混合所有制改革，格力电器在企业市场化转型、治理结构优化和人才引进等方面取得了显著成效，高管团队获得了更多的商业决策自由度，企业经营机制和活力得到提升，但这并不必然意味着格力电器这家企业从此可以高枕无忧了，它仍存在未来各股东间控制权争夺、被野蛮人敲门、企业被内部人控制等潜在风险，需要保持足够警惕。

自 2012 年董明珠担任格力电器董事长以来，公司累计现金分红 1067.60 亿元，是 1996 年至 2011 年 16 年间 53.96 亿元现金分红的 19.78 倍；累计纳税金额达 1534.62 亿元，是前 21 年间纳税金额 221.75 亿元的 6.92 倍。

在高速增长的背后，格力的成功有很多值得借鉴和学习的经验。

（一）视质量和品牌为生命

没有质量做保证，企业不可能有长远发展。要做百年企业，就必须站立在行业质量的塔尖上，坚定不移做质量的坚守者。格力所在的是一个充分竞争的市场，一切成功更有赖于质量、技术和细节的更加完美，企业只有脚踏实地地把消费者的每一件小事做好，才能聚拢人心，赢得消费者，赢得市场，才能真正将品牌变成企业的生命之魂。格力电器自成立以来，一直非常重视先进质量管理方法、理论的引入，并通过不断地实践、总结、创新，形成格力自己的工作方法。董明珠不断告诫格力员工："消费者的每一件小事都是企业的大事""质量的意义关乎'两个生命'，一个是消费者的生命，一个是企业的生命"。回顾格力电器的发展历程，其质量管理经历了从早期自觉萌发质量管理意识，到主动建立起严格的内部质量控制机制，再到创建质量管理体系的阶梯性跃升，不仅使产品实现了质的飞跃，更使得企业的质量管理水平得到了升华，帮助企业在全球市场赢得相对竞争优势。

格力电器提出："质量是企业的生命线，要像修炼生命一样修炼质量。"董明珠和企业的质量管理团队长期扎根质量管理实践，持续开展质量理论创新，在企业构建了一套具有时代特征、中国特色和格力特质，在实践上取得显著成效的格力质量管理模式，并形成了独具特色的质量管理哲学。

董明珠认为，"完美质量是斗争出来的"，从格力电器的实践来看，一则持续同质量工作中存在的弄虚作假、管理不严做斗争，同供应商产品质量、采购环节的腐败行为等做斗争；二则坚持同不当生产做斗争，通过出台"总经理令"、制定质量评价绩效管理规定等，死抠生产管理细节，确保生产高质量的产品；三则致力于优化质量管理制度，比如建立两级质量例会制度，强化质量溯源，建立质量管理工作群，落实质量整改，系统推进质量改进，不断推动质量管理工作创新。

1995 年，格力电器率先成立行业内独创的"筛选分厂"，对每个进厂零部件进行严格筛选和检验，合格后方可走向生产线。2012 年，格力电器提出了"没有售后服务的服务才是最好的服务"，据此建立了"质量零缺陷"战略目标，推动格力电器的质量管理向体系化方向发展。格力电器提出并创建了以 D–CTFP 质量技术创新循环为核心的 T9 质量管理体系，该体系在全面质量管理、卓越绩效模式、朱兰质量管理理论等指导下，创新质量理念，帮助格力构建了更为有效的质量管理模式。

2014 年 1 月开始，格力电器在融合全面质量管理、ISO 9000、卓越绩效模式等管理体系优势的基础上，由董明珠董事长发起，中高层及质量管理技术人员组成项目团队提炼并首创了"PQAM 完美质量保证"模式。

2016 年后，格力电器继续强化推进实施 T9 质量管理体系，同时总结提炼出质量预防五步法，形成以顾客需求及社会责任为导向，以 D-CTFP 质量创新循环和质量预防五步法为核心，有机结合"让世界爱上中国造"的格力"完美质量"管理模式。2018 年，格力电器荣获质量领域最高荣誉——中国质量奖。

在质量管理实践中，格力提出"人人都是质检员"的全员质控原则。正是出于对自身产品质量的高要求、严把关，格力电器才有底气、有信心于 2005 年在行业内率先提出"家用空调 6 年免费包修"服务。2014 年，格力电器又将"6 年免费包修"延伸至中央空调领域。2021 年 3 月，格力电器将家用空调的包修期限从 6 年延长到 10 年，实行"十年免费包修"政策。格力通过精益求精的态度和卓越的管理体系，确保每一件产品都符合标准，甚至超越用户的需求。

格力对自身品牌无比珍视，公司通过修炼质量、完美服务，不断提升品牌影响力，成长为中国乃至世界电器行业的佼佼者。

格力电器是中国空调行业第一个世界名牌，长期致力于打造具有全球竞争力的优质品牌，并且通过积极参与中国和全球的标准化建设，深化并塑造格力电器作为中高端品牌的良好形象。近年来格力电器在产品设计、生产制造、品质管理等方面不断加强标准化建设，格力的产品追求的不是符合，而是超越国家标准、国际标准，执行更高的标准确保了公司产品的性能稳定性、安全性和可靠性。

格力在生产制造过程中也积极推行标准化管理，通过建立严格的生产标准和作业规范，确保产品的制造过程高效、精确，并且具有一致的质量水平；格力电器还注重标准化在供应链管理和服务体系中的应用，制定了一系列供应商管理标准，确保供应链的稳定性和产品质量的可控性。

格力在服务体系方面，通过标准化的服务流程和规范化的服务标准，提供全方位、高效率的售后服务，赢得了消费者的信赖和口碑。作为人大代表的董明珠，曾提出"建立新技术新产品国家标准""在国内推行中国标准、中国认证"等标准化建设的相关建议。掌握了标准制定的主动权，格力电器在企业质量管理历程中不断建立和完善了企业技术标准体系，从而在国内、国际标准化建设之路上取得诸多成就。

2023 年，格力电器凭借空调、除湿机、电冰箱、洗衣机、电饭煲、空气净化器、吸油烟机、净水机等 13 类产品、102 个产品型号、18 项标准上榜 2022 年度企业标准"领跑者"榜单，成为入选产品种类和企业标准最多的企业。格力电器已连续 5 年上榜企业标准"领跑者"名单，累计获得 77 项企业标准"领跑者"证书。

2022 年 4 月，工业和信息化部发布《中华人民共和国工业和信息化部公告（2022 年第 10 号）》，正式批准发布由格力电器牵头制定的两份光伏空调标准：《光伏驱动多联式空调（热泵）系统》《光伏驱动冷水（热泵）系统》，并于 2022 年 10 月 1 日起正式实施。格力在此前期就已完成牵头制定 7 份光伏空调产品相关的标准，包括光伏空调性能、安全和变流器专用标准等。格力电器制定的光伏空调相关标准填补了我国该领域的行业标准空白，为光伏空调的设计、检测、认证提供了权威依据。

党的十八大以来，格力电器持续深耕标准化建设，对我国专业人才对外参与标准制定、制冷压缩机国际标准制定与监督、中国制造标准国际化等多方面有着重要的推动作用，实现了格力电器从"产品走出去"

到"标准走出去"的重大转变。

（二）以科技创新为根本依托

科技创新是制造业发展的关键所在，董明珠是创新的坚定拥护者和践行者，"中国制造关键要创新，要不断创造新的技术。我们作为实体经济的企业，要脚踏实地，要紧紧盯住市场，盯住消费者的需求来做技术开发，不能做噱头"。

2023 年 11 月，格力电器在第 75 届德国纽伦堡发明展上获得"1 金 2 银 1 铜"四项大奖，该展会被认为是全球历史最悠久、最具权威的发明展览会。其中，格力钛"一种钛酸锂复合材料及其制备方法、负极片及锂离子电池"斩获金奖。该技术从本质上提升了电池的安全性能，解决了传统锂离子电池存在的大倍率充放电与长循环寿命不可兼顾的问题。不仅能实现 6 分钟充满电的能力，还能在 4C 倍率条件下可循环充放电 16000 次以上，倍率循环寿命是传统锂离子电池的 6—8 倍，满足电池大倍率、长寿命并存的功率型储能应用需求。格力"高速直驱桥式龙门加工中心 GA-FM3020 项目"、格力晶弘 –38℃超冻锁鲜系列冰箱、格力节能型嵌入式热泵洗烘护一体机等项目也获得奖项。

格力电器之所以能从单一空调业务向多元业务发展，成功实现从"好空调，格力造"到"好电器，格力造"的转变，就是依赖公司日复一日坚持自主创新、坚持"掌握核心科技"的战略指引。在格力持续多元化布局的过程中，科技始终是其源动力。格力得益于自身强大的科研实力，才能在绿色能源板块、工业制品板块、智能装备板块等领域都展现出蓬勃的发展势头。

格力电器掌握核心技术的历程，也大体分为三个阶段。

第一阶段是努力突破技术封锁，实现人有我有。采取的措施主要有三个，比如投资研发基础设施建设，早在 2003 年时就斥资 2 亿元建成近

4万平方米的国内首个具有世界先进水平的专业空调研发中心；不断健全科研组织体系，很早就建立了技术开发部、科技管理部、标准管理部等科研组织体系，并不断升级组建相关的研究院，形成庞大、严整的科研矩阵；重视对外技术合作和交流；比如早在2005年格力电器就与艾默生公司进行联合实验，并且高度重视自主研发，一点点突破国外技术封锁，将核心科技掌握在自己手里。

第二阶段是强调创新技术研发，做到人有我优。格力从2008年开始就成功通过搭建多个高水平创新平台，比如"国家认定企业技术中心""国家节能环保制冷设备工程技术研究中心"等；实施严格规范的技术研发，2004年格力电器就成立了由董事长挂帅的标准化技术委员会，后续通过组建专门部室和研究院，用完备的技术标准来规范技术研发，驱动技术进步，格力电器建立了"五方搜寻、三层论证、四道评审"的规范研发流程，来确保技术研发的质量；为研发提供充足的资金支持，格力电器提出"按需投入，不设上限"的科研投入原则，以千亿规模的科研投入真正扭转了中国空调业以制造常规空调为主、以贴牌生产为生、以技术模仿为业，长期处于产业链、价值链底层的局面。

第三阶段是推动科技创新，做到人无我有。经过20多年发展，格力电器实现了从技术追赶者到技术领先者的转变，许多技术已经达到"国际领先"的水平，在多项核心技术上打破了国外的技术垄断和封锁，在很多前沿技术和产品方面走在全球前列。在具体举措方面：一是格力电器通过搭建高水平科技创新平台，比如从2015年后陆续获批建设"空调设备及系统运行节能国家重点实验室""国家级工业设计中心"等四大国家级创新平台，形成以空调设备及系统运行节能国家重点实验室为核心的格力电器创新平台体系；二是建立业内先进的自主创新工程体系，从2014年格力电器自主创新工程体系获得国家科技进步奖开始，到建立152个研究所和世界一流的环境模拟实验室、高低温实验室等1411个专业实验室；三是建设高水平技术标准体系，从 2013 年标准管理部由董事长直接管理，格力电器建立了完善的技术标准组织体系，并且不断基于研发成果对企业技术标准体系进行优化完善，积极参与国内外标准体系建设和管理工作，通过这些措施让格力电器实现了核心技术上的"人无我有"。

2023 年，国资委对央企考核提出"一利五率"的要求。其中，把研发经费投入强度作为考核国资央企创新能力的重要构成指标，旨在激发企业这一研发主体的投入热情。创新是深入实施创新驱动发展战略，加快建设科技强国的重要途径。对于企业而言，研发经费投入强度是研发经费投入占营业收入的比重。民营企业作为资本市场的重要组成部分，其高效研发投入为加强中国制造的原创性、引领性科技提供着坚实保障。格力电器长期以来主动持续高强度投入科研资金，研发经费"按需投入、不设上限"，即使受疫情影响，格力 2020 年、2021 年的研发费用也均保持在 60 亿元的高位，蓬勃兴旺的创新创造源源不断地为格力高质量发展注入新动能，这是格力取得层出不穷的技术创新成果的根本原因。

值得一提的是，格力电器的高新技术研发团队几乎全部依托国内，其发明专利授权量是唯一多年稳居中国前十的家电制造企业，格力相信这种持续的技术沉淀和创新积累，能够为推动中国成为世界研发中心做出贡献。为保护自己的技术创新成果，格力电器建立了完整的知识产权战略体系，通过搭建研发全生命周期的知识产权管理体系，在物料采购、产品研发、生产销售等各环节嵌入知识产权管理，实现了对自主创新技术的有效保护和风险管控。

2016 年，国务院常务会议提出：要培育和弘扬精益求精的工匠精神，引导企业树立质量为先、信誉至上的经营理念，立足大众消费品生产推进"品质革命"。格力电器躬身入局，把创新当作企业发展的生命之源。董明珠认为："创新是企业唯一的出路，高质量发展也不是一时的举措。

在研发投入上，企业家一定要有长期战略眼光，要'舍得'，要'付出'。"在同笔者的交流中，董明珠也提到："很多长周期的科研，需要十多年，甚至二十年以上的持续投入，如果一时不能出成果，并不能认为是失败的，企业要做的是有足够的手段抗衡并承受科研的风险，能够承受的风险就不叫风险。"

从生活消费品到高端制造业，格力电器在专利领域不断攻坚克难，成为我国科技事业不断攀登高峰的生动缩影，体现出创新驱动蕴含的无限潜力。

（三）企业家卓越的战略能力和远见是企业成功的关键

"君子务知大者、远者，小人务知小者、近者。"在同等条件下，人与人之间的不同往往体现在视野和胸怀的差距，一个贪图眼前利益、自私自我的人，永远不会成为优秀的企业家。同样，一个缺乏家国情怀，不计道德与良知，缺乏战略与远见，只知赚快钱的企业，永远不会成为伟大的公司。

格力电器在事关公司发展的关键点，都做出了富有远见的决策。表现在：一是凭借对"完美质量"的极致追求，一步步迈向高质量发展的大道。从推行"零缺陷"工程，到引领国内外行业标准，格力把对国家、对中国制造的责任和担当，融入企业的生产和管理实践中，把"让世界爱上中国造"作为自身使命，在行业内树立起品质过硬的标杆。面对20世纪90年代"井喷"的市场赚钱机会，格力电器精益求精地抓质量和品质，看起来是"赚钱慢"的"不聪明"行为，但经营的辩证法正好说明"慢即是快"，正是因为有远见、有担当，格力电器才能跨过很多同时代曾盛极一时又昙花一现的品牌消亡之路，依靠历久弥坚的完美品质走到今天，拥有现在的市场地位和全球影响力。

二是提前布局多元化发展战略。党的十八大以来，中国在5G/6G、量子计算、超级计算机、人工智能、航空航天、新能源汽车、物联网技术等前沿尖端科技领域取得了一些重大突破，这些均得益于政府、企业和研究机构在科技领域的长期积极投入。科研投入具有周期长、投入大、风险高等特点，企业在科研上的中短期投入并不难，难的是长期、持续、高强度地对科研工作的投入和支持。更为困难的是，企业对科研的投入不仅需要锚定解决当前技术难题的目标，还需要提前布局可能在未来才成为利润增长点的第二、第三增长曲线。因为任何一种产品及技术在不断成熟后，再取得进步将会变得越来越困难，并且代价高昂；而颠覆性技术往往需要很强的前瞻性，需要对科技前沿进行长期的持续性研究才可能取得跨越式突破，孕育和孵化颠覆性技术。格力从"好空调，格力造"转向"好电器，格力造"的多元化发展战略时，企业家以卓越的战略能力和远见，提前布局绿色低碳、芯片、新能源等科技研发工作，并通过资本运作、收并购等方式形成面向未来的竞争优势。

三是将工业报国之心融入企业文化。格力把与祖国同呼吸、共命运的爱国精神当作企业最基本的坚守，并将浓厚真挚的与国共荣、责任担当融入生产实践中。董明珠本人也在很多场合多次谈到她对企业与祖国、企业家与祖国、格力与祖国、格力人与祖国的关系的理解，旗帜鲜明地表示企业家就是要有家国情怀，认为企业和国家的命运是一体的。董明珠希望中国企业家们能够牢记并把国家富强、民族复兴的使命摆在第一位，希望格力青年人把"忧国忧民、热爱祖国、积极创新、探索科学"的精神融入血液。

格力电器不仅这样说，也这样做，无论是紧急造抗疫产品、自主造芯片，还是布局绿色低碳发展，无论是欢送新兵入伍、表彰最美退役军人，还是在各种灾情困难时慷慨捐款捐物，格力这家企业的社会责任、家国情怀都让人为之侧目。好的企业文化都是企业领导人精神的沉淀和显现，是以一种有力量、有凝聚力的精神团结了一批志同道合的人，以相似的价值观、相似的理念去做同一件事，而其中起关键作用的是作为管理核心的企业家的理念和精神。

2001 年加入格力电器的副总裁方祥建，戏称自己在格力曾经历"几起几落"，在没有任何事先沟通的突然对话中，他总结了自己心目中关于董明珠的企业家精神特质，包括"自主创新不服输""视质量为生命""重视人才"等，并且举了很多公司发展过程中发生的生动鲜活的实例来印证上述结论，真实的情感确实很让人有强烈的代入感并与之共鸣，产生某种认同。

格力电器已经成为一艘巨轮，无论环境如何风云变幻，但这家企业的根基和基本精神仍将存在。就像我们说企业家精神，一定是超越、高于企业的精神，优秀的企业家精神会永远流传下去。董明珠很坦诚地说："以技术创造美好生活，提高人民的生活品质，以科技让人们生活得更健康，这是格力电器追求的价值和正在履行的责任。不要把赚钱当作目的，企业家要有奉献精神，管理者要有道德底线，这几十年来我没有改变过这种认识。"诚然，当一个企业家身上有超越个人利益、超越企业利益的担当时，我们欣喜地看到格力电器的风气和企业精神充满向上的力量。

在珠海总部一楼大厅中高悬着八个字——"空谈误国，实干兴邦"，初看起来感觉朴实无华，但细琢磨却有着无限深意，这也许便是"大道至简"的缘故吧！

参与全球竞争的中国矿业巨子

——紫金矿业集团股份有限公司案例研究

　　紫金矿业在我国矿业行业中，可谓一个"现象级"的企业，它不是一个民营企业，也不是大家所熟知的那种纯粹的国有企业，而是一个很早就完成了所有制改革的国有控股混合所有制企业。紫金矿业最初是因为开发一座不被人看好的低品位紫金山金铜矿，而从贫困县里一举发展壮大起来的矿业巨头，是一个从缺资金、少人才、无技术条件，甚至资不抵债连勉强维生都困难的县属矿业公司，经过 30 年发展成功迈进全球金属矿业企业第一梯队的中国矿业企业。

　　2023 年 8 月 11 日，紫金矿业在福建省上杭县举办成立 30 周年庆祝大会，紫金矿业创始人、董事长陈景河先生做了题为《三十而立构建全球竞争力　百年梦想建设世界超一流》的主旨讲话，他说："紫金矿业已从当年婴幼儿成长为风华正茂充满生机活力的而立青年，从当年汀江里的一条小船成长为扬帆远航的巨轮！"

　　而就在 9 天前，2023 年 8 月 2 日，紫金矿业在《财富》世界 500 强排行榜排名提升 34 名，居第 373 名，紫金矿业 2022 年归母净利润居全球金属矿业企业第 6 位、中国金属矿业企业第 1 位。

从 1982 年 7 月于福州大学地质专业毕业算起，陈景河已经在矿业领域工作 41 年之久。紫金山是他工作后参加并主持勘探、开发的第一座矿山，这座山是紫金矿业的"根"和"源"，在紫金矿业的全球事业版图中，一座座"金山"被发现并矗立起来，一个个财富佳话被创造和传诵开来。

紫金矿业之所以能够从一家成立于 1986 年（前身为上杭县矿产公司），到 1992 年总资产仅有 300 多万元，负债超 90%，员工仅 76 人的县级矿产公司，发展成为《财富》世界 500 强企业，成为一家在海外 15 个国家开发矿产资源、受世界瞩目的中国矿业集团，源于一种因相信而看见的力量。

普通人，因为看见，所以相信；而真正的高手，因为相信，所以看见。

一、"看见"一座紫金山

福建省上杭县的紫金山，位于旧县镇和才溪镇交界处，西濒汀江、南临旧县河，山势挺拔、风景秀丽，因每日夕阳倒映，色紫若金，古来得名紫金山。这座山在北宋时期就是一座被开采的金山，数百年来人们在山上采金炼铜留下了上百个久弃不用的遗迹。新中国成立后，福建省地质工作者们曾"三进三出"在紫金山附近找矿，却没有取得实质性的成果，但为以后找矿提供了线索。这座"金山"似乎一直在等一个"识货之人"的出现。

这个"识货之人"就是陈景河。他的故事在近 20 年虽已被人一再提起，却仍是每一次新的讲述中绝不能省略的篇幅。作为紫金矿业的创始人，陈景河不仅是他自己，更是这个企业的"铸魂师"。

1982 年，陈景河从福州大学毕业，那时候的大学毕业生们大多还是学什么干什么。陈景河也是如此，他毕业即加入闽西地质大队，参与了在汀江两岸新一轮的地质普查，并作为主要队员之一登上紫金山开展地质调查。在古代采金人留下的矿洞"燕子硐"里，他们取回的样品告诉人们：紫金山有原生金矿。

彼时的陈景河对学术研究有着相当的痴迷。1984年时他已经从闽西地质大队被调到福建省地质科研所金矿研究室工作，从山里到城里，陈景河实现了"人往高处走"的一步成功跨越，但他的心却仍留在紫金山，他在《福建地质学报》上发表了一篇题为《关于紫金山金铜矿垂直分带规律》的论文，在学术届首次提出紫金山"上金下铜"，即上部为金矿、下部为铜矿的矿藏构造设想。这是陈景河用地质学理论耗费两年时间给紫金山的"初画像"。

"紫金山值得搞"的想法让陈景河无比兴奋。为了这个只是理论上的初步推测，到现实中还没有真正"看见"的假想，陈景河做出"逆行"的重要决定，即放弃省城工作重回乡下紫金山搞地质勘查。1986年，陈景河逆着千方百计进城的人潮而动，再次回到紫金山条件简陋的地质队担任队长工作。

随后的几年时间，陈景河和地质队的艰苦工作一再证明了他"上金下铜"的构想。最终的地勘详查报告显示：紫金山铜储量在100万吨以上，是福建省发现的唯一国家级铜矿，是我国"七五"期间发现的第二大金属矿床，是我国在火山岩地区找矿获得的重大突破。这一发现后来荣获国家科技进步奖一等奖，作为紫金山铜金矿的主要发现者、研究者、现场勘查负责人和项目主要完成人，陈景河主笔的地质详查报告获得地矿部找矿一等奖，陈景河本人获得地矿部优秀青年称号并享受国务院政府特殊津贴，被破格升为高级工程师。

不过，紫金山发现特大金铜矿的消息，在20世纪90年代初就被福建冶金工业部门的研究结论浇了一盆冷水，原因是这个矿的品位低，不具备工业化开采价值。当时负责有色金属矿山开采管理的中国有色金属工业总公司，在东南沿海同期发现的紫金山铜金矿和贵溪银矿两者之间，选择了投资后者。

矿很大却没有工业开采价值，这对于上杭县政府和陈景河来说都是个"晴天霹雳"。当时的上杭县，是国家级贫困县，1990年前后县领导为了给全县上万名干部职工发工资，曾向龙岩财政局和隔壁的永定县借了整整8个月工资款。原本指望着靠紫金山"科技兴县"的上杭县政府和为紫金山艰辛工作了已近10年的陈景河，都不能接受紫金山是个"鸡肋"矿山、不具备大规模工业化开采价值的结论，希望尽快探索出一条适合紫金山金矿"低品位、矿体变化大"特点的低成本开采开发工艺。

因为，只要开采和冶炼成本足够低，就能弥补紫金山金铜矿品位低的先天缺陷，紫金山就仍能产生不错的经济效益。

1991年，陈景河找到上杭县矿产公司经理黄毓咸，提议由地质队和县矿产公司合股建立金矿中试站，县矿产公司出资20万元，地质大队出资10万元，以股本金30万元开始对紫金山进行试验性开发。中试站从24人的团队开始起步，自力更生铺设水电线路、安装设备、建造贫液池和炭浸系统、建设堆场，通过外请专家指导低品位金矿堆浸技术，并派人外出学习冶金技术，一点一点解决各种实际问题，经过72天堆浸，入选原矿品位2.55克/吨，尾渣品位为0.343克/吨，总浸出率达到86.55%，1992年5月1日，紫金山第一块合质金炼成，低品位金矿堆浸中试取得了巨大成功。

当时，陈景河所在的闽西地质大队第八分队热切盼望参与紫金山金矿的开发，他们联名上书福建省地矿局，建议省局和上杭县合作开发紫金山，但这个方案并没有获得上级同意。

面对上面的"否决"意见，大部分人会放弃。然而，陈景河属于小部分的人，我们观察很多成功的企业家，发现他们身上有个共同的品质，那是一种"虽千万人吾往矣"的敢于坚持己见的气魄和胆识。

为了自己"看见"的这个金山，1992年底，陈景河离开工作了十年的闽西地质队正科级体制内岗位，以一个地质专家的身份留在国家级贫困县经营一个小矿产公司。

陈景河接手的这个县矿业公司有员工 76 人，固定资产 42.9 万元，流动资金 3.8 万元，银行贷款 237 万元，公司当年需要承担的利息总额就高达 18.83 万元，利润仅 4.45 万元，是一家严重资不抵债、看不到什么"前途"的小企业。

堆浸法适合紫金山，只有扩大紫金山黄金中试站的黄金生产规模，才能尽快从中试过渡到建立矿山。但扩大规模需要钱，于是陈景河频繁到龙岩、福州申请立项，千里迢迢到江西有色金属设计院优化图纸设计，到银行跑贷款。1994 年，紫金矿业获得工商银行提供的 700 万元的第一期技改贷款，陈景河用这 700 万元贷款，靠着艰苦创业和自力更生两件法宝，凭着一分钱掰成两半花的"抠门"劲儿，完成了原本设计投资需要 2950 万元的技改，使紫金山金矿矿石年处理能力达到 10 万吨。

创业的艰辛在几十年后的今天回头看时，似乎是可以用诗歌抒发的颇为感人肺腑的一股"豪情"，然而在当时却是每天都要面对的艰辛：创业者们住在山上低矮潮湿的土坯房，喝着洞坑水，雨天两脚泥，冬天一身霜，风大的时候屋顶也常为狂风所破，他们没有节假日，全年要开 7 个月电热毯才能保持被褥干燥不长毛，肩扛手拉布线修路，甚至自己动手发明、制造、安装了很多仪器设备……

1993 年 8 月，中国黄金市场放开，国内金价同国际金价接轨，黄金允许自由买卖，价格翻了一倍，紫金矿业当年实现利润 63.4 万元。1994 年，紫金山年产黄金 96.43 千克，实现利润 286.9 万元。1996 年，紫金矿业就还清了一期技改的银行贷款。紧接着又从银行贷款 400 万元实施第二期技改，再将采选规模扩大一倍。在短短几年时间里，紫金山历经 5 期技改，在地质勘查评价、采矿、选矿、冶金及环保等技术与工程方面开展系统性的"革命性创新"，虽然金矿边界品位从 1 克/吨降低到 0.15 克/吨，黄金资源量却从 5 吨多裂变到 300 多吨，开采方式从地下转为露天，大规模超高位溜井放矿，选矿从单一堆浸调整为重选—碳浆—堆浸组合工艺，工业废水循环利用，紫金人将含金 0.6 克／吨左右的矿石提取到纯度为 99.99% 黄金，使紫金山这个被公认为是"鸡肋"的小矿山，一跃成为"中国第一大金矿"。

哈佛商学院领导力专家约翰·科特曾经说过，成功的变革有 70%—90% 取决于成功的领导，只有 10%—30% 取决于成功的管理，而推动变革是领导力的首要职能。

紫金矿业初创期，陈景河便把主要精力放在三项变革上，一是改进技术，二是招揽人才，三是千方百计搞创新。"科技是第一生产力，人才是第一资源，创新是第一动力。"今天大家对此已然能耳熟能详，而在 20 世纪 90 年代的相对闭塞落后的贫困县——上杭县，紫金矿业却是在非常艰难的创业实践中，非常有预见性地表现出对科技和人才的极限追求和极度渴求。

陈景河说："市场经济的核心是竞争，竞争归根到底是人才的竞争。""要创造一种能够吸引人才的条件、有利于人才成长的氛围。""人才不是来分粥的，是往锅里添粥的。搞好了，还可能端来大蛋糕。"……企业创始人的这种远见赋予紫金矿业"如狼似虎"的气质。

1995 年，紫金矿业还是一个利润不到 600 万元、默默无闻的小企业时，就到处疯狂"挖人"。那时候国际大宗矿产品价格低迷，国内很多矿业企业经营困难，紫金矿业却在权威报纸上大登广告招聘科技和管理人才。到 1997 年初，紫金矿业只用两三年时间就以各种方式挖到了诸如央企副矿长，国有矿山管理骨干、技术专家，黄金选冶专家等人才，包括 12 位高级工程师、50 多位工程师、多位副处级以上干部和众多优秀技术和管理人才。

有了人才，紫金矿业在我国南方首创堆浸提金法并成功运用于低品位的紫金山，通过自主开发和研制无氰高压解吸—电积设备，把黄金冶炼效率提高3倍，成本降低40%，企业自创的重选—堆浸—碳浆联合工艺，让紫金山金矿在综合技术和经济指标上发生重大突破，在低品位金矿选冶技术上达到国际领先水平，成功走出了一条以规模效应获取超额利润的新路。

紫金山从1991年被发现以来，一直被认为是个中小型的低品位矿床，但经过几年的金矿开采和补充勘探发现，这个矿可以采选的黄金资源量已经大为"膨胀"、似乎越挖越多，远不止5吨多。1996年前后，陈景河就已经认识到，紫金山大于1克/吨的低品位黄金资源量大约有30吨之多。

紫金山刚开始无人看好，所以既无人争、也无人抢；紫金矿业折腾出些名堂后，危机便飘然而至。

1995年，福建省在缺资金、缺技术、国内没有开发业主的情况下，以紫金山铜矿资源开发名义引进澳大利亚兴盛国家资源公司参与紫金山开发。这家外资公司经过地质勘查很快便发现紫金山是一座大型低品位氧化金矿的秘密，便以开发铜矿为名提出一个铜金矿一揽子开发方案，想把紫金山的铜金矿产权全部抓住。当时，紫金矿业已经完成了两期技改，在外资介入的压力下，紫金矿业要保住自己的业主地位，不把这座"金山"拱手让给外国人，就只能最大限度地加快、加大紫金山金矿的开发力度，通过超常规发展在1997年、1998年两年内实现资产的迅速膨胀。超常规发展的志向很宏大：1997年年产黄金要突破1吨，比1996年要提高3倍，紫金山两年内必须跨入全国大型金矿行列，一年内必须跨入全国重点产金矿山行列，成为全国最大的黄金矿山。

1997年，外资公司同福建省地质矿产技术有限公司已经签订合同，约定中方可以从紫金山金铜矿21年开发中累计获得3.48亿元收益的开发方案条款。与此同时，紫金矿业也同中国有色总公司提交方案，紫金山铜金矿若自行开发，金矿可生产14年，利润总额可达16.24亿元，铜矿可再开发 19 年，总利润 42.94 亿元。

两个方案相比，如果将紫金山金铜矿给外资开发，中方的损失高达40 多亿元。

外资为了让陈景河放弃这个金山，给了他个人非常优厚的条件，但再好的"贿赂"条件也无法打动这个大学一毕业就上了紫金山、与这座金山结下"此生不了情"的男人。

为了把紫金山的开发权留在国内，1997 年 9 月，由福建省黄金集团、上杭县和紫金矿业三方负责人组成汇报组前往北京，为紫金山的前途命运做最后一搏。陈景河一行人的汇报得到了黄金管理局王德学局长的支持，这次汇报形成了一份关键的会议纪要，在外资公司已经胜券在握的形势下，这份文件力挽狂澜把紫金山的开发权留在了中国人自己手中，使紫金矿业得以"依靠国内的力量，共同努力把紫金山金矿建设成为具有国际规模水平的大金矿"。

1997 年 10 月，紫金矿业再提出宏伟目标，要用三年时间建成年矿石处理量 300 万—400 万吨、年产金 3—4 吨规模的金矿。到 1999 年，紫金山采选规模是全国第二大金矿的 5 倍，实现黄金产量 3010 千克，坐上全国单个黄金矿山产量第一把金交椅，紫金矿业利润 5005 万元，全国金矿企业排名第 4。

1998 年后，以露天开采施工为主要内容的第三期技改完成时，黄金价格正经历 1980 年以来的最低位，当时世界黄金矿山半数亏损，国内黄金行业 1/3 亏损，享受了技改红利的紫金矿业，黄金开采成本却逆势下降，从 1996 年的克金 88.17 元下降到 1999 年的 58.36 元、2000 年的 51.46 元。即便在世纪交替长达四年多时间的矿业"寒冬"时，紫金矿业的利润也并没有减少，而是逆势增长。从 1993 年到 1999 年不到 7 年时间，紫金山在紫金矿业的开发下，成为中国最大、最赚钱的单体黄金矿山。

发现紫金山、开发紫金山、保住紫金山，这一切成功的背后还有一个不容忽视的原因，那就是紫金矿业很早就启动了内部深化改革行动，从企业组织形式和体制上进行了一系列改革和创新，在 20 世纪 90 年代就有意识地建立现代企业制度。紫金矿业作为一家县属的国有企业，比较幸运的地方在于上杭县政府一直都非常支持企业的改革和发展，并且在一些重要历史关头都挺身而出支持企业的技改、创新、改制和保矿斗争。

1993 年紫金矿业刚开始蹒跚走路时，就在公司下属燃料公司、酒业公司等试行职工参股，陈景河四处宣扬职工股的好处，说职工拥有本公司股票成为企业真正的主人，有利于企业内部管理、监督机制改善，这些尝试为后来紫金矿业职工参股进行了"热身"。1995 年底，陈景河提出紫金矿业也要上市。陈景河跟县里和市里的领导们说："政府不要绑住我们的手脚，让我们放手干，十年之内要进入全国 500 强！"陈景河的这些豪言壮语为他赢得了"陈股份""陈大炮"的外号，直到 1997 年紫金山保卫战时，上杭县政府主要领导才逐渐认可他的企业改制观念。

1997 年 10 月，紫金矿业提出"三步走"的改制路线图：第一步是把企业改制成有限责任公司，以 6657 万元净资产作为国有股，占 86% 的股份，内部职工投资 774 万元，占 10% 的股份，紫金山所在地周边乡村占 4% 的股份；第二步把有限责任公司改制成股份有限公司，邀请国家、省黄金集团和其他对紫金山感兴趣的企业法人，成立"紫金矿业集团股份有限公司"，紫金矿业占 50%，其他法人占 50%，总股本 1.5 亿元以上，其中一半是现金；第三步是向社会公开发行股票，以紫金山下部铜矿开发为方向，向社会公开发行股票，把公司建成跨行业大集团公司。

1998 年春，紫金矿业改制方案就得到了时任上杭县委书记郑如占的支持，书记在县干部大会上呼吁：上杭的希望在紫金矿业，紫金矿业的出路在股份制改革。

1998 年底，紫金矿业第一步改制完成，600 多名职工斥资 780 万元买下 10% 的公司股份。1999 年底，企业改制第二步启动，通过引入战略投资者建立混合所有制现代企业治理机制，职工股占股提高到 18%，上杭县政府 48%，新华都占股 25.2%，其他股东占股 8.8%，紫金矿业成为一个股份有限公司。

"陈股份"到处推销股份的时候曾碰过很多钉子，但时隔多年有太多人后悔得几乎"拍断大腿"。紫金矿业上市时是中国股市唯一拆股上市的股票，原本每股原始股面值 1 元，紫金矿业拆成 10 股，每股面值 1 毛钱，而 1 股原始股等于 10 股上市股，之后紫金矿业进行了多次 10 转 10、10 转 2.5，到 2007 年底时紫金矿业总市值接近 1590 亿元，是 2000 年公司股份制改造时股本金的 1111 倍，紫金矿业的职工股随着公司市值的飙升，也几乎翻了 1000 倍！当时硬着头皮买了 1 万元原始股的职工，怒赚千万的大有人在，紫金矿业在一个国家级贫困县造就了一大批财富佳话。

紫金矿业股份制改革的成功，为这家企业建立了管理规范、有效制衡、权责明确、治理高效的制度体系，为这家矿业企业后来在国内市场竞争中占得先机，在国际竞争中扶摇直上奠定了良好的体制机制基础。

没有对地质理论的深入钻研，陈景河不会"看见"紫金山的巨大潜力；没有对金矿采冶技术的深度痴迷，陈景河不会发现低成本开发紫金山的道路；没有敢于逆行、勇于创新、特别执着的创业者精神，陈景河不会在自己身边凝聚那么多"拼命三郎"和各有所长的经营管理人才；如果没有那么多人才的加入，紫金矿业也不会是今天我们看到的这般模样。

二、国内超常规扩张之路

紫金山再大，也有开采完的那天。矿开完的那天，"金山"就消亡了。

一座矿山可以消亡，但企业却需要永续发展，因此紫金矿业必须要复制紫金山的成功经验，开发更多的"新金山"。

1999 年，党中央、国务院提出西部大开发战略。2000 年底，紫金矿业提出"十年再造十个紫金""成为世界级的矿业公司"的口号，紫金矿业的愿景再次让上杭县震动，上杭县的企业在上杭赚了钱去外地投资，这不就是把庄稼种在别人的地里吗？有些人建议县委县政府"一定要把陈景河看住"。

2001 年，国家正式启动了矿权改革，放开了金矿采矿权、探矿权的市场化转让，从制度上为紫金矿业走出上杭县提供了可能。正值是矿业萧条期，矿业类国企没有改制，民营企业还没有觉醒，紫金矿业竞争对手少、投资矿山成本低、回报率高，扩张是个千载难逢的机会。

紫金矿业的高管团队们勇敢走出紫金山，面向全国发展，到新疆、甘肃、四川、贵州、西藏等省份看了几十个矿山项目。2000 年紫金主要考察四川和贵州的项目，2001 年则到安徽、新疆等地，而后又跑到东三省。经过吐鲁番火焰山、敦煌石窟、九寨沟等风景名胜时，即使同行的人已经安排好顺道参观景点，陈景河也多半会拒绝，在他眼里景色再美，不如矿山美，他说："一看矿山，我就来劲了。"

这时候的紫金矿业，已经不满足于考察和开采金矿，他们对铜矿、铁矿、有色金属和稀有金属等矿一概都感兴趣。紫金人趁着矿权价格低在市场上陆续收了安徽抛刀岭金矿、铜陵焦冲金矿、贵州水银洞金矿、吉林珲春金铜矿、新疆阿舍勒铜矿、富蕴铁矿、青海德尔尼铜矿、四川九寨沟金矿等十多个性价比非常高的优质矿山资源。

不管是什么矿，紫金矿业都想办法把它变成"金山"。

2003 年 12 月，紫金矿业在香港联合交易所上市，募集资金的能力更加强劲，大规模收购兼并矿山资源的步子更大，仅 2004 年一年，紫金矿业集团就洽谈了 100 个项目，获得探矿权 29 个。在 21 世纪之初的五六年时间里，紫金矿业通过并购、合作开发、新设公司等方式控股、参股了数十家矿业企业，当矿业走出 21 世纪初那个周期性低谷时，紫金矿业的黄金资源储备量和生产量已经悄然超过了央企中金黄金，也超过了资源量非常好的山东黄金，紫金矿业还成为全国第三大矿产铜储备和生产企业。

很多紫金矿业在矿业低谷期投资的矿山，都增值了5—10倍，甚至有些被"遗弃"的矿山，也由于被紫金矿业重新发现，经过技术升级和开发，变成"新金山"。

比如，贵州贞丰水银洞金矿是一个被加拿大丹斯通公司"遗弃"的金矿项目。这个由贵州省地矿局于1992年发现的金矿，在2004年最终探明黄金资源量为54.62吨，1996年到1998年又进行了三次勘查，预测远景储量为50吨。但这个金矿属于卡林型金矿，即微细浸染型金矿，金元素弥漫性分布于矿石中，并且被硫、砷等杂质包裹，用传统焙烧冶炼技术不具有经济性，也存在环境污染的问题。加拿大丹斯通公司用了三年时间投入了2000多万元进行技术研发，但最终失败了。2001年，紫金矿业以600万元的"白菜价"收购了这个连外国人都搞不定的"鸡肋矿"51%的股权，后来它给企业创造了50亿元的利润，可谓低成本、高回报的典范。

开发紫金山让紫金人专治"疑难杂矿"的能力不断提高。收购水银洞金矿时，紫金人自己研发的加温常压预氧化工艺已经逐步成熟，他们认为这种提金技术可能是攻克微细浸染型难选冶金矿的对症之药。之后紫金矿业用了两年时间，终于攻克了加温常压化学预氧化处理湿法提金工艺，彻底解决了国际矿业领域很难解决的卡林型金矿采冶难题，该技术能力的掌握使我国直接迈进全球加压湿法冶金技术的先进行列。2003年7月，水银洞金矿成功生产出我国第一块纯度为99.99%的难选冶黄金，紫金矿业当时在业界创造了"投资最少、建设时间最短、见效最快的紫金奇迹"。2014年后，紫金矿业又陆续投资4.2亿元，启动了技改项目，新技术再次将水银洞金矿金属综合回收率提高30%，并且有能力处理原来不能选冶的另外50吨金资源，新增经济价值100亿元。水银洞金矿金资源量从 20 世纪 90 年代的 50 吨增长到 259 吨，成为国家的超大型金矿，贵州紫金成为贞丰县税收大户，纳税几乎占到全县的 50%。紫金矿业在贵州省成功演绎了"变废为宝"的能力，让一座外资看来难以啃下的"硬骨头"和"鸡肋矿"，变成光芒万丈的"新金山"。

新疆阿舍勒铜矿是新疆地质局在 1984 年发现、1992 年详勘探明的一个大型铜、锌多金属矿，探明铜资源量 91.9 万吨，位居全国第五，平均品位 2.43%。从 1994 年第一拨开发阿舍勒铜矿的人进场算起，到紫金矿业入驻前，曾有三拨人都想开发这个"富矿"。但由于投资需要 6.6 亿元，当时国际铜价低迷，无力开发的业主只能将铜矿低价出让。2002 年，紫金矿业和中国地质矿产总公司、戴梦得公司经过数轮谈判，以 1.3 亿元获得 51% 的股权。而 2001 年，企业的全年利润只有 2 亿元，紫金矿业为拿下一个矿敢于掏空自己大半个口袋。

紫金矿业接手阿舍勒铜矿后，首先对矿山开发方案进行了改进，将原来的 6.61 亿元投资改为 5.48 亿元，日产能规模从 3000 吨提高到 4000 吨。紫金人不仅把矿山开发的新思路带到阿舍勒，更是把艰苦奋斗、敢打敢拼、不断创新的作风带到了阿舍勒。原定的建设周期是三年半，但最终只用了两年半时间。紫金人在矿山建设上"该花的花，该省的省"，一个矿山的引水工程经过思路创新和方案改进，每年可以节约 600 多万元的运营成本。这个铜矿到 2005 年就产值突破 3 亿元，利润 1.2 亿元，在投产后国际铜价开始上涨，紫金矿业在这个铜矿开采一年的利润就收回了全部的投资成本。20 多年来，阿舍勒铜矿累计实现利润 175.6 亿元，随着探矿成果不断涌现，资源量又增加了 53%，一个超大型铜矿变成了紫金矿业又一个干得巧、效益好的"新金山"。

青海省德尔尼铜矿被发现于 20 世纪 60 年代，勘探发现铜资源量为 55.58 万吨，品位 1.27%，钴 2.84 万吨。紫金矿业先是以 7980 万元买下德尔尼铜矿 66.5% 的股份，2008 年又再次以 7.24 亿元将润龙矿业手中剩余的 33.5% 的股权收购，使得德尔尼铜矿完全归属紫金矿业开发。德尔尼铜矿位于海拔 4200 米之上，气候条件恶劣，天气阴晴不定，这里 6 月飞雪实属平常，刮风、暴雨、冰雹、雨雪等天气在一天之内轮换一遍的情况也很常见。因为工期紧，没有施工条件就创造条件施工。为了节约矿山建设期的成本，紫金还想出了让投标单位按照任务清单单项报价的招标方式，来有效降低工程造价。短短 19 个月内，就在 4200 米海拔的青藏高原建成了万吨级的采选一体化联合矿山，该矿成为我国第一座在海拔 4000 米以上建设的大型矿山，第一座在高原矿山使用国内制造的特大球磨机的矿山。2008 年 5 月，二期工程竣工后，德尔尼铜矿成为一座日处理矿石 8000 吨的现代化高原矿山，成为我国在青藏高原海拔最高、日处理矿石量最大的矿山企业。截至 2023 年底，累计产铜 25.12 万吨，实现营业收入 112 亿元，上缴利税 29 亿元，解决当地就业 3500 多人。

20 世纪 50 年代，新疆维吾尔自治区有色地质勘查局在富蕴县西北发现了一个大型铁矿——蒙库铁矿，当时探明储量为 3450 万吨，平均品位为 34.51%。长期以来，由于股东之间矛盾复杂和缺乏开发矿山的技术和资金等，这个矿一直未能被有效开发。2004 年 4 月，紫金矿业进入蒙库铁矿，通过注资 3000 万元获得 60% 的股份。北疆的 10 月，矿区下雨夹雪，工业和生活水管全被冻裂，户外作业就是在"冰面"上打转转，人走路一脚下去雪埋到大腿根，炸药、柴油等生产物资运不到工地，矿区到县城的道路封闭不能通车，粮食一度紧张到只能吃两三天。在如此艰苦的环境里，2004 年 9 月选矿厂设备安装完成，当年底矿区全面建成并投产，产精铁粉 2 万吨，实现销售收入 843.3 万元，创造了紫金矿业当年介入、当年建设、当年建成、当年见效的可喜成绩。从 2005 年后，该矿一边进行技改，一边进行生产，又陆续投资 1.5 亿元，将原设计 4000 吨 / 天矿石处理能力提高到 8000 吨 / 天，2009 年后公司日矿石处理能力再次提高到 20000 吨 / 天，达产后，每年生产铁精粉 200 万吨。截至 2023 年底，实现营业收入 205.11 亿元，实现利润 96.94 亿元，上缴税费 63.83 亿元。

这些年，蒙库矿区发生了巨大的转变，建了宽敞明亮的楼房，每个房间都安装了电话、电视、网线，到县城的 88 公里土路也变成了水泥大路，通行时间从五小时缩短到两小时。跟着一个矿山的崛起，富蕴县也逐渐摆脱了"全国贫困县"的帽子，矿区累计拿出 2.92 亿元用于当地新农村建设等社会公益事业。紫金矿业通过建成一个铁矿，实现了点铁矿石成"金"、富了一方百姓的梦想。

紫金矿业的团队，在全国各地创造了很多"化腐朽为神奇"的奇迹，他们把开发紫金山时形成的"艰苦创业、开拓创新"的紫金精神带到全国各地，把能打硬仗、敢打苦仗、能打胜仗的坚强队伍带到了全国各地，迅速复制了紫金山的成功。紫金矿业介入的很多矿，介入前不是有这样的问题，就是有那样的问题，但紫金人一来，拿出迎着困难上、把所有困难都干趴下的精气神儿干工作，往往像"变魔术"一样把先天资质十分普通的矿，变成日进斗金的好矿、富矿。

从一方面说，紫金矿业的成功的确是非常幸运，在世纪之交的矿业低迷期迅速出击，抓住时机拿下了很多物美价廉的优质资源，实现了从一座金山向 N 座金山的转变，这当然是机遇、眼光、能力相互交织共同取得的成绩。而从另一方面来看，紫金矿业的成功也离不开中国大的时代背景所创造的独特机遇和条件。紫金矿业 2000 年完成股份制改造，2001 年 11 月中国加入 WTO，紫金矿业正好赶上了中国经济高速发展的巨轮，赶上了百年不遇的矿业低迷和随之而来持续多年的黄金大牛市，这个牛市是布雷顿森林体系解体以来持续时间最长的黄金牛市。国际金价从 2002 年开始上涨，到 2003 年突破 400 美元 / 盎司，到 2005 年突破 500 美元 / 盎司，再到 2008 年上涨到 1032 美元 / 盎司，上涨幅度高达 300%。

紫金矿业简直"赚"麻了，但随后便迎来一次"痛击"。

2010 年先后发生的"7·3"汀江污水外泄事件和信宜紫金"9·21"溃坝事故，把紫金矿业推上"环保门"的风口浪尖，企业受到媒体和公众空前的责难和非议，在三年时间里紫金矿业因事故处置和整改付出超过 10 亿元费用，也接受了一次宝贵的关于安全、环境和社会责任的重要教育。紫金人认识到：尽管黄金是珍贵的，但环境是无价的。

党的十八大以来，党中央大力推进生态文明理论创新、实践创新、制度创新，不断深化对生态文明建设规律的认识，形成了习近平生态文明思想。习近平生态文明思想超越了传统的生产力理论以及西方国民经济学的生产力学说，深刻揭示了生态环境保护和经济发展之间的密切关系。2010 年的事故发生后，紫金矿业痛定思痛，特别是党的十八大以来，企业深入学习习近平生态文明思想，综合运用自然恢复和人工修复两种手段，因地因时制宜、分区分类施策，努力找到矿山生态保护修复的最佳解决方案。紫金矿业制定了《生态环境保护政策声明》《生物多样性工作指引》等文件，积极应用"避免、缓解、恢复、必要时采取补偿措施"等保护行动降低矿山开发对生物多样性的损失，并且在地质勘查、采矿、选矿、冶炼、闭矿等环节实施绿色高质量可持续发展战略。

比如，青海威斯特铜业这个在生态脆弱的高寒高海拔的雪域高原上建的矿区，紫金坚持像抓生产经营一样抓修复治理、像抓发展一样抓修复治理，主动落实生态修复主体责任，"边生产、边修复"，通过"本土草种＋羊板粪＋有机肥"和"边坡喷播＋平地人工撒播"方式，克服矿区生态修复施工窗口期短、土壤稀缺等不利因素，开展生态修复和生态检测工作。截至 2023 年 7 月，威斯特铜业已经超额完成 42.22 公顷的生态修复面积，生态修复投入超过 1.686 亿元，完成生态修复面积达 200余公顷，"高寒矿山人工植被恢复工程"获得绿色矿山科学技术重大工程二等奖。截至 2023 年 9 月，威斯特铜业在脱贫攻坚、乡村振兴、捐资助学、帮扶救助、文化体育、医疗卫生等社会公益事业中累计捐款 5800

多万元。

2023年，紫金矿业投入环保资金13.7亿元，重点推进10家权属企业生态修复项目。截至2023年底，紫金矿业拥有12家国家级绿色矿山、7家国家级绿色工厂、1座国家矿山公园，走出了一条生态优先、绿色发展的新时代矿业开发新路子。

紫金矿业从上杭县紫金山出发，准确洞察了矿业发展的时代脉搏，紧紧抓住各种机遇，把少投入、低成本、高效益做到极致，把艰苦奋斗演绎到极致，顺利实现了走出上杭，在国内从1到N超常规扩张的跨越式发展。

三、融入世界"脉动"

21世纪以来，在国内金属矿业行业逐渐领先的紫金矿业，开始勇敢地走向世界，构建全球竞争力。

紫金矿业的海外发展道路有两个方向：一是通过收购矿山或勘查矿山，进行自主开发；二是通过资本并购实现跨国发展。纵观紫金10多年来在海外的发展，碰钉子虽时而有之，但不管风浪多高、风险多大，这家企业"走出去"的决心始终没变。

2005年8月17日，紫金矿业与加拿大顶峰矿业公司签约，以195万加元购得对方21%的股份，成为第一大股东，参与该公司在哥伦比亚省北部的勘探工作，这是紫金国际化的第一枪，也是中国第一家成功进入加拿大矿业领域的企业。

2007年4月，紫金矿业通过旗下厦门紫金铜冠投资有限公司以1.6亿美元高价收购伦敦创业板上市公司蒙特瑞科89.9%的股份。蒙特瑞科公司持有秘鲁白河铜钼矿权，是全球十大未开发铜矿之一，拥有世界级超大型低品位斑岩矿体。矿区面积6475公顷，其中1000公顷主要矿藏区已经探明的铜金属量为716万吨，钼金属量为28万吨，远景铜储量有望超过 1000 万吨，几乎相当于中国当年铜保有量的 1/3，投产后预计年产 25 万吨铜，可开采期长达 30 年。这次收购开了中国公司当年以要约方式收购海外上市公司的先河，也是中国公司收购英国上市公司的第一个案例。

2006 年，紫金矿业通过下属公司收购位于俄罗斯图瓦市克兹尔市的图瓦锌多金属矿 70% 的权益，正式进入俄罗斯市场。图瓦共和国位于西伯利亚与蒙古国西北部交界地区，图瓦项目所在地属于高纬度寒冷地区，冬季最冷时 -57℃，年平均气温为 -5℃，矿区位于高山和原始森林中，没电、没路、没人，离最近的村庄也要 70 多公里，紫金矿业的人第一次去俄罗斯考察该项目时，竟然在矿山的茫茫原始森林里找不到一个适合直升机降落的地方。该矿探明铅、锌、铜等金属储量为 160 万吨，是高品位铅锌多金属矿，紫金矿业对占有资源看得很重，以往的很多成功经验也让紫金的决策者们相信，不管矿山条件多么恶劣，到了紫金人手里就能化腐朽为神奇。紫金人用了七年时间，耗资 36 亿元，在西伯利亚原始森林深处建成了一座现代化的矿山，成为中资企业除了油气合作外在俄罗斯最大的投资项目，解决了当地 1000 多人的就业。俄罗斯图瓦共和国领导人绍尔班·卡拉 - 奥尔说："我们从与中方的合作中获益。这是一群真正的勇士，他们在图瓦的土地上创造着奇迹！"图瓦项目投资巨大，紫金矿业能把这么难的项目拿下来，充分说明"艰苦创业、开拓创新"的紫金文化也真正走出了国门。

紫金矿业在中亚的矿业投资也比较积极。2007 年 6 月，紫金斥资 8000 万美元，通过收购英国上市公司阿瓦塞特（Avocet）矿业公司在塔吉克斯坦的全资子公司 CBML 公司 100% 的股权，间接控制塔吉克斯坦泽拉夫尚公司 75% 的权益，进入塔吉克斯坦开采金矿。泽拉夫尚公司是塔国最大的黄金生产商，旗下三个矿的黄金资源量高达 172.28 吨，但由于技术落后、管理不善，企业一直处于亏损状态。紫金矿业进入后从技术改造、企业管理方面入手改善生产经营情况，只用一年时间就帮助企业实现了扭亏为盈。

2010年，泽拉夫尚黄金公司生产黄金1240千克，占当年该国黄金总产量的59.25%，实现净利润1亿元。2012年6月，塔吉克斯坦总统拉赫蒙访问紫金矿业上杭总部，称赞紫金矿业是"连接塔吉克斯坦和中国的真正'金桥'"。这些年，紫金矿业累计为矿山技改、重建等投资4亿多美元，将沉眠于海外的"金山"彻底激活。新冠疫情暴发后，泽拉夫尚克服疫情影响，成为塔国为数不多实现正增长的企业之一，被塔吉克斯坦环保委员会和索格特州政府授予"环境保护优异奖""社会经济杰出贡献奖"。紫金人积极履行社会责任、建设绿色矿山，在矿区植树种草绿化面积达22000多平方米，并且注重帮扶周边村民、援助妇女儿童、关爱弱势群体等，为该国社会稳定做出了积极贡献。

刚果（金）也是紫金矿业重点布局的一域。2015年，全球黄金及基本金属价格断崖式下跌并与金融市场震荡共振，矿业形势持续恶化。在此背景下，紫金矿业与艾芬豪"握手"结成合作关系，获得艾芬豪旗下卡莫阿铜矿控股49.5%的股份，联手开发世界级超大型铜矿。此次并购也成为中国矿业界乃至中国企业"走出去"的标志性事件，但真正改变卡莫阿命运的，是位于其南部且原本不被看好的卡库拉矿段。收购完成后，紫金地勘团队进入项目与原卡莫阿团队共同推进地质勘探。通过持续勘查，卡莫阿—卡库拉铜资源量从2400万吨增长到4369万吨，增长近一倍。卡库拉矿段的发现，将整个项目真正提升为世界级矿床，卡莫阿—卡库拉铜矿由此位列全球第四大铜矿，且是世界上最大的高品位、未开发铜矿。如今该项目一、二期选厂及一期二期联合技改扩建均已完成，处理能力达到920万吨/年，合计年产能达到45万吨铜以上，当前正加快三期500万吨/年选厂扩建及配套50万吨/年铜冶炼厂建设，当项目产能提升至矿石处理量1920万吨/年，年产铜80多万吨，将成为全球第二大产铜矿山。

投资塞尔维亚项目，是紫金矿业近几年实施全球化战略的又一重大收获。博尔铜矿是开采了百年的老矿，因为技术设备更新滞后、管理缺失，一度濒临破产，严重的环境欠账曾给这座城市造成挥之不去的阴影。2018年12月，根据与塞尔维亚政府签署的战略合作协议，紫金矿业接手博尔铜矿后，短短几个月时间就使铜矿发生了翻天覆地的变化，快速解决各环节制约产能提升的"卡脖子"问题，大力推进技改，仅用半年就成功实现扭亏。加上毗邻的已建成投产的世界级丘卡卢—佩吉铜金矿的投产，将推动塞尔维亚成为欧洲第二大铜生产国。塞尔维亚总统武契奇表示，紫金矿业让塞尔维亚百年老矿"重生"，"这是中国企业投资塞尔维亚的典范，我要用最美的语言表达敬意和感谢！"

除了上述国家外，紫金矿业还在碧沙、南非、蒙古、哥伦比亚等国投资项目，如今紫金海外项目版图已经点亮了15个国家。截至2022年底，紫金矿业境外资产占总资产的比例约32%。其中除在塞尔维亚有两处铜（金）矿、在澳大利亚有一处金矿之外，其余海外矿产主要集中于发展中国家，包含南美的圭那亚、阿根廷、秘鲁，大洋洲的巴布亚新几内亚以及中亚等，这些发展中国家普遍存在政治、经济环境稳定性较弱，风险事件的发生概率较高的问题。

高速扩张必然伴随着各种不确定风险与日俱增。近年来随着国际局势和热点问题频现，人们越来越担心紫金矿业的海外扩张有种"富贵险中求"的味道，认为它偏爱于收购或接管那些存在一定政治或社会风险，甚至当地政局并不稳定、伴有爆发区域冲突可能性的海外地区矿产资产。事实上，紫金矿业超过一半的海外项目曾遭遇或正在面临所在国家和地区的政治及社会风险，是个不得不认真重视的问题。

从2019年开始，紫金矿业加速了并购扩张步伐。2019年以前紫金矿业单一年度并购金额从未超过50亿元，2019—2020年两年间并购金额超过 120 亿元，2021 年由于疫情放缓并购节奏，2022 年并购总额再次创下新高，达到 340 亿元。从收购西藏巨龙铜业、新疆萨尔亚尔顿金矿、哥伦比亚武里蒂卡金矿，从 3Q 锂盐湖，到西藏拉果错锂盐湖、湖南湘源锂矿，到主导开发刚果（金）世界级 Manono 锂矿，公司锂矿并购"内外并举"，形成"两湖两矿"格局，这是紫金矿业在百年未有之大变局的背景下，对投资布局做了战略性微调。

可是世界局势云谲波诡，波格拉金矿风波是对紫金矿业影响最大的海外政治风险事件。紫金矿业于 2015 年在巴布亚新几内亚出资 2.98 亿美元收购了 BNL 公司 50% 的权益，从而获得波格拉金矿的采矿权。波格拉金矿对紫金矿业业绩影响非常显著，2019 年年报数据显示，波格拉金矿的产金量为 8827 千克，占总金矿产量的 21.6%；贡献 5.3 亿元利润，占公司总净利润的比例高达 12.37%。而波格拉金矿的采矿权已于 2019 年 8 月到期，巴新政府于 2020 年 4 月决定不批准波格拉金矿特别采矿权延期申请。此后在 2020—2021 年停产期间，波格拉金矿累计亏损约为 5.66 亿元，直到 2022 年 4 月，紫金矿业才与巴新政府、新波格拉合营公司签署协议，同意尽快启动波格拉金矿的全面复产。复产的代价是巴新利益方将掌握对波格拉金矿的控股权，紫金矿业对波格拉金矿的权益从之前的 47.5% 减至 24.5%，归属公司权益的年黄金产量也由 8 吨左右减至 5 吨左右。2023 年 12 月 22 日，波格拉金矿正式复产，于 2024 年第一季度产出金矿复产后的第一批合质金。

2019 年，紫金矿业斥巨资 13.3 亿加元（约合 70.3 亿元人民币）收购哥伦比亚大型金矿公司大陆黄金旗下的武里蒂卡金矿，2023 年 5—6 月遭到当地非法采矿组织的多轮恐怖袭击，造成两人死亡、十几人受伤。第一次被袭击之后，紫金矿业表示哥伦比亚警方和政府当局将采取相应惩罚和保护措施，但时隔不到半个月，武里蒂卡金矿再度遭到袭击。这说明，在社会治安较差的国家或地区，当地政府或警力对海外公司的矿产投资权益难以发挥应有的保护作用。

回顾紫金矿业的发展历程，其成功的背后离不开超常规的扩张，扩张的背后需要资本、勇气、眼光、自信和对风险的把控能力，不过相较而言紫金矿业在21世纪第一个十年在国内从1到N的扩张是非常成功的，而进入国际市场后所面对的环境和挑战则是全新的，海外矿业投资面对的是很多仅仅依靠国内成功经验所不能克服和战胜的困难，所以紫金矿业也绝不应忽视对公司资产安全性和经营发展可持续性问题的关注。

随着国家"双碳"战略推进，紫金矿业发布了国内金属行业领域首份符合 TCFD 框架《应对气候变化行动方案》，提出将较国家目标提前 1年即争取在 2029 年实现碳达峰，提前 10 年即 2050 年实现碳中和，为全球 2℃温控目标贡献力量，更加彰显了紫金矿业构建全球超一流绿色金属矿业公司的负责任企业形象。

公司积极布局新能源、新材料行业，成立新能源新材料研究院，并花费百亿巨资收购加拿大新锂公司和盾安集团的锂盐湖资源。紫金矿业与福州大学签署协议发展融绿氨产业、氢能产业和可再生能源产业为一体的万亿级产业链。面对世界能源革命带来的巨大市场，紫金矿业加大对全球绿色发展紧缺的铜、锂等产业布局，提升新能源矿产资源储备，探索绿色发展新的增长点，快速形成了阿根廷 3Q 盐湖、西藏拉果错盐湖锂矿、湖南道县湘源硬岩锂多金属矿和受邀主导世界级锂矿 Manono 东北部勘探开发，形成"两湖两矿"格局。电气化是新能源时代的重要特征，在加大新能源新材料新业态延伸发展的同时，紫金矿业在储能、氢能、新材料以及绿色碳汇等方面加大布局，在建设光、风、水电站，提高自营矿山可再生能源使用比例；严控单位能耗碳排，建设"碳中和"示范矿山；实施油改电，提升矿山电动化智能化水平等方面积极作为。

数据显示，紫金矿业上市后已经累计分红 386 亿元。其中，国有股分红约 102 亿元；累计上缴税费 822 亿元。其中，上杭本土企业累计上缴税费约 200 亿元。近十年，紫金矿业累计完成重磅矿业项目并购投资约 600 亿元，新项目累计实现利润约 460 亿元。

从企业发展壮大的必然规律来看，航向大海、走向世界是任何一家有理想、有抱负的中国企业所必然面对的课题。如果不去学习远航的知识，不去建造坚不可摧的船舰，那浩瀚的大海对于自己来说，永远意味着未知的风险，因为每天的风暴都能吞没一些生命。而一旦拥有风暴中远航的能力和条件，大海就是一个充满机遇的广阔天地。参与全球竞争也是如此，有的企业稍遇风浪便折戟沉沙，而有的企业却一直能找到"新大陆"。

不是所有投资都会有回报，不过十多年来海外投资和建设矿山的经验和教训，正在让紫金矿业的团队不断成长。目前，紫金矿业海外主要矿产品资源量、产量和利润已全面超越国内，是中国矿业公司在海外投资最成功的企业之一。既然紫金矿业早已走出那个停靠船只的小港湾，那么在广袤大海的各种风暴中久经历练恐怕也是它所必然面对的"宿命"吧！

四、经验与启示

福建是"海上丝绸之路"的重要起点和发祥地，是我国对外贸易的重要窗口，是世界多元文化汇集和融合之地，具有悠久的经商传统。广大闽商凭着"敢为天下先、爱拼才会赢"的豪情壮志，在世界各地拓荒开埠、建基立业，成为享誉海内外的商界劲旅，形成了独特气质的闽商文化。紫金矿业集团作为闽商企业中的杰出代表，紧紧围绕国家战略，牢牢抓住发展机遇，以前瞻性眼光和全球化视野布局企业发展，在激烈的国内外市场竞争中奋力拼搏、不断开拓，取得了令人刮目相看的卓越成就，得到了国内外市场的广泛认可。

今天，全球经济下行的风险加大，百年未有之大变局加速演进，世界充满着不确定性，矿业企业也面临包括资源日益稀缺、环境保护压力增大、能源消耗增加等诸多挑战。矿业的基础是资源，而资源具有稀缺性和不可再生性，这就决定了任何一个想要实现可持续发展的矿业企业，都要千方百计掌握相对更多的资源量，这一点可谓紫金矿业的基本信仰。紫金矿业从上杭县起步，从掌握一座紫金山开始，到在全国、全世界成功复制经验，把一座座资质普通甚至被别人当作"鸡肋"的有色金属矿盘活叫醒，变成超级大矿和名副其实的"金山"，靠的不仅是情怀，就是一种对矿产资源的极致珍爱、追求和信仰。从拥有资源到拥有开发资源的本领，紫金提前谋划、紧抓时代机遇、借助资本力量，走过了一条艰苦奋斗、精益管理、跨越式发展的独特道路。

（一）陈景河对紫金矿业 30 年的经验总结

2023 年 8 月 11 日，陈景河在紫金矿业 30 周年庆祝大会上总结企业一路走来的经验和不足，他总结了七大经验。

一是坚持党的先进思想引领是紫金矿业成功的根本，党的先进思想深刻影响着紫金矿业的创业者们。公司坚持实事求是工作路线，确保了战略方向正确、战略目标明确、战略执行准确。

二是契合国家战略是紫金矿业崛起的重要因素，无论是国家的"西部大开发""振兴东北老工业基地"，还是"一带一路"倡议，紫金矿业始终保持与国家重大战略部署同频共振，是国家战略的坚定践行者和重要获益者。

三是遵循市场机制是紫金矿业快速科学决策的重要保障。公司党委会、董事会、监事会、经营班子组织体系完善、机制健全、职责明确、高效协同、治理规范、执行有力、履职敬业、专业专注、忠实诚信。

四是重视人才培养。紫金矿业以市场机制和"在战争中学习战争"的原则来考察、培养、吸引人才，让一大批"菜鸟"快速成长为管理人员和技术骨干，支撑了企业持续高速发展的人才需求。

五是持续技术创新是紫金矿业形成竞争优势的重要法宝。创新尤其是科技创新是公司核心竞争力，在地质勘查评价、开采技术、低品位难选冶资源综合回收利用及环保等方面形成行业领先的技术优势和丰富的实践经验，创立了"矿石流五环归一"矿业工程管理模式，建立了完整的地采选冶环科技体系，形成了全环节的自主技术和工程能力，构成紫金矿业最重要的比较竞争优势。

六是聚焦矿业主业，坚持矿产资源优先战略。紫金矿业把逆周期并购和自主找矿勘查相结合，在较短时间内就成为中国控制金属矿产资源最多的企业，保有铜资源量 7500 万吨、金 3100 吨、锌（铅）1100 万吨、当量碳酸锂 1500 万吨，资源控制量中国第一、全球前八。在企业规模迅速壮大的情况下，紫金矿业适度延伸冶炼和材料等关联产业，发挥矿山相关的建设、物流贸易及金融领域协同作用。

七是打造关联者"命运共同体"。在国内外项目开发过程中形成了独具紫金特色、广受赞誉的"共同发展"理念，让关联者因紫金矿业的存在而广泛获益。在全球弘扬"艰苦创业，开拓创新"的紫金精神，向全世界展示负责任的大型跨国矿业企业形象。

陈景河也总结了紫金矿业以往 30 年工作中存在的失误和问题。一是与很多重大机会失之交臂，比如没有把握好 2008 年回归 A 股，紫金手握百亿现金又恰逢世界金融危机的巨大市场机会；比如对锂矿这一"白色石油"因认识不足而慢了半拍。二是本质安全水平与世界一流企业仍然有差距。三是"日益全球化与局限的国内思维及管理方式之间的矛盾"已经成为公司主要矛盾，国际化人才跟不上企业发展要求。四是腐败问题时有发生，"大企业病"有日趋严重之势，以大投入实现粗放增长模式有所抬头。五是绿色低碳发展思想还不够深入。六是地缘政治风险比较严峻，抗风险能力有待全面加强。

（二）观察者视角：紫金矿业何以成功

除了陈景河自己所总结的经验，在紫金矿业的案例中还能发现三个非常显著的特点。

一是成功运用梦想对企业的长期驱动性。每一个成功的决策者，都是一个怀有远见的梦想家；每一个成功的梦想家，都是凝聚了一群人去实现共同的梦想。

全国政协第八届全国委员会秘书长、原地矿部部长朱训在写给《紫金全球矿业梦》一书的序言中说到紫金矿业的过人之处。一个是：每定下一个目标，就化大阶梯为小阶梯，并且抓住了"矿业企业占有资源是首要任务"这个主要矛盾，不断上台阶。认为"以陈景河为代表的紫金人，是一个富有创新创造精神、勇于攀登、具有自我觉醒意识的群体"，在不同发展阶段敢于提出被人认为不切实际的"放卫星"式的发展目标，但都"超常规地提前实现了"。

朱部长提到的紫金矿业的另一个特点就是"饥饿感"。紫金矿业这个企业"从来不认为自己的哪一天是最好的，一旦达成某个目标，就会寻找新的高地"。紫金矿业这种为了梦想永不停歇的气质非常突出，也非常宝贵。很多企业在初创期所具有的那些优秀品质，诸如艰苦奋斗、精益求精、目标远大、创造创新等，当企业逐渐做大做强取得一定的行业地位和优势后，企业内部就会出现一种自上而下的"满足感"，这种"满足感"会迟滞企业的决策，会降低企业对市场、技术的新鲜度和敏感性，就像一个人在饱腹后会很自然地对一切美食降低兴趣。然而，紫金矿业这家企业身上体现出来的却是一种令人羡慕的持久的"饥饿感"，这家公司连续30年经营业绩正增长，而且始终表现出对新资源、新机会的强烈渴求和关注，并且不断被新的目标和理想激励着前行，在整个企业的精神面貌上仍然像个意气风发的少年。

从成立至今，紫金矿业一直是个有远大理想和抱负的企业，如今正致力于打造"绿色高技术超一流国际矿业集团"。紫金矿业制定的新"三步走"目标是：到 2025 年，紫金矿业控制的资源储量、主要产品产量、销售收入、资产规模、利润等综合指标基本达到全球一流金属矿业公司水平，基本建成全球化运营管理体系；到 2030 年，主要经济指标争取进入全球前三位，全面建成先进的全球运营管理体系，形成全球竞争力，达成绿色高技术一流国际矿业集团目标；到 2040 年，全面实现"超一流"的战略总目标。伟大梦想成为驱动紫金矿业不断成长和突破自我的长期驱动力。

二是抓住技术创新和人才两个核心。紫金矿业对技术是痴迷的，从开发紫金山开始，紫金就开始把大量的资金投入到技术革新上，无论是开发紫金山，还是贵州水银洞金矿等其他难采选矿，紫金根据实践需要有针对性地开展技术攻关和技改建设，再难吃的"矿"，紫金都能"吃干榨尽"，把资源最大化利用。紫金矿业的低成本创新理论认为，普遍的科学原理与客观实际的良好结合就是创新，创新就是寻找最合适的路线、方案和模式的过程。能够用最小的成本实现最优效益，就是最好的创新。

紫金矿业极富远见地大力发展智慧矿山建设，通过运用 5G、智能识别、物联网、无人驾驶、智能装备、数字孪生等技术改进矿山运营管理手段，通过设备大型化、控制信息化、操作自动化等高新技术措施的应用，减少人力成本、提高安全生产水平、提高劳动生产效率。近年来，紫金在国内外各矿山全面推广应用"矿石流五环归一"矿业工程管理模式，建设高效协同的系统技术和工程研究、设计和实施能力，对事关根本和全局的地、采、选、冶、环和新能源新材料技术问题不断寻求创新和突破，在解决大规模崩落法采矿、盐湖提锂、氨氢技术产业化及新材料产业等"卡脖子"问题方面投入巨大。

2024 年 3 月，紫金矿业对科研管理体系进行全面改革，整合集团公司各科研单位的资源成立紫金矿业中央研究院，进一步提高整体研发能力和创新能力，不断提升核心竞争力。研究院的成立有力加强公司科研管理的顶层设计，有效归集和整合集团公司研发资源，充分调动科技人员的积极性和创造性，集中力量开展重点领域、重大课题的技术攻关，为公司绿色低碳、可持续发展提供强大技术支撑。

技术是第一生产力、人才是第一资源，紫金矿业对资源综合利用、难选冶矿石处理、稀有贵金属选矿等专业的人才更是提前储备、下大力度选才留用，不断变革培养人才、激活人才的体制机制，把"不拘一格降人才"发挥到极致，只要是人才，紫金不问年龄、不问来历，也不设条条框框，想尽一切办法把人才网罗到各岗位上。2002年开始，紫金就提出对科研过程中可能的失败免责，"科技免责制"帮科研人员放开手脚、大胆创新，使紫金取得了一系列高水平、适用性强的科技创新成果。对一些高端人才，陈景河总是亲自感化、说服，甚至不惜"盯"上几年也要千方百计让他们变成"紫金人"，对于没有办法变成"紫金人"身份的高端人才，紫金采取"学校所有、校企共用"的"双聘教授"模式使用，使一些科学家既能保持体制内身份，又能享受企业薪酬待遇。紫金矿业从2001年开始在中国地质大学（武汉）等设立"紫金奖学金"，在南方冶金学院、昆明理工大学等设立奖学金，每年通过校招等方式为紫金输入新鲜血液。从1999年开始，紫金矿业开始引进中科大博士，2002年在紫金成立中国黄金行业第一家博士后工作站培养人才。2015年以来，紫金矿业下大力度引进培养国际化人才，通过国际化人才专项招聘、高级后备人才、优秀青年人才、优秀工匠、"金榜生"等计划吸引人才。从2017年到2021年，从清华大学等高校招聘"金榜生"1100多人，到2022年"金榜生"计划升级为"英才1000"计划，招录全球17个国家、不同文化、不同肤色、不同种族的1200多名应届生，这些"金榜生"进入紫金矿业的全球岗位工作，成为公司达成"绿色高技术超一流国际矿业集团"目标的生力军。

三是苦练管理内功。紫金矿业早在20世纪90年代末期就开始着手进行股份制改造，所有权和经营权分离，完全按照市场规则建立规范的法人治理结构，可谓富有远见、卓有成效。紫金成功实行混合所有制改革，很早就建立起现代企业管理制度，瞅准时机在H股和A股成功上市，内部监察体系运转高效，董事会高瞻远瞩很多重大事项决策科学有效。紫金矿业这家企业体制机制的一系列变革走在市场前列，使紫金矿业既保持了国有企业的规范性，又具有民营企业的灵活性。上杭县政府作为紫金矿业的大股东，历史上对企业的发展提供了很多支持和帮助，给了企业足够的自主决策空间，紫金做大做强后仍非常尊重大股东的意愿，重大投资决策积极向上杭县委县政府专门汇报并争取支持，两者之间的相互成就难能可贵。

紫金的股东会充分授权，董事会以董事长为核心，由矿业、经济、审计、海外投资等多个领域的专业人士构成，采用民主与集中相结合的原则，决策注重民主且不失效率，董事会经常同院士、优秀专家互动或聘请他们担任独立董事，借助外智开拓思路，能够在保持高效决策的同时充分防范风险。陈景河作为董事长，虽然颇有个人魅力，但他比较注意避免向董事会滥施影响力，鼓励并尊重董事会其他成员的不同意见，决策中虽常有争吵，董事长的一些提议也有时会因投资巨大、风险过高等被否决，但董事会的民主决策机制从不因此被破坏，这是保障紫金矿业30年快速稳健发展的重要原因。

紫金矿业的监督体系也非常高效和有特色。在企业初创时期就成立监察处，对物流、基建领域重点监督，制定《员工处分办法》，规定贪污或受贿2000元就予以开除。之后，紫金对内部监督制度化，成立监察室、审计室、纪委等内设机构对人、财、物进行监督，把党建写入公司章程，确立党委"把方向、管大局、促落实"的核心领导地位和对监督与反腐败工作的统一领导，实行"交叉任职、双向进入"，董事长担任党委书记，监事会主席兼任党委副书记，建立了完善的监督体系，形成监事会、纪委、监察、审计、内控"五位一体"监督机制。在监督手段上用"智慧监督""数字监督"等科技手段，通过合同管理、财务共享等系统软件和大数据分析等信息化手段对关键信息进行监督。聚焦紧盯领导干部这个"关键少数"，对企业权力集中、资金密集、资源富集、资产聚集的重点部门、重要岗位和重点决策环节进行有效监督。将过程中的会审会签的事中监督转变为事后监督，提高关键敏感事务的事后抽查和专项检查力度，突出重点、提高监督效率。

矿业并购和资本运作往往风险大、机会稍纵即逝，但紫金矿业屡次能够迅速决策抢占先机，逆周期完成国内外许多重大并购，离不开有胆有识的专家型管理团队的优势。紫金矿业的管理团队本身就有对行业趋势、冶金地质、技术变革、企业管理等专业知识背景，对矿业有深刻的市场洞察和精准研判能力，善于把握机遇，且非常重视人才。在企业发展中将一大批有魄力、敢担当、有专业能力的人才吸引到紫金矿业并赋予他们重任，且从制度上鼓励担责、不盲目追责，形成了一支步调一致的优秀管理团队和技术专家团队，他们对资源嗅觉灵敏、判断准确，对市场反应敏捷。在专家管理团队之下，紫金建立了自己的技术、研发、资源评估等专业人才团队，内部的专业化能力构建使得紫金矿业在面对重大机遇和风险时能够快速反应、不依赖第三方，所以紫金的决策过程流畅高效。

紫金矿业生产黄金，黄金具有天然的货币和金融属性，为了应对市场风险，紫金从 2005 年就开始进行期货交易平抑风险，从 2015 年成立资本投资公司整合集团金融资产，逐渐形成资本与产业、贸易有效互动、互相协同的产—融—贸生态链，建立数十亿规模的基金，并开展全球战略投资。2023 年紫金上海投资公司管理资金规模超过 100 亿元，利润也有望超过 5 亿元，成为一个新的利润增长点。

紫金矿业董事长陈景河说："对过去最好的致敬，就是书写新的历史，对目标最好的把握，就是开创更加美好的未来。"正如他所说，伟大的事业不是等得来、喊得来的，而是拼出来、干出来的。2020 年，党的十九届五中全会审议通过的《中共中央关于制定国民经济和社会发展第十四个五年规划和二〇三五年远景目标的建议》，把战略性矿产的安全保障问题提到国家安全的新的重要高度。资源安全是总体国家安全的"压舱石"，而战略性矿产资源是未来战略性新兴产业发展的关键，直接关乎国家的经济和国防安全。美国全球安全专家和防御分析家迈克尔·T.克莱尔曾经在《资源战争：全球冲突的新场景》一书中指出，国家之间的冲突和对立实质上都归因于对稀缺战略资源的争夺，稀缺矿产资源领域的国际竞争是大国竞争的重要根源。可以说，未来大国间矿产资源竞争的焦点，将是支撑国家核心技术和高新技术产业发展的战略性矿产的竞争。

今天，紫金矿业正在加快向"绿色高技术超一流国际矿业集团"的宏伟目标奋进，毫无疑问紫金矿业是我国在矿产资源这一领域参与国际竞争的重要成员，希望这个在国内外矿业领域曾经创造了很多奇迹的企业，在未来的发展和竞争中能再多一些稳健。

后 记

为什么要写这样一本书？我有一些很"浅薄"的理由。

我常常想，为什么当我们回望中华民族遥远的商朝先民前辈时，尽管隔着厚重的几千年岁月尘埃，甚至只能依靠推测和想象来认识和解读他们，却依然能让我们在文字之外找到一种令人怦然心动的熟悉感？因为我们知道，那是我们的根脉所在，是中国人的文化自信和力量之源。

回望并不久远的 100 多年前，我们也很清楚地知道，前辈们是在何其艰难的环境下求生存、谋发展的。他们一方面面对腐败、分裂、管控失序的政权，另一方面身处伤痕累累、矛盾频发、极不稳定的社会，大部分真心希望实业救国的民族资产阶级只能在社会的夹缝中生存。他们怨恨，他们卑微，他们破产，他们也常常走投无路……

我们这个国家和民族能发展到今天，经历了很多用文字无法描述的艰辛和不易，我们这一代人没有任何理由妄自菲薄，反而应该有一种历史的厚重感和更多的责任感，因为我们还要继续走向中华民族的伟大复兴，这并不是一段比上一段更轻松的路。

1200 多年前，范仲淹曾说："予尝求古仁人之心……居庙堂之高则忧其民，处江湖之远而忧其君。"范文正公的思想境界、人生成就和个人修为，虽是我们大多数普通人可望而不可及的，但也是大家应孜孜以求的高远境界。

我们处在人类历史上各方面发展最快速的时代，未来科技、生活、国际关系等各方面的巨变还将加速演进，甚至让我们不得不去思考整个人类的方向和未来，但也让我们无比确信：最先进的科技必须掌握在最可靠的人手里！幸而有中国共产党的领导，使得我国的现代化进程从一开始，无论是在理论上还是在实践上，得以摆脱对西方的路径依赖，把全体人民的共同富裕写在旗帜上，这在全球范围内和整个人类历史上都是开创性的崇高事业。

在这本书中，我曾引用辜鸿铭100多年前在《中国人的精神》中的一段话，他说："一个文明的价值不在于它已经建成或能建成多么宏伟的城市、多么华美的房屋、多么平坦的道路；也不在于它已经打造或能够打造多么精致舒适的家具，多么巧妙实用的仪器、工具和设备；甚至不在于它确立了怎样的制度、发展了怎样的艺术与科学。在我看来，衡量一个文明的价值，我们最终要问的是：它能塑造怎样的人，怎样的男人和女人。"

我把这段话拿出来重申，是想说：衡量一个国家商业文明的价值，最终也要看它培养了什么样的企业家，而不是它制造了多少富人！道理很简单：企业家可能很富有，但富有的人却不一定是企业家。没有世界一流的企业家，肯定不可能建设世界一流的企业。没有世界一流企业，实现中国式现代化将会缺少关键支点。

2020年7月21日，习近平总书记在北京主持召开企业家座谈会并发表重要讲话，对企业家提出了增强爱国情怀、勇于创新、诚信守法、承担社会责任、拓展国际视野等五点希望，他指出："企业家要带领企业战胜当前的困难，走向更辉煌的未来，就要在爱国、创新、诚信、社会责任和国际视野等方面不断提升自己，努力成为新时代构建新发展格局、建设现代化经济体系、推动高质量发展的生力军。"

企业家精神是多维度的，对照习近平总书记的要求，我们认为：

一个优秀的中国企业家，应该是一个具有完备的家国情怀的人；一个优秀的中国企业家，应该是一个有创新精神和进取品格的人；一个优秀的中国企业家，应该是谦逊内敛、有较高思想智慧的高段位领导；一个优秀的中国企业家，应该是有宽阔的国际视野的哲学家、艺术家、思想家和文武全才……但最重要的是，他是一个真正的中国人！

感谢钱智民先生百忙之中亲自为本书作序推荐。钱先生长期在政府有关部门和中央企业担任重要领导职务，他既是一位拥有卓越管理智慧的央企企业家，也是一位睿智、谦逊、宽厚且愿意提携后进的师长，不弃我们才德疏浅，愿意为拙作作序。感谢中国大连高级经理学院的领导对本书创作的大力支持，感谢本书中出现的中国一重、东方电气、中国移动、东风汽车、格力电器、紫金矿业等六家企业相关领导对本书写作过程的关心和支持。

本书上篇全部内容和下篇格力电器、紫金矿业两个企业案例由闫远凤独立完成，下篇中国一重、东方电气、中国移动、东风汽车四个企业案例由闫远凤、于米合作完成。

书不尽言，能力有限，希望读者多提宝贵意见。

本书作者

2024 年 4 月 28 日于北京海淀